RÉCITS DE L'INVASION

JOURNAL D'UN BOURGEOIS D'ORLÉANS

PENDANT L'OCCUPATION PRUSSIENNE

ORLÉANS, IMP. DE G. JACOB, CLOITRE SAINT-ÉTIENNE, 4.

RÉCITS

DE

L'INVASION

JOURNAL D'UN BOURGEOIS D'ORLÉANS

PENDANT

L'OCCUPATION PRUSSIENNE

PAR

Auguste BOUCHER

Ancien élève de l'École normale, professeur de seconde au Lycée d'Orléans.

ORLÉANS
H. HERLUISON, LIBRAIRE-ÉDITEUR
17, Rue Jeanne-d'Arc, 17

—

1871

Tous droits réservés.

A M. C. LENIENT

ANCIEN PROFESSEUR DE RHÉTORIQUE AU LYCÉE NAPOLÉON
PROFESSEUR A LA FACULTÉ DES LETTRES DE PARIS

Cher maître,

Je vous offre le récit des souffrances que nous avons subies aux bords de la Loire, pendant l'invasion. Forte et glorieuse, vous m'appreniez jadis, dans vos leçons, à bien aimer la France ; malheureuse et abaissée, je crois la servir selon l'un de vos souhaits en rappelant, pour la justice de l'histoire, et, si Dieu le veut, pour la vengeance de notre pays, tout ce que nous avons vu ici d'indignité chez le vainqueur et de misères chez le vaincu.

Vous trouverez dans ces pages des noms, comme ceux d'Orléans, de Châteaudun et de Coulmiers, dont le souvenir héroïque sera pour la France une consolation. Ce livre pourra donc intéresser un peu votre patriotisme, et c'est ce qui rendra peut-être moins indigne de vous, cher maître, l'hommage par lequel j'aurai osé vous le dédier.

Votre ancien élève reconnaissant,

Aug. BOUCHER.

25 juillet 1871.

AVANT-PROPOS

Ce livre se compose de notes écrites pendant que les Bavarois et les Prussiens occupaient Orléans (11 octobre — 9 novembre 1870 ; 4 décembre 1870 — 16 mars 1871). C'est un sentiment de douleur et d'indignation qui, le soir, nous faisait recueillir ces pénibles souvenirs. Nous assistions aux souffrances d'une grande ville ; nous avions sous les yeux des maux où nous pensions apercevoir les calamités dont gémissait ailleurs la patrie envahie ; nous entendions les plaintes de nos amis et de nos concitoyens, et nous avons voulu en garder la mémoire à ceux qui n'auront ni connu cette honte ni subi ces rigueurs.

Nous n'avons pas prétendu ici aux mérites de la sévère histoire. En choisissant la forme du journal, nous avons cru pouvoir mieux peindre une existence qui comprenait encore plus d'émotions que d'événements, et où parfois l'intérêt s'attachait plus au mouvement des âmes qu'à celui des choses. Nous étions plus libre ainsi de représenter, sous ses nombreux aspects, l'état irrégulier et fiévreux d'une ville qui, soumise aux caprices du vainqueur, vivait comme au jour le jour dans l'attente de l'inconnu. A vrai dire, ce livre est donc une chronique.

Qui ne sait combien la vérité, dans ces temps où manquait toute information exacte, était fugitive et variable? Les nouvelles trompaient souvent la foi publique; mais, même illusoires, elles avaient un effet puissant au sein d'une population tout à la fois disposée à la crainte et à l'espérance. Pour bien rappeler ce qu'on avait senti ou vu, il fallait donc exprimer des sensations passagères et décrire des spectacles changeants ; et comme nous voulions raconter la vie de nos cœurs et de nos esprits dans tout son trouble et avec tous ses accidents, nous avons dû en reproduire les divers détails selon l'ordre même des impressions éprouvées. Quel était l'événement de la journée ? Quelles rumeurs passaient à travers la ville ? Que savait-on des choses lointaines ? Quels pressentiments ou quels soupçons avait-on conçus ? Qu'avait-on remarqué ? Qu'y avait-il de certain ?... Voilà ce dont on s'occupait et ce qui devint l'objet de ces notes quotidiennes.

On nous fera plus d'un reproche, nous le savons. Quelques-uns, parmi nos compatriotes, penseront qu'on pouvait dire davantage. Nos ennemis, s'ils lisent ces notes, crieront au mensonge ou à l'exagération. Aux uns comme aux autres, nous répondrons que nous avons eu de la vérité l'amour le plus jaloux et le plus fidèle. Si les victimes nous accusent de ne pas les venger assez, c'est que nous avons cru la vengeance plus sûre en ne la rendant point passionnée. Si les bourreaux se plaignent qu'on les insulte, c'est que, l'ivresse de la cruauté dissipée, ils n'auront ni pu ni voulu se reconnaître. En écrivant ces pages, nous nous répétions sans cesse qu'il fallait plutôt rester en deçà qu'aller au-delà du vrai, tant nous étions certain, même en n'atteignant pas la réalité, d'exciter encore à l'égard des vainqueurs l'étonnement des honnêtes gens et des peuples généreux !

Pour raconter les événements militaires qui ont eu lieu autour d'Orléans, nous avons pu mettre à profit des documents officiels, des pièces inédites et des témoignages authentiques. Quant à l'histoire particulière d'Orléans, elle nous a été facile grâce aux renseignements de tous ceux de nos concitoyens qui ont eu une mission ou un rôle dans ces douloureuses difficultés (1). S'il

---

(1) Pour les pièces qu'ils m'ont communiquées ou les avis que j'en ai reçus, je dois des remercîments particuliers à M. Pereira, préfet du Loiret pendant la première occupation; à Msr l'évêque d'Orléans; à M. Dubois (d'Angers), premier président; à M. Dubodan, procureur de la république; à M. Bougaud, vicaire général; à M. de Lévin, secrétaire du Conseil municipal; à MM. de Lacombe, Sanglier, Bernier, conseillers municipaux; à M. Dubec, adjoint; à M. Maxime de la Rocheterie et à M. Pierre,

nous arrive parfois de parler de choses incertaines, nous prenons le soin d'indiquer alors nos propres doutes : nous n'affirmons jamais rien sans examen préalable et sans certitude absolue.

Cet ouvrage est né d'une intention patriotique. On aurait voulu, par les récits qu'on y rassemble, non pas satisfaire à une inutile curiosité, mais exciter aux grands efforts et aux justes haines ceux qui veilleront un jour à l'honneur du pays, soit dans nos murs, soit près de nos frontières déchirées. Oui, puisse ce livre apprendre la nécessité des dévoûments et des sacrifices qui préviennent de tels outrages; enseigner la concorde des volontés dont la France attendra désormais sa gloire et sa sécurité; rendre plus énergique et

propriétaires; à M. Blanchard, inspecteur du chemin de fer d'Orléans; à M. Michot, caissier de la caisse d'épargne; à MM. de la Touanne, Frot, Delorme, membres de la Société internationale; à M. Danton, chef de division à la Préfecture; à M. Sainjon, ingénieur; à M. Bouchet, directeur des contributions directes; à M. Guiselin, inspecteur d'académie; à M. Tranchau, proviseur du lycée, et à M. Dubois, économe; à M. Arnoux, professeur; à M. Michot, caissier à l'imprimerie Puget; à M. Thieulin, entrepreneur; à M. Fournier, architecte, et à beaucoup d'autres personnes dont je citerai les noms dans le cours de ce livre.

plus constant parmi nous le sentiment de la dignité nationale! Qu'il soit un hommage aux cœurs vaillants, aux esprits résolus, aux courages laborieux qu'Orléans a trouvés pour le défendre ou le secourir! Qu'il parle bien haut et bien longtemps, s'il se peut, de la ville et de la patrie! Ce sont les vœux que formait l'auteur de ce livre quand il en conçut le projet: c'est cet espoir qui l'animait en l'écrivant.

Aug. BOUCHER.

Orléans, 6 mars 1871.

RÉCITS DE L'INVASION

Orléans, dimanche 9 octobre 1870.

Voici la guerre arrivée jusqu'ici. L'ennemi campe à quelques lieues d'Orléans, et pour nous défendre, que nous reste-t-il? La forêt avec sa verdoyante et large barrière d'arbres; des troupes au courage desquelles manque l'expérience ou la discipline; des généraux qui suivent, sans zèle et sans espoir, un drapeau qu'ils ne connaissent plus.

Qui l'eût prévu aux premiers jours d'août? Confiante alors dans sa force et dans sa gloire, la France cherchait du regard l'endroit de sa frontière d'où ses soldats courraient plus vite à de victorieuses batailles. Et sur cette frontière, tant de fois baignée de son généreux sang, elle a vu s'avancer contre elle des armées immenses comme des nations; elle a vu ses armes surprises, brisées, souillées, détruites. Elle s'est aperçue tout à coup qu'on l'avait entraînée, sans préparatifs suffisants, sans ressources et sans alliances, dans une guerre qu'on risquait comme une aventure. A son oreille retentissaient l'un après l'autre les mots foudroyants de Forbach, de Wœrth, de Beaumont et de Sedan. Son territoire dévasté, trois provinces en proie à l'ennemi, d'héroïques cités s'abîmant sous leurs ruines, la honte, une révolution, les troubles de l'incertitude, les menaces de la Prusse, voilà les maux que la France pleurait et maudissait. Longs et affreux souvenirs, où nos enfants ne sentiront jamais ce que pour nous il y eut là de douleur, de colère et d'étonnement.

Avec notre pauvre France, Orléans a porté le deuil de toute cette gloire perdue, de ces morts, hélas! souffertes sans profit pour la patrie, de ces richesses inutilement dépensées, de ces belles espérances maintenant remplacées par la crainte.

Personne de nous ne s'aveugle sur le sort d'Orléans. Paris est assiégé; Bazaine à Metz reste comme entouré d'une mer d'ennemis, où les flots se poussent et se renouvellent sans cesse; les Prussiens couvrent de leurs multitudes la Champagne et déjà la Beauce; et tandis que l'armée de Lyon n'a pas même pu secourir Strasbourg, l'armée de la Loire n'est jusqu'à présent qu'un grand désordre d'hommes.

Dans ces circonstances, Orléans n'a-t-il rien à redouter? L'ennemi ne viendra-t-il pas l'occuper?...

C'est une position stratégique dont il n'ignore pas l'importance : les lignes de Tours et de Bourges y aboutissent à celle de Paris ; un fleuve y passe ; derrière notre ville s'etendent des plaines où commencent les chemins du Midi ; d'ici surtout on peut surveiller l'armée qui se forme sur les rives de la Loire. Près de nous est la Beauce avec ses denrées abondantes. D'ailleurs, Orléans a la réputation d'être une vieille cité très-riche et très-économe : assurément l'avidité prussienne doit convoiter une si belle proie ; et nous avons à craindre, à défaut d'une conquête qui dure, une surprise où l'on nous rançonne.

Cette crainte nous inquiète de plus en plus, car nous avons lieu de nous défier de la protection que l'armée de la Loire nous assure, dit-on. Deux fois déjà, devant un ennemi qui n'approchait point, on a fui de la forêt et d'Orléans. Une belle nuit, le général Peitavin part avec ses troupes et nous abandonne à la grâce de Dieu et des uhlans : c'est la panique du 21 septembre. Plusieurs généraux viennent ensemble prendre sa place ; une quinzaine de mille hommes vont désormais couvrir Orléans ; on les poste dans la forêt. Or, voici qu'apparaît au loin, derrière les arbres, un fantôme d'armée prussienne. Seconde terreur. Le général de Polhès, par prudence, se retire comme le général Peitavin, et le 27 septembre, Orléans se voit encore, à l'aube, dépeuplé de tous ses défenseurs.

Il est vrai que les choses n'ont plus la même apparence. L'ennemi restant où il était, on nous a renvoyé des soldats plus nombreux que jamais ; on a poussé des reconnaissances, on a eu l'avantage à la petite rencontre de la Croix-Briquet ; on a mis en fuite à Toury les cavaliers prussiens qui nous observaient (1). Les régiments et les mobiles surtout affluent peu à peu dans nos murs ; enfin le général de Lamotterouge est venu prendre ici la direction de l'armée de la Loire.

Bien des gens pensent sans doute que derrière une

---

(1) Sur un courrier tombé sous la balle d'un franc-tireur, à ce qu'on présume, un paysan des environs d'Artenay trouva une lettre importante du prince Albert de Prusse et l'apporta ici, à la Préfecture. L'original en est aux mains de M. Lenoël, alors secrétaire général du Loiret.

Cette lettre resta trois jours, sans être regardée, sur le bureau d'un de nos généraux. Une copie m'en a été communiquée par un ami obligeant, M. Danton, chef de division à la Préfecture. En voici la traduction :

3e ARMÉE. — 4e DIVISION DE CAVALERIE. — I. N° 279.

« Pithiviers, le 26 septembre 1870.

Au commandant en chef du 3e corps de l'armée royale.

« La forêt d'Orléans est toujours fortement occupée par des tirailleurs ennemis ; le passage n'en est guère possible. Orléans lui-même, d'après des nouvelles concordantes, est garni de troupes régulières et de nombreux gardes mobiles. Avec ces détachements, il y a de la cavalerie et de l'artillerie. Hier, des tirailleurs prussiens ont fait une forte reconnaissance au nord

telle haie de troupes, Orléans se trouve à l'abri. Quelques-uns aiment à se faire illusion par patriotisme : ils espèrent une grande victoire. Mais plus nombreux sont ceux qui appréhendent que les Prussiens n'arrivent bientôt avec des forces considérables.

Lundi 10 octobre.

Pendant toute la matinée, la ville a été dans l'émoi : on présumait qu'il y aurait combat à quelques lieues d'ici. De bonne heure, des oisifs, jaloux de tout voir,

d'Artenay, et ont rencontré un détachement de troupes ennemies de toutes armes. Aucun mouvement sur Paris par Artenay n'a encore eu lieu.

« Un bataillon du détachement bavarois occupe Pithiviers, ainsi que deux escadrons de la division. Le reste de la division marchera dans la direction de l'ouest et observera la route d'Orléans à Paris.

« Il semble résulter de quelques lettres et de nouvelles que nous avons reçues, que les troupes d'Orléans forment l'aile droite de l'armée derrière la Loire.

« Des prisonniers faits hier prétendent qu'ils venaient de Bourges. Si la division devait se retirer devant des forces supérieures, elle se replierait sur Étampes.

« Prière de me faire connaître s'il y a encore d'autres troupes prussiennes à droite de la division, et où.

« Ci-joint plusieurs lettres importantes.

« ALBERT,
« Prince de Prusse, général de cavalerie
et commandant une division. »

avaient pris le chemin d'Artenay pour y suivre nos troupes. Les rues étaient pleines de gens qui, ne pouvant rien s'annoncer, formaient ensemble des conjectures et se communiquaient la fièvre dont ils avaient l'âme agitée.

Vers midi, les coups précipités du canon retentissent distinctement à Orléans. On se bat donc ; le sang coule ; on se tue là-bas ! Entendre cet écho de la bataille dans une ville tranquille encore et déjà menacée, c'est une des émotions les plus confuses qui puissent troubler le cœur. Chacun de ces coups qui tonnent donne la mort, nous disions-nous ; à chacun de ces bruits, un homme tombe, un Français, un ami peut-être... Pensée effrayante qui oppressait la poitrine. On comprenait, comme on ne l'avait jamais compris, combien la guerre est une chose inhumaine et sauvage. Parfois il semblait qu'on était appelé par cette voix éclatante du canon : elle excitait le courage ; elle vous criait d'aller faire quelque chose pour la patrie ; on souhaitait d'être dans la mêlée ; on comprenait l'ivresse de la bataille... Puis soudain surgissait l'idée terrible d'une défaite, et l'on songeait à la France avec désespoir, à l'avenir avec épouvante.

Une grande foule, émue de ces sentiments, s'était répandue dans la ville. Toute la population avait envahi les rues, s'avançant jusqu'au haut du faubourg Bannier. Des essaims de curieux s'étaient groupés aux clochers des églises et surtout au faîte de la tour de l'ancien Hôtel-de-Ville. De là ils cherchaient à découvrir dans la campagne lointaine les signes du combat et les mouvements des troupes; de là descendait vers quatre heures cette nouvelle malheureusement fausse : « Les Prussiens sont cernés! Victoire !... »

Cependant, dans la rue Bannier, on s'interroge avec une secrète inquiétude. Un officier supérieur arrive du faubourg, l'air calme, mais le visage triste : on remarque que, pour aller au pas, il retient son cheval comme malgré lui; on devine sur ses traits qu'il dissimule une vérité fâcheuse. Il entre à l'hôtel du Loiret, où séjourne l'état-major; et la foule se rassemble plus loin, autour d'un jeune homme qui plusieurs fois répète ces mots : « Tout va bien : un gendarme, revenu d'Artenay, l'annonçait il y a peu d'instants. » On remonte toujours la rue Bannier. Voici qu'accourent des dragons couverts de boue; puis vient une voiture où sont assis de pauvres soldats, l'un pâle et qui tremble sous sa capote grise, l'autre la tête entourée de linges sanglants. On les questionne; et dans un silence où la stupeur vous tient immobiles, ils prononcent ces funestes paroles : « Les Prussiens nous suivent! On ne peut pas se battre avec leurs canons! » Paroles trop significatives : plus d'un d'entre nous n'attendit point de pénibles détails, et courut à ses foyers cacher sa tristesse et sa crainte.

Il était quatre heures et demie. Tout à coup des cavaliers qui fuient traversent le faubourg Bannier : leurs chevaux passent ventre à terre. A peine, dans la vitesse où la peur les entraîne, les a-t-on entendus crier : « Les voilà ! » Les fuyards courent au hasard, le visage effaré, farouches, fous de terreur,

Comme si quelque souffle avait passé sur eux (1).

Par derrière se pressent des caissons que les artilleurs précipitent avec violence à travers tous les obstacles, des voitures et des charrettes qui se mêlent et se heurtent, des piétons qu'on renverse, des soldats du train qui se sauvent, des bandes de paysans qui accourent pêle-mêle avec leurs bestiaux et leurs hardes, une multitude haletante qui descend et s'écoule comme un flot rapide jusqu'à la place du Martroi, éperdue et poussant le cri sinistre : « Les voilà ! »

Est-ce la déroute?... N'est-ce qu'un engagement malheureux que viennent annoncer de leur voix désespérée ces traînards et ces lâches dont une arrière-garde est toujours embarrassée?...

Un instant, il y eut un tumulte inexprimable. D'indignes soldats campaient au coin du Mail. Loin

(1) *Châtiments*, Victor Hugo, xiii, *L'Expiation*.

d'être la réserve qui répare l'infortune d'une bataille, ils eurent peur, eux qui n'avaient pas même vu la fumée du combat. « Sauve qui peut! crièrent-ils, sauve qui peut! » Et tandis que quelques braves marchent en avant vers les fuyards et l'ennemi, ces misérables déchargent leurs fusils au milieu des passants qu'effleurent les balles; ils abandonnent leurs armes ; ils jettent à terre leurs cartouches; ils les sèment à travers les rues. Devant ces soldats qui se déshonorent, un jeune officier pleure de rage. Leur colonel en saisit un, et pour l'humilier il le frappe du pied. Mais rien, ni les efforts des gens de cœur, ni les menaces des chefs, n'empêchent cet ignominieux désordre : où et comment se rallièrent ces troupes sans honneur et sans drapeau? On ne l'a pas su dans la suite des événements où l'attention publique s'absorba plus tard. A la caserne de l'Étape, on avait vu la même terreur et la même fuite.

La ville était encore pleine de mobiles. Ils erraient de toutes parts, cherchant leurs officiers; faute de savoir où se réunir, ils se dispersent en gagnant les ponts, qu'on leur indiquait comme le chemin probable d'une retraite.

En ce moment, le général de Lamotterouge rallie quelques compagnies de soldats, rassemble plusieurs bataillons de régiments de marche, et emmène les 240 zouaves pontificaux qui, depuis trois jours, sont à Orléans. Il part, tranquille et sûr de nous rendre, disait-on, l'avantage un moment perdu. Le soir, quand il revient, annonçant qu'on s'était retiré devant un ennemi trop nombreux, sans confusion, et dans les retranchements de la forêt, la ville était plus calme. De l'excès de la peur on passait à je ne sais quelle assurance où l'on cherchait un dernier espoir. « C'est un échec, disait-on ; ce n'est pas un désastre. » M. Pereira, préfet du Loiret, allait de groupe en groupe et s'efforçait d'atténuer les récits alarmants. Un ancien député, chargé d'aider les généraux à la défense, affirmait que trois divisions accouraient de Tours, de Vierzon et de Bourges : on aurait le lendemain des forces considérables à mettre en ligne ; il fallait donc reprendre courage. Surpris avant d'avoir achevé leur mouvement de concentration, nos généraux pouvaient ressaisir la fortune dans la journée suivante.

Vers la nuit, plusieurs régiments sont revenus du combat. A croire leurs officiers, on n'a cédé le terrain qu'après une courageuse résistance, sous le feu des soixante canons dont l'ennemi avait entremêlé ses troupes sur sa ligne de bataille. Nos soldats même n'ont pas tous pris part à l'action. Tous ont gardé l'espoir pour demain ; et comme, à dix heures de ce soir, neuf trains déjà nous ont amené des renforts, nos inquiétudes s'apaisent un peu.

Voici venue l'heure du silence et du sommeil. Pauvre Orléans, ville sans remparts, ne te fie point aux tardives espérances où tu t'endors. L'ennemi n'est plus qu'à trois lieues de tes faubourgs. Si la victoire l'y conduit demain, où sont les hautes murailles d'où jadis tu régnais sur ces plaines? Où sont les bastilles d'où tu renversais les Anglais? Un jour on a cru tes défenses inutiles à la patrie devenue plus forte et plus grande; et les vignes ont poussé, on a bâti les maisons, les chemins de la paix et les sentiers des champs ont été tracés là où tonnait le feu de tes canons. Qui donc eût cru qu'en un temps de malheurs semblables, tu pouvais redevenir le dernier boulevard du pays et le dernier campement de nos armées?...

Mardi 11 octobre.

Le soleil luit comme aux beaux jours d'été ; l'air est doux : la grande nature, indifférente à nos douleurs humaines, a les mêmes sourires et les mêmes caresses que si nos âmes et nos yeux pouvaient encore s'y plaire. La ville elle-même semble dans son état habituel : point d'agitation, point de trouble, c'est le mouvement simple et tranquille de la paix. Les troupes qu'on appelait au combat sont parties de bonne heure. La matinée s'écoule sans bruit. Peu de personnes se montrent dans les rues ; mais il y a quelque chose de morne dans le calme qui règne, et l'angoisse est au fond des cœurs.

Vers une heure, on ne sait rien encore de ce qui se prépare ou de ce qui se fait. Tout à coup une longue colonne se forme sur le Mail, les cavaliers s'avancent au pas, les artilleurs emmènent leurs canons. Où vont-ils ? Ils prennent la route des quais, on les voit traverser le pont ; ils se retirent derrière la Loire. Peut-être est-ce par un calcul de tactique... On voudrait le croire, mais le doute a bientôt cessé. Oui, la retraite a commencé, et cette fois, c'est la dernière.... Ce soir, Orléans sera aux mains de l'ennemi.

Quelques-uns ont cherché des raisons à une telle prudence. Nos généraux, dit-on, savaient que les Prussiens avaient la supériorité du nombre et de l'artillerie ; ils voulaient épargner un désastre à l'armée encore incohérente qu'ils formaient sur la Loire. Soit, l'histoire les entendra. Mais, pour ma part, je rappellerai qu'à l'heure où ils partirent, bien des citoyens les suivirent d'un regard indigné. Si la lutte était inégale, pourquoi défendre les abords d'Orléans ? Si le combat était possible dans ces vignes et dans ces taillis, pourquoi n'y avoir point présidé avec vigilance ? Pourquoi n'avoir pas mieux profité des ressources qu'offraient et les hommes et les lieux ? Enfin, si, par une insurmontable nécessité, ce combat devait se livrer pour que la retraite pût s'opérer, pourquoi y avoir laissé si grande la part du hasard et du désordre ? Pénibles questions, doutes amers que l'anxiété aigrissait aujourd'hui.

A deux heures et demie, l'alarme se répand dans la ville. Il est certain qu'on se bat tout autour d'Orléans : des faubourgs on entend la fusillade au bruit sec et rapide ; l'ennemi approche. Vers trois heures, des enfants et des femmes arrivent des Aydes, éperdus de terreur et pleurant ; ils montrent des débris d'obus tombés non loin d'eux ou même sur leurs toits ; déjà des maisons sont lacérées par les bombes : on s'enfuit de ces malheureuses demeures, on vient chercher un refuge à Orléans. A ces nouvelles, les magasins se ferment ; dans la rue, chacun regagne à la hâte son habitation : la vie, la famille, le sort incertain que réserve l'heure prochaine, voilà les seules pensées qui restent.

Ah ! comme elles étaient vraies en ce moment, ces plaintes des assiégés et des vaincus, qu'en lisant les grands historiens de l'antiquité, nous avions fini par trouver banales ! Comme elle était vivante dans nos cœurs, cette rhétorique de l'histoire qui nous parlait des jeunes filles tremblantes, des mères épouvantées, des enfants sanglottant dans leur peur, des foyers qu'on abandonne, des foules qui se dispersent dans le tumulte de l'effroi ! Nous avons vu ces spectacles, nous avons senti ces afflictions ; tous ces tableaux dont se lassait notre esprit, quand nous n'avions qu'à les regarder en paix dans le lointain des âges, l'expérience les a mis sous nos yeux. Comme elles sont affreuses, ces angoisses ! Qu'elle est cruelle, cette réalité !

Tandis que dans l'inquiète affection de la famille, on se serrait l'un près de l'autre, avec des pleurs et des embrassements ; tandis que dans les rues se précipitent les chevaux qu'on veut préserver de la spoliation, et les voitures qui emportent les fuyards ; parmi les préparatifs que conseille la prudence, au milieu de ces adieux, de ces douleurs et de ces soins, un fait inattendu redouble la terreur. A quatre heures, des obus sillonnent tout à coup l'espace, vers l'entrée de la ville. De toutes parts il en tombe dans les faubourgs. Bientôt l'hôtel Saint-Aignan est atteint à l'un de ses angles. Devant Saint-Paterne, une bombe éclate parmi des passants : on relève deux morts et plusieurs blessés. Déjà une autre a touché le sol sur la place Bannier : un ouvrier accourt, la saisit d'une main courageuse et la jette dans le bassin de la fontaine, d'où il la retire toute bouillonnante encore ; trait d'héroïsme qui mérite un souvenir, car il y a de la grandeur dans cette prévoyance généreuse et dans ce mépris du danger. A l'extrémité du Mail, plusieurs personnes sont surprises par cette pluie d'obus ; elles n'échappent qu'en s'abritant derrière des tonneaux laissés là.

Vers cinq heures les obus se multiplient. On les voit se diriger dans l'air; on entend le sifflement aigu qui les annonce. Les plus effrayés d'entre les habitants sont descendus dans leurs caves. Ceux qui sortent traversent les rues d'un pas rapide. Les projectiles frappent les boulevards jusqu'auprès du Mail Saint-Euverte. Au Lycée, onze obus viennent trouer les murs du bâtiment principal, brisent les carreaux, pénètrent dans les chambres et en dévastent quelques-unes. Peu d'instants auparavant les élèves étaient en récréation dans les cours. C'est la même frayeur, ce sont les mêmes dégâts dans la rue Gourville, dans la rue Sainte-Anne, près de l'église Saint-Pierre-du-Martroi, dans la rue du Colombier, sur la place du Martroi et ailleurs. Que veut l'ennemi? Bombardera-t-il une ville ouverte? L'heure de la nuit arrive; le combat va cesser sans aucun doute : pourquoi une si inutile barbarie? Veut-on seulement porter dans nos cœurs cette épouvante qui rend docile au vainqueur? S'agit-il de chasser d'Orléans ceux de nos soldats qui s'y trouvent encore ou que la défaite y amène? Serait-ce une destruction préméditée?...

En ce moment, le conseil municipal attendait à l'Hôtel-de-Ville l'arrivée des vainqueurs. Chacun sentait là le péril et l'honneur de la mission qui commençait; on parlait peu : une tristesse grave régnait dans les cœurs. La cour était vide; de loin en loin une nouvelle arrivait : c'était toujours un malheur de plus qu'on apprenait. De tant d'habitants émus par la crainte, un seul vint demander qu'on portât une prière à l'ennemi : « Arborez le drapeau blanc ! » dit-il au maire, dans l'impatience de la peur. — « Non, répondit M. Crespin, l'armée française combat ; tant que sa bravoure ne voudra pas de cette grâce, ce n'est pas moi qui irai l'invoquer : que son courage reste libre ! » Grâce à cette fière résolution, ceux qui représentaient Orléans ont laissé venir les vainqueurs ; ils ne sont pas allés les chercher, dans l'humilité de la terreur.

De six heures à sept heures et demie, la ville est restée comme muette. Chacun se tenait chez soi, dans l'attente ou dans l'affliction. Les réverbères n'étant pas allumés, l'obscurité des rues ajoutait encore à ce qu'il y avait de funèbre dans cette situation. J'étais sorti pour chercher des nouvelles. Quelqu'un me dit en passant : « Ils sont arrivés ! Sur la place du Martroi, leurs soldats sont déjà campés. » Nous avançâmes, atterrés et silencieux. Deux sentinelles se promenaient au coin de l'Étape ; dans l'ombre, j'aperçus une ligne immobile et noire : c'était l'ennemi qui stationnait devant l'Hôtel-de-Ville. Un officier leur parlait de sa voix rauque et brève. Orléans était occupé...

Quelques minutes après, une centaine de soldats

français, la plupart chasseurs de Vincennes, traversaient la rue Saint-Euverte. Ils revenaient du combat, mourant de faim et de fatigue. Ils allaient d'un pas rapide, mais sans courir ; quelques-uns avançaient en se soutenant aux murs. On n'eût pas entendu un mot dans cette petite troupe. Braves gens que la nuit seule chassait du champ de bataille, les derniers sans doute qui eussent fait leur devoir ! Comme ils demandaient le chemin de la Loire, pour regagner l'armée, on les conduisit jusqu'au quai, par la rue du Bourdon-Blanc. Tout en allant, l'un d'eux racontait avec orgueil la résistance qu'ils avaient faite. — « Nous les avons obligés, disait-il, à reculer de deux kilomètres dans les vignes, et nous sommes partis sans qu'on osât nous poursuivre ! »

En rentrant, j'apprends d'un voisin que les Prussiens, venus par la rue d'Illiers, y ont pénétré au bruit d'une vive fusillade, en se faisant précéder de décharges qui balaient la voie. Ensuite leurs tambours ont battu : c'est le son lugubre et sourd de ces instruments qui tout à coup annonce aux habitants terrifiés l'envahissement de la ville. Puis, de ce même côté et par la rue Bannier, les régiments ont défilé, à la suite de leurs musiques qui jouaient des airs de triomphe. Au coin de la place du Martroi et de la rue d'Illiers, des mobiles et des soldats leur envoient quelques coups de feu : c'est l'adieu de l'armée française.

Alors les vainqueurs, pleins d'un délire sauvage, ont entouré la statue de Jeanne d'Arc, et devant celle qui sauva jadis Orléans et la France, de longs hurrahs ont célébré leur conquête !...

Mercredi 12 octobre.

Quel souvenir nous laissera la vue du Martroi, ce matin couvert de nos ennemis, de leurs bagages et de leurs armes! Les pavés disparaissaient sous le foin dans lequel ils s'étaient couchés. A droite et à gauche, des tonneaux de vin défoncés où ils puisent encore. Dix canons forment un cercle menaçant autour de la statue de Jeanne d'Arc. Partout des faisceaux de fusils. Ici des chevaux qui mangent du blé; là de la viande et du pain qu'on distribue. Au coin de la rue d'Illiers, les trottoirs, chargés d'excréments, répandent une odeur infecte; et sous la pluie qui tombe, la paille des litières se change en fumier dans la boue. Voici des soldats étendus le long des maisons; les autres, debout et enveloppés dans leurs capotes sales, laissent voir sur leurs traits la fatigue, l'abêtissement ou l'insolence. C'est le désordre d'un campement où les vainqueurs se reposent d'un assaut. Quelques habitants passent comme furtivement et jettent sur ce spectacle un regard de surprise, de haine et de douleur.

Vers neuf heures, il y a dans la ville un mouvement inaccoutumé; mais la curiosité y pousse moins que l'inquiétude. Les amis et les parents vont s'informer les uns des autres : la nuit s'est-elle passée pour eux sans accidents, sans les sévices de la brutalité prussienne? On rencontre peu de femmes. Quelques domestiques courent avec leurs maîtres chercher les provisions qu'on craint de ne plus trouver bientôt. Des Prussiens errent çà et là, entrant dans les boutiques des bouchers, boulangers et fruitiers, qui les reçoivent avec effroi. Des patrouilles, il est vrai, parcourent la ville, afin d'écarter des magasins les soldats qui veulent y pénétrer. Mais la patrouille s'éloigne, et l'ordre est transgressé. Partout vols, méprises et discussions...

La soirée d'hier a eu mille épisodes douloureux. Beaucoup de maisons ont été tout à fait saccagées. Des bandes d'ennemis y faisaient irruption, envahissant tous les appartements pour les piller ou les occuper : les maîtres du logis se sauvaient; quelques-uns n'ont plus eu que leur grenier pour dernière retraite. Ce matin, on s'apercevait que mille objets avaient déjà disparu; bien des gens trouvaient leurs escaliers couverts d'urine et d'ordures. En arrivant, la plupart des soldats ont vidé les armoires : en retour de ce qu'ils prenaient, ils laissaient des bas, des chemises, des mouchoirs infects de saleté. Voilà comment ils changent de linge. A la gare du chemin de fer, ils se sont jetés sur les bagages qu'on y avait abandonnés : ils ont éventré les malles et les valises à coups de baïonnette, emportant ce qui leur plaisait. Par bonheur, un gendarme du Cher avait sauvé, en donnant l'alarme, un grand convoi de vivres qui suivait le 15e corps à Orléans. Aujourd'hui la gare est une ambulance où gisent déjà cinq cents blessés.

Au faubourg Bannier, on s'est battu jusque dans la demeure des habitants. Chez Mme de Saussay, les morts ont encombré l'escalier. Un peu plus loin, une femme, mère et veuve, habite une maison isolée, près de la scène du combat. A l'heure où les boulets ont commencé à y tomber, elle est descendue à la cave avec un enfant affolé de peur... Quand le silence s'est fait, elle monte, croyant la lutte terminée. A sa porte et dans son corridor se traînent des blessés qui crient. Émue de pitié, elle leur ouvre ses appartements, et bientôt elle en voit cinquante-huit autour d'elle; partout elle marche dans le sang. Un d'eux, appuyé au mur, retient ses entrailles avec ses mains tremblantes; il se regarde avec terreur : « Tuez-moi, dit-il d'une voix désespérée, tuez-moi! » Les autres s'étendent sur le plancher, ceux-ci ployés sur eux-mêmes, ceux-là presque inanimés. Cependant les vainqueurs arrivent : ils veulent entrer et tout prendre ; il a fallu que la pauvre femme leur disputât les matelas des blessés et la place des mourants !...

D'après les récits les plus sûrs, le combat d'Orléans a duré de midi jusqu'à sept heures. L'ennemi avait marché pendant la nuit, et dès onze heures, il atteignait la hauteur de la Montjoie. Ses canons avaient pris position entre Saran et Saint-Jean-de-la-Ruelle, ainsi que derrière les Aubrais. Jusqu'à trois heures, l'infanterie bavaroise avait subi le feu, qui, sur mille points, partait de nos vignobles. Nos braves et pauvres soldats s'étaient battus avec autant d'intelligence que de vigueur : ils avaient admirablement pratiqué cette guerre de tirailleurs qui convient tant à notre race agile et hardie ; ils ont lutté de défense en défense jusque dans la ville même ; et derrière eux, le sang de nos vainqueurs a rougi plus d'un taillis et plus d'un cep de vigne. Les premières maisons des Aydes ont été pour nos soldats autant d'abris, d'où ils décimaient les assaillants ; des habitants les assistent dans le combat ; et c'est dans la fureur de la vengeance que les Prussiens incendient alors vingt-six ou vingt-huit de ces maisons. En envahissant le faubourg Bannier, nos ennemis se sont arrêtés un moment pour pousser des hurrahs formidables : ils chantent et dansent tout à la fois dans la joie de leur triomphe. Puis ils se sont divisés en deux troupes, les uns longeant la rue Caban, les autres la rue Guignard ; ils poursuivent ceux des nôtres qui résistent encore, et à l'endroit où ces deux rues aboutissent à celle du faubourg, ils se réunissent pour dévaster et saccager tout le reste. Là encore des mobiles les attendent et leur lancent leurs dernières balles. Alors commence la déprédation. Sur le chemin de cette victoire si disputée, nos ennemis ont saisi des gens innocents ou même inoffensifs qu'ils accusent d'avoir tiré sur eux. Ils s'avancent maintenant, de plus en plus avides de méfaits et libres dans leurs violences. Les maisons sont l'une après l'autre occupées : Bavarois et Prussiens s'y livrent à l'ivresse et au vol. Vers le même temps, c'était au faubourg Saint-Jean la même lutte, les mêmes cris et les mêmes excès. Le pillage continue aux abords de la ville, sur le Mail, dans les rues voisines, partout où déborde le premier flot de cette armée furieuse : dans quelques maisons de la rue d'Illiers et de celle des Gourdes, tout est pris, ou brisé, ou dispersé ; et comme ils y viennent se loger et se nourrir, ce matin on retrouve avec eux, dans ces demeures usurpées, le désordre, la rapine ou la menace. Aussi, qui ne se plaint ? qui n'est triste ? qui ne sent en son cœur l'effroi et l'indignation ?

Voici le temps venu des nouvelles sinistres. Tantôt elles naîtront de nos frayeurs, tantôt des crimes de l'ennemi. Aujourd'hui on les accueille avec une sorte de joie douloureuse : on s'y rassasie de son malheur; on y prend le plaisir amer de la haine; elles semblent justifier l'attente où l'on aperçoit à l'avance les cruautés du vainqueur. On nous dit qu'hier soir les Prussiens ont tué un vieillard dans la rue du Tabour. Un grainetier, qui demeurait rue des Carmes, n'a pu supporter ces outrages de la maison violée et du maître insulté : il a frappé par colère et par patriotisme; deux balles le frappent à son tour, et cette nuit le malheureux est mort, victime d'un courage inutile, hélas! au foyer qu'il voulait préserver. Ces nouvelles vont de bouche en bouche, et répandent encore plus d'horreur que d'épouvante. Oh! quelles légendes vont se former dans cette invasion! Quelles légendes où notre peuple apprendra combien il faut maudire les Prussiens et se préparer à la vengeance !...

Le cadavre d'un ennemi était, ce matin, étendu dans la rue Bannier. Est-ce déjà le désespoir qui sévit contre eux? On l'a craint, et d'abord on semblait y croire. On a bientôt affirmé qu'il est tombé sous les coups d'un des siens. On raconte même que c'est un officier qui l'a tué pour une injure grave, pour un acte d'indiscipline que personne de nous ne connaît bien. La vérité est bien différente. Au point du jour, deux mobiles qui s'enfuyaient ont rencontré là un factionnaire prussien. Comme il essayait de leur barrer le passage, ils ont déchargé leurs chassepots sur lui et se sont sauvés en jetant leurs armes dans la rue.

Au reste, les Prussiens s'entendent aux précautions : n'ayez peur qu'ils laissent désormais l'occasion d'un crime ou d'un délit. De toutes parts circulent les patrouilles; devant les édifices publics, à tous nos anciens postes, des sentinelles. Des soldats gardent chacune des issues de la Préfecture, prison dorée où le préfet va se trouver oisif malgré lui. Au point du jour, des femmes ont encore pu s'enfuir en voiture. Mais à midi, le cercle est tracé : pour dépasser les lignes de l'armée prussienne, il faudra désormais un sauf-conduit. Nous voilà donc enfermés dans Orléans comme dans une place investie. Pour assurer cette police prudente et subtile où les Prussiens se sont montrés si experts dans toutes les villes occupées, un commandant de place nous gouverne déjà. Il a élu domicile place de l'Étape, chez M. de Terrouenne. Ce tyranneau a, dit-on, la dureté qui sied à son emploi : on l'a choisi pour son caractère comme pour sa fonction.

Nous avons dans nos murs une armée nombreuse; elle compte 40 à 45,000 hommes avec plus de 120 canons et un matériel en fort bon état. Le prince Albert de Prusse est ici. Devant ceux qui s'adressent à sa justice, c'est-à-dire à sa faveur, il affecte de n'être qu'un voyageur qui suit cette armée, par distraction et par curiosité, à la recherche de la victoire. Le général bavarois de Tann supplée dans le commandement le Prince royal, qui reste à l'armée de Paris. Quant aux soldats, ils ont pour la plupart assisté aux batailles de Wœrth et de Sedan. Nous pouvons voir ici, nous recevons même dans nos maisons les Bavarois qui ont massacré les femmes et les habitants de Bazeilles. Infâme nécessité, d'avoir sous son toit des hommes qui ont fusillé ou jeté dans les flammes nos compatriotes de la Lorraine !

Ces troupes n'auront pas joui d'un long repos. A dix heures elles ont commencé à passer la Loire, afin de poursuivre les nôtres. Au pont d'Orléans et sur le quai, six canons étaient braqués et commandaient la rive opposée. Trois heures a duré ce défilé d'hommes et de canons. Chaque régiment s'en va précédé de sa musique ; à l'arrière viennent les bestiaux qu'ils ont volés à nos paysans, avec les bouchers, les infirmiers et l'ambulance. Comme la fortune s'est jouée de nous ! Les voici traversant les rues d'où, peu de jours auparavant, partaient au combat les enfants de la France ; les Prussiens nous montrent leurs drapeaux, et nous ne savons même plus où flotte, au-delà de la Loire, celui de notre pauvre et grande patrie ! Nous entendons leurs airs nationaux, là où grondait naguère le refrain de cette *Marseillaise*, trop retentissante sur nos lèvres, trop muette en nos cœurs. Ah ! quand ils s'en allaient sous nos yeux, si fiers et si tranquilles, que n'ont-ils regardé sur nos visages pâlissant de haine les larmes que nous arrachait la vue de leur triomphe ? Que n'ont-ils entendu les secrètes imprécations de nos âmes ? Ces musiques, nous les ferons un jour taire aux champs de bataille où nous nous vengerons ; ces étendards, nous les chasserons devant nous, et leurs villes, ruinées à leur tour, les verront s'enfuir déshonorés comme les nôtres aujourd'hui. Oui, de tels spectacles sont bons aux nations vaincues ; elles y retrouvent la colère dans la honte, et les fils apprennent ce que ne savaient plus leurs pères. Ce jour maudit ne sera point perdu pour Orléans. Nous avons regardé passer cette armée prussienne avec des sentiments qui différaient sans doute comme les cœurs eux-mêmes . celui-ci la contemplait dans une curiosité douloureuse, cherchant à se rendre compte de leur discipline et de leur force, avide de pénétrer le secret d'une supériorité si peu attendue et tout à coup accablante ; celui-là jetait à ces vainqueurs un regard de défi, joyeux dans son orgueil patriotique de leur offrir un front qui les brave ; tel autre contraignait à les voir ses yeux voilés de pleurs, afin d'animer son ressentiment d'un souvenir de plus. Mais tous, nous avons considéré leur armée en les détestant, l'âme pleine de promesses que nous faisons à l'avenir pour l'honneur et le salut de la France....

Dans l'après-midi, les soldats, qui vont séjourner dans la ville, ont envahi les rues par milliers. C'est un bataillon, ailleurs c'est un régiment qui s'arrête et qu'il faut loger dans l'étendue de la rue, sans égard à la grandeur des maisons. Les officiers font entrer leurs hommes par groupes de quatre, cinq, dix et quelquefois davantage. Ici, vingt ou trente s'installent l'un sur l'autre, dans les meilleures chambres ; là, ils s'introduisent comme si la demeure qu'ils vont remplir se prenait d'assaut, et pour peu qu'ils y voient d'espace, ils y sont bientôt cinquante ou cent. On brise à coups de hache la porte des maisons abandonnées, ou bien on force la fenêtre, et, pour mieux s'établir, on commence par piller. L'habitation choisie, le fourrier marque à la craie sur la porte le nombre des hommes et le nom du régiment ; et ces marques ne valent guère mieux, ma foi, que les croix bibliques tracées par les anges exterminateurs dont parle l'histoire sainte.... Ces soldats sont ceux mêmes qui la veille ont combattu ; les troupes qui formaient la réserve pendant le combat viennent d'entrer en campagne. Les uns sont irritables, exigeants, furieux surtout qu'on ne paraisse ni les comprendre, ni leur obéir immédiatement. Les autres sont des gens assez paisibles, qui ne causent aucun ennui grave. Presque tous ont la saleté sans gêne. Heureux encore qui a reçu des Bavarois, et non des Prussiens! Déjà on trouve la différence très-grande, les Prussiens se montrant plus froids et plus durs.

Les chefs de l'armée ont pris pour résidences les plus grands hôtels de la ville. Les colonels, les princes et principicules se sont fixés à leur gré dans les habitations les plus riches et les plus vastes qui fussent dans le quartier assigné à leur régiment : il leur a fallu surtout celles qui avaient des écuries. Plusieurs généraux sont à l'hôtel du Loiret ; l'administration des finances, à l'hôtel Saint-Aignan ; l'état-major et M. de Tann, à l'hôtel de la Boule-d'Or, qui devient, par conséquent, leur ministère de la guerre.

Ce matin, le Conseil municipal s'est assemblé de nouveau. Il attendait quelque émissaire prussien, chargé de nous faire subir la loi du vainqueur, quand se présente le baron de Bailisand, officier bavarois, qui s'annonce comme le commandant de place d'Orléans. Par un vrai miracle, M. de Bailisand n'a point l'air féroce qu'on craignait. C'est un homme courtois et humain qui, loin de commencer par des sommations arrogantes, déclare d'abord qu'il veut rassurer les habitants ; il punira tout acte de pillage, et sans tarder il prend à cet égard les mesures qu'on lui indique. Mais M. de Bailisand quitte, après quelques instants, le Conseil municipal étonné de son bon vouloir. On se loue des services qu'il promet ; et pendant qu'on se félicite de cette chance inespérée, M. de Bailisand a disparu pour toujours.... A deux heures, grand bruit dans la cour de la Mairie : un cheval arrive au trot devant le perron, et l'on voit un colonel, prussien cette fois, qui, le geste brusque, la voix stridente, crie du haut de sa monture : « Faites venir le maire, le sous-préfet ! Qu'il descende ! » On répond à ce violent que de sous-préfet, il n'y en a pas ; que le maire est dans son cabinet ; s'il veut lui parler, il est libre d'entrer, on l'introduira. Le colonel von Heuduck (c'était son nom) se montre fort mécontent qu'on le réduise à la politesse ordinaire ; il arrive devant le Conseil, le visage rouge de colère, en faisant tout le vacarme possible avec son grand sabre qu'il traîne sur le pavé. « Je suis le commandant de place, s'écrie-t-il d'un ton brutal ; j'ai été commandant de place à Sedan ! » Ce souvenir historique n'a rien d'agréable ; le titre décliné n'inspire aucune confiance : le maire ne répond pas. M. von Heuduck poursuit ainsi sa harangue : « Je vais traiter Orléans comme une ville prise d'assaut. Vous avez résisté. Nous resterons ici quatre semaines, entendez-vous ?... Parlez de votre civilisation française : c'est une honte ! Vous lancez sur nous des turcos, des bêtes féroces ! Vos francs-tireurs ne sont pas des soldats ; ils ne méritent que d'être fusillés.... Ce matin vous nous avez

assassiné un homme. Vous nous paierez tout cela. »
Ce petit discours, dit avec rage, n'est pas digne de
réponse ; silence du maire. Tout à coup le commandant tire sa montre, la regarde et finit ainsi : « Pour
remettre vos armes, pour déclarer les blessés et les
fuyards que vous cachez, je vous accorde jusqu'à trois
heures. On rentrera le soir à huit : après ces délais,
on fusillera. » Ici le maire crut nécessaire de discuter ; il démontra qu'on n'aurait pas le temps de transmettre cet ordre aux faubourgs et aux quartiers éloignés, pour le terme prescrit. Au bout de sa diatribe,
M. von Heuduck reprenait haleine et s'apaisait peu à
peu. Il répond brièvement qu'on aura une heure de
plus dans les deux cas. Puis, comme on se taisait :
— « Quel est le nombre des conseillers, Monsieur ?
dit-il au maire. — Trente et un avec moi. — Personne
n'est absent ? — Personne. — Eh bien ! Messieurs,
j'applaudis, et je vous félicite ; nous n'avons pas toujours vu pareille chose : j'ai trouvé plus d'une ville
sans municipalité ; dans un grand nombre, il était à
peine resté quelques conseillers. » C'est par cet éloge
adressé avec brusquerie, comme les menaces, que
s'est terminé le colloque du commandant et de notre
Conseil municipal. Voilà comment s'ouvre l'ère de
notre captivité.

L'effet suit de près la délibération. Trois fois le
tambour bat en quelques heures. On reçoit l'ordre de

porter ses armes à l'hôtel du Loiret, tandis qu'un avertissement imprimé invite à les porter sur la place du Martroi. Cet ordre a eu pour effet de livrer aux Prussiens plus de 5,000 fusils, y compris vingt-cinq caisses de chassepots. De tous les incidents de cette journée, peut-être est-ce le plus douloureux. Quelle humiliation! Tout le reste n'était qu'un spectacle auquel on était libre de se dérober : ici on exigeait de nous un acte qui déshonore le citoyen et le soldat. Voilà à quoi servaient ces armes, forgées pour la défense du pays! Cette honte, nous l'avons tous profondément ressentie : silencieux, frémissants, nous remettions nos fusils à je ne sais quel soudard, qui nous les arrachait des mains en nous appelant avec colère. Comme un ouvrier, par ignorance des usages prussiens, réclamait un reçu, ce geôlier répondit devant nous par des coups de crosse et des injures. Plus loin, sur la place du Martroi, des soldats amènent M. Bimbenet, conseiller à la Cour, M. Freslon, photographe, et plusieurs autres personnes : on les pousse, eux aussi, avec la crosse des fusils. De quel crime les accuse-t-on? On leur a trouvé dans les mains les armes qu'ils apportaient au commandant de place; et ne connaissant pas l'ordre donné, ceux qui les ont arrêtés les conduisent à M. von Heuducke avec une aménité digne de lui. On les a relâchés après information. Outre la douleur patriotique dont ils souffrent comme nous, ils ont eu les mauvais traitements. Puis sont venus les autres avis (1) : menace d'user des rigueurs de la guerre contre quiconque sortirait le soir après neuf heures; menace contre quiconque n'aurait pas déclaré, avant la nuit, les blessés ou les soldats fugitifs qu'on abriterait sous son toit. Ces sévérités étonnent ou indignent la foule qui les entend publier. Si tel est l'exercice légal de la victoire, qui pouvait s'en douter à Orléans? Cette police, qui protége leur triomphe, a beau être un des droits de la conquête : elle est vraiment trop blessante pour nos cœurs français, et dût-on nous reprocher notre imprudence, nos généraux sans doute seraient moins durs à des vaincus.

Ces émotions, neuves et violentes, ont fait paraître bien longue cette pénible journée. La nuit sera-t-elle moins triste à ceux qui, sur leur tête ou près d'eux, entendent le bruit des vainqueurs? Ah! Dante n'a pas connu, dans son exil, la plus amère douleur du citoyen malheureux. Il est dur à gravir, disait-il, l'escalier de l'étranger; il est dur à manger, le pain de l'étranger! Oui; mais plus dur encore est le pain qu'il faut partager avec le soldat des conquérants; plus affreux encore est à l'oreille le pas du vain-

(1) Voir aux *Pièces justificatives*.

queur qui monte librement l'escalier de nos maisons, quand près de nous l'épouse veille dans la peur, et que l'enfant pleure dans son berceau !...

Jeudi 13 octobre.

La ville a dès le matin l'aspect morne et sombre qui convient à nos malheurs ; avec ses magasins fermés, ses rues presque désertes, ses maisons silencieuses, ses édifices pavoisés des drapeaux qui protègent la souffrance ou la mort des blessés, Orléans n'est plus qu'une cité de deuil, et dans ce deuil est toute sa dignité.

D'ailleurs, que de nouvelles funèbres ! On apprend que douze ou quinze de nos concitoyens doivent être fusillés demain matin, pour avoir pris part au combat sans habit militaire ; les Prussiens prétendent qu'ils leur ont tué des soldats dans l'occupation des faubourgs, à l'heure où leurs troupes entraient victorieuses. Parmi les accusés est un jeune homme de quinze ans : son képi de collégien attirant l'attention, on l'a saisi parmi des mobiles et des habitants, à côté de son père qui se trouve prisonnier comme lui. On va demander leur grâce ; mais les Prussiens savent-ils pardonner ?

On a trop répété qu'ils épargnaient les personnes dans le pillage des biens ; on a trop vanté la continence de ces Scipions allemands. Plût à Dieu que leur chasteté fût irréprochable ! Orléans aura connu les exceptions où s'oublie leur vertu, dans la nuit ténébreuse d'une victoire. Hier, on a dénoncé plusieurs viols au commandant de place : on a nommé les victimes ; on a indiqué les coupables. Ces faits ont été très-rares, j'en conviens ; ici la discipline allemande a droit à un sincère hommage ; mais il ne faut pas plus exagérer l'innocence de nos ennemis que leur brutalité.

Nous ne faisons plus un pas dans la ville sans entendre une plainte, sans éprouver une tristesse nouvelle. Chacun a des méfaits à raconter, des spectacles affligeants à décrire. Et quand on se demande ce que devient, au-delà du cercle qui nous enferme, cette patrie qu'on n'aperçoit plus, on a peine à se défendre du désespoir. Plus de lettres ni de journaux. Nous ignorons tout ce qui se passe au-delà de la Loire. Nous n'avons appris qu'une seule chose : c'est que ce matin les uhlans ont occupé Saint-Cyr-en-Val. On ne sait rien de notre armée ; on ne croit plus à sa force ; on craint que l'ennemi ne l'atteigne et ne la batte dans une seconde victoire ; et dans ce découragement, j'entends murmurer le mot de la paix. C'est trop tôt désespérer. La nouvelle du moindre succès ranimerait ces cœurs, qui souffrent aujourd'hui de blessures trop récentes encore et trop profondes.

Le combat d'Orléans est souvent encore l'objet de nos entretiens. On sait que l'ennemi a fait des pertes considérables, d'après son propre aveu. Les Bavarois les comparent même à celles qu'ils ont subies à Bazeilles. On continue à retrouver des cadavres au milieu des vignes ; et quelque soin que les vainqueurs aient mis à enterrer immédiatement leurs morts, on a pu juger que le nombre en excédait beaucoup celui des nôtres. Les renseignements recueillis dans les ambulances permettent d'affirmer que le chiffre des tués et des blessés a été pour nous d'environ deux mille, et de cinq mille pour les Prussiens. Les combats de Toury, d'Artenay et d'Orléans leur auraient coûté, disent-ils, plus de huit mille hommes. Voici sur ce point les paroles presque textuelles d'un de leurs officiers : « Depuis le commencement de la guerre, nous avons souvent ri de vos artilleurs : les obus qu'ils nous lançaient éclataient d'ordinaire dans l'espace, loin de nos rangs, avant d'arriver sur nos têtes. A notre avis, vos projectiles sont mieux faits que les nôtres : bien dirigés, ils produisent des effets plus meurtriers. Mais en général vos pointeurs calculaient mal les distances. Vous nous avez désagréablement surpris au combat d'Orléans : jamais votre artillerie n'avait été si habile et si terrible. Vous n'aviez pourtant que quelques pièces, six ou quatre, si je ne me trompe. Encore vos canons ont-ils quitté le champ de bataille à quatre heures et demie. » Puis, parlant du pillage que nous reprochions à ses troupes : « La faute en est, dit-il, à votre résistance. Orléans n'a pas envoyé de parlementaire : il a donc fallu prendre la ville d'assaut, bien que ce fût une ville ouverte. Savez-vous que c'est la seule en France où, sans fortifications, on ait bravé nos bombes ? Jusqu'à présent, les villes qui, comme la vôtre, n'ont ni forts ni murailles, nous recevaient sans combat. Ici, la bataille s'est prolongée de faubourg en faubourg ; les habitants ont, dans plusieurs maisons, lutté eux-mêmes auprès de vos soldats ; on nous a tué des hommes jusque dans les rues de la ville. Vous n'avez pas voulu vous rendre : voilà pourquoi vous avez le sort des places qu'on emporte de vive force. » Quoi qu'en puissent penser ceux qui tremblent encore au souvenir des obus prussiens, il y a dans ces paroles un témoignage qu'on citera, je l'espère, à l'honneur d'Orléans. Le prince Albert a tenu, d'ailleurs, le même langage à l'hôtel de la Boule-d'Or, ainsi que plusieurs officiers à l'Hôtel-de-Ville.

Aujourd'hui on n'est occupé dans Orléans que des déprédations de l'ennemi. De bonne heure nous avons vu, descendant de la Beauce, un interminable convoi de voitures chargées de butin, plus que de munitions. J'ai reconnu là bien des charriots pris dans les fermes de la Lorraine.

Les Prussiens ont pillé plusieurs des cafés qui font face à la place du Martroi. Dans les maisons délaissées par les habitants, ces bandits ont tout ravagé de la cave au grenier ; ils ont enlevé des armoires jusqu'aux robes et aux chapeaux de femmes, pour s'en affubler devant les glaces dans des attitudes comiques ; inutile d'ajouter qu'ils n'épargnaient pas plus ces objets dans la bouffonnerie que dans leur fureur d'avant-hier.

Ils ont commencé à la Mairie les opérations de ce vol organisé qu'ils appellent réquisitions. Ils ont requis les chevaux : toutefois ils n'ont procédé qu'à un premier examen ; bien des gens sont revenus chez eux avec leur cheval, tout étonnés qu'on ne l'eût pas pris. Je me défie d'une telle clémence ; attendons ce que décidera demain leur sagesse. Ils ont requis des fourrages et des charrettes : ne faut-il pas qu'Orléans nourrisse les bestiaux qu'ils nous mangent ? Ne faut-il pas qu'on transporte leurs soldats dans les courses qu'ils font aux environs, pour y piller nos paysans ? Enfin, pour contribution de guerre, ils nous demandent la modique somme d'un million......

Par un double avis, le maire d'Orléans nous avertit que l'ennemi frappe la ville « d'une contribution de guerre considérable, » et qu'elle doit être « payée immédiatement. » Pour acquitter cette taxe, le conseil municipal « a tout à la fois voté un emprunt forcé et ouvert des souscriptions volontaires. » Les Prussiens exigeaient en même temps les contributions en nature dont voici la liste :

600 têtes de bétail, 50,000 kilog. de pain, 200,000 kilog. d'avoine, 100,000 kilog. de foin, 200,000 litres de vin, 20,000 kilog. de tabac, 300,000 cigares, 4,000 kilog. de sucre, 4,000 kilog. de café, 4,000 kilog. de sel.

M. de Tann a prévenu le maire que, quelles que soient les éventualités de la guerre, ses troupes occuperont Orléans jusqu'au paiement intégral du million, jusqu'à la complète livraison des denrées. Qu'on obéisse : sinon pillage et dévastation. En vain M. Crespin a-t-il discuté et protesté : aucune raison n'a paru bonne à ces financiers victorieux. « Orléans est riche, a dit M. de Tann ; il a bien payé en 1815. » Et voilà comment, l'histoire aidant, nous aurons à contracter demain pour le roi de Prusse l'épouvantable emprunt d'un million.

On a surtout passé l'après-midi à commenter cette mauvaise nouvelle. On se plaint, on s'indigne, on se résigne en pestant, on doute même qu'une si forte somme se puisse trouver dans ces moments difficiles. Au milieu de ces émotions, à peine a-t-on remarqué les enterrements solennels qu'ont faits nos ennemis, vers quatre ou cinq heures du soir, avec accompagnement de musique et procession de troupes. Cinq officiers de leur état-major ont été tués au combat d'Orléans.

Les calamités nationales, comme celles dont nous sommes aujourd'hui les victimes, ont des effets qu'il est facile d'observer dans l'attitude, sur la physionomie même et dans les rapports des citoyens. Le sentiment de la fraternité humaine semble être né soudain dans certaines âmes ; chez d'autres, il est plus vif et plus généreux qu'autrefois. On oublie les inégalités de la richesse, de l'origine et du genre d'existence : les classes se confondent dans le partage des mêmes souffrances ; on se rapproche pour gémir ensemble ou pour s'assister. A voir passer l'un près de l'autre les hommes de deux nations si différentes, le vainqueur et le vaincu, l'oppresseur et l'opprimé, on comprend mieux qu'il y a une race ou plutôt une famille française, et le cœur parle tout de suite d'une parenté étroite et affectueuse avec quiconque est comme nous fils de la France : cet inconnu qui vous coudoie, paysan, pauvre ouvrier ou autre, on le regarde avec une secrète sympathie, parce qu'il est du peuple malheureux dont nous sommes, parce qu'on reconnaît la France elle-même dans son langage et sur ses traits. Au reste, ces grandes douleurs publiques rendent l'âme plus pure et l'esprit plus noble. J'ai vu pleurer sur la France, à l'aspect de nos soldats blessés ou prisonniers, des hommes qui riaient de tout jadis, de Dieu et de la patrie, comme du plaisir qui les flétrissait : la source des larmes honnêtes se rouvrait dans ces cœurs taris. Occupé de maux réels, de spectacles affligeants et d'idées sérieuses, on se détourne des choses frivoles, on se déshabitue des passions inutiles ou mesquines. Grâce à ces impressions, ce qui était vulgaire le paraît moins ; et dans cette pitié du patriotisme et de la charité, il n'est pas jusqu'à ces visages, hier encore odieux ou méprisés, qui ne semblent refléter maintenant la lumière de sentiments meilleurs. C'est à ce caractère moral, ordinaire, je crois, dans de telles situations, qu'Orléans doit sans doute l'air de dignité triste et sévère qu'il a depuis quelques jours.

Vendredi 14 octobre.

— « Avez-vous des Prussiens chez vous ? Comment se comportent-ils ? » Voilà les questions que nous nous faisons tous en nous rencontrant. Le reproche le plus général qu'on leur adresse, c'est celui d'être sales. Tel se plaint qu'on parsème sa cour ou sa maison de ce fumier d'homme qu'un soldat ennemi, comme un autre, peut receler là où le secret est d'habitude. Tel autre a son salon souillé comme à plaisir : on nettoyait les fusils sur les canapés, on entaillait les tables, on déchirait les papiers ou les tapisseries.

Ailleurs, c'est la cuisine dont on a dispersé, détérioré ou perdu les divers ustensiles. Ceux-ci ont forcé la porte d'une armoire pour y voler ; ceux-là ont, pendant la nuit, livré à la cave un assaut victorieux. Les larcins s'aperçoivent de toutes parts : ici on a enlevé des livres ou des brosses ; là on a soustrait une chemise, un gilet de flanelle ou la meilleure paire de bottes. Les difficultés de la nourriture sont un ennui non moins grave. La nuit ou le lendemain de la conquête, on a dû les nourrir : il n'était pas bon d'avoir une querelle avec eux, surtout quand on les voyait allonger de telles dents et ouvrir une telle bouche. Faut-il continuer malgré la rareté des vivres ? Les officiers, qu'on a consultés, donnent les réponses les plus opposées : « Il faut les nourrir, dit l'un. — Non, dit l'autre, le réglement veut qu'ils apportent leur pain ; quant à leur viande, ils n'ont besoin que de feu pour la préparer ; le reste dépend de votre bonne volonté. » — Perplexité fort embarrassante. On craint de les irriter ; on ne sait pas l'allemand ; on aurait à suspendre des habitudes déjà prises : comment se tirer d'affaire ? Dans certaines maisons, les soldats frappent du poing ou lèvent le sabre pour se faire servir. On en a vu qui conduisaient militairement à la boucherie la maîtresse de la maison, pour leur acheter de la viande. D'autres sont allés prendre sur le feu les mets destinés à leur hôte.

Encore, si, par consolation, nous apprenions qu'on les bat dans la Sologne ! Mais il n'arrive ici que de très-vagues rumeurs : on parle d'un engagement à Saint-Cyr-en-Val, où nos troupes les auraient fort maltraités. Hélas ! ce que l'un affirme, l'autre le nie. On dit encore que l'armée française aurait reçu des renforts importants, et qu'elle attendrait l'ennemi à La Ferté-Saint-Aubin, dans des positions excellentes. Cette nouvelle n'est pas plus sûre. On l'accueille pourtant avec plaisir, comme si elle était vraie. Par un mirage commun sans doute aux villes captives comme la nôtre, l'imagination de nos nouvellistes voit l'armée de la Loire plus puissante qu'elle ne peut l'être...

Nous avons eu, dans cette triste journée, le spectacle navrant des soldats français qu'on emmène prisonniers en Prusse. La plupart étaient enfermés dans le temple protestant et dans l'ancienne maison des Petites-Sœurs des pauvres, rue de la Poterne. Au temple, beaucoup se tenaient derrière la grille qui entoure l'édifice ; dans la rue de la Poterne, ils se montraient aux fenêtres, descendant leurs képis, à l'aide de cordes, pour y recevoir nos aumônes, de l'argent ou du pain. La plupart étaient affamés. Quelques-uns regardaient d'un air suppliant, sans rien dire. D'autres avaient l'attitude des mendiants. Cette misère qui dégrade l'homme, et surtout le soldat dont on veut que l'âme soit fière, parce qu'il porte des armes et qu'il défend la patrie, cette misère infâme excitait déjà en eux la rapacité de l'égoïsme : plusieurs gardaient pour eux ce qu'ils devaient partager entre eux. On en rougissait ; mais par une dernière et juste pitié, on leur donnait l'excuse du grand malheur qui les accable. A midi, on en avait formé tout un convoi, et je les vis rassemblés sur la place de l'Étape. Ils étaient là deux ou trois cents. La foule leur parlait ; de temps en temps un hôte ou un ami les reconnaissait, les appelait et venait leur presser la main. Les sentinelles prussiennes qui les surveillaient, comprenant toute l'infortune de ces soldats désarmés, laissaient à nos adieux un peu de liberté. On leur apportait du vin, du tabac, de la monnaie. Tous ces hommes, inconnus la veille, nous paraissaient des frères : en face de l'ennemi, on les aimait; on respectait en eux la France vaincue ; on sentait une tendre compassion pour ces jeunes gens qu'attend déjà l'ennui de quelque forteresse lointaine... Être prisonniers dans son pays, aux lieux peut-être où l'on est né ! Passer sans son épée ou son fusil à travers ces plaines, devant ces vignes où l'on s'est battu ! S'en aller de la patrie avec les regrets qu'inspire l'honneur ! Voir pour la dernière fois des compatriotes, qui vous consolent et qui vous assistent ! Ce sont les amères pensées qu'on lisait sur quelques visages mouillés de larmes. Ceux même qui paraissaient les moins émus de ces sentiments faisaient peine à regarder, tant ils avaient l'air abattu et fatigué. Quand retentit l'ordre de marche, quand partit cette troupe de malheureux, il y eut un long silence parmi nous : on eût voulu crier : Vive la France! pour protester contre la fortune qui l'outrage; mais on avait le cœur serré; il fallait se taire, et bientôt la place resta vide, chacun fuyant l'endroit de cette scène douloureuse, avec les soupirs de la tristesse ou les exclamations de la haine...

Vers le même temps, des voitures apportaient à la caserne de l'Étape les armes prises à nos soldats. Bien des chassepots étaient neufs et semblaient n'avoir pas servi. Un Prussien les alignait avec soin contre le mur... Quant aux mauvais fusils, on les brûlait dans la cour de la caserne.

Une personne qui visite les ambulances porte à deux mille le nombre des blessés prussiens qui sont à Orléans. Cette après-midi, il en est encore arrivé. Le commandant von Heuduck a fait une réquisition de matelas, et pour stimuler cette charité contrainte, il a menacé d'enlever aux particuliers ceux qu'ils ont dans leurs propres lits. Je dois dire qu'en dépit de l'humanité, on avait quelque plaisir à constater, au milieu de nos souffrances, les pertes et les maux que supportent nos ennemis et dont ils sont si furieux.

Il faut le confesser : moins cruels que de coutume, ils ont aujourd'hui rendu la liberté à quatre ouvriers ou employés de l'imprimerie Puget, qu'ils détenaient depuis trois jours sans aucune raison. Le jeune collégien A. Faizien, qu'ils accusaient d'avoir fait feu sur leurs soldats, a dû sa grâce aux instances de Mgr Dupanloup et du proviseur du lycée, M. Tranchau. Son père est sorti de prison avec lui, le visage meurtri des coups que ces bourreaux lui ont donnés. Aucun tourment ne leur a été épargné, pas même celui de la faim.

Voici l'émouvant récit que j'ai entendu d'A. Faizien lui-même :

« Nous étions dans la chambre du haut, mon père et moi, quand il me sembla qu'on marchait dans la cour. Je descends, et je vois une dizaine de Prussiens. Après avoir enfoncé la porte du jardin, ils avaient regardé s'il s'y trouvait des soldats ; ils s'en retournaient par le même chemin, quand ils m'aperçurent remontant près de mon père. Ils me poursuivent, me saisissent et me jettent au bas de l'escalier. J'y restai évanoui quelque temps. Quand je revins à moi, j'entendis parler mon père à mes côtés : il était blessé d'un coup de baïonnette et prisonnier comme moi. A travers les balles, on nous mena bientôt à l'extrémité du pays, chez un marchand de vin qui partagea notre sort. Puis on nous attacha pour nous conduire dans un parc situé non loin de là. C'était pour brûler la maison qu'on nous avait fait sortir. Ensuite on nous enferma dans un magasin, où nous passâmes la nuit.

« Il fallut, la journée suivante, rester dans un champ, sous la pluie et le froid. Je n'étais pas à moitié vêtu : les Prussiens m'avaient arraché mon col et ma cravate, et déchiré mes habits. A chaque minute, l'un d'eux me menaçait de son sabre ou m'appuyait un pistolet sur la tempe. Vers trois heures, des soldats français, prisonniers depuis la veille aussi, nous donnèrent quelques morceaux de viande saignante, ce qui nous soutint un peu. Nous étions onze bourgeois, accusés d'avoir tué traîtreusement des ennemis.

« Par amusement, les Prussiens eurent l'idée de nous attacher tous ensemble au moyen d'une corde principale qu'ils avaient reliée à cinq autres horizontalement disposées, de sorte qu'ils nous était impossible de nous asseoir : spectacle dont riaient beaucoup ceux de leurs camarades qui venaient nous examiner et nous insulter. A six heures, nous partîmes pour Orléans. Un Prussien tenait l'extrémité de la corde et nous tirait avec violence ; et la course à laquelle nous étions ainsi contraints nous faisait horriblement souffrir. Pendant le trajet, nous fûmes tous maltraités et injuriés ; mais c'était surtout moi que nos gardiens désignaient à la fureur des autres. Je fus criblé de coups de fouet, accablé de coups de crosse.

« Arrivés à la Mairie, un officier vint nous voir. Il nous accusa d'avoir tiré sur lui et nous appela des misérables. Il me demanda combien de Prussiens j'avais tués. De là, nous fûmes menés à la caserne Saint-Charles, où un autre officier nous visita. — « Êtes-vous franc-tireur? » me dit-il. — « Non, » lui répondis-je. Alors il se met en colère et s'écria : « Vous êtes franc-tireur ! Je vous donne ma parole que vous serez tous fusillés... » On nous avait dégagés de nos liens en entrant, et nous pûmes nous coucher sur les dalles humides d'une salle basse qui nous servit de prison.

« La journée du jeudi ne fut qu'un long supplice, surtout pour mon pauvre père, qu'ils maltraitèrent atrocement : l'un lui arrachait la barbe ou les cheveux ; l'autre lui donnait des coups de poing à la tête ; on crachait sur lui, on lui écrasait les pieds. J'eus aussi ma part de souffrance ; mais ma plus grande douleur fut de voir mon père en cet état. Les soldats français pleuraient en nous regardant. Je crois qu'on nous aurait tués, si un officier supérieur n'était venu faire cesser ces cruautés. Il nous ordonna de partir, et nous fûmes ramenés à l'Hôtel-de-Ville.

« Là, nous subîmes un interrogatoire. L'officier qu'on en avait chargé prétendit que j'avais tué *onze soldats et un général !* — « Demain, à cinq heures, vous serez fusillé, » me dit-il. Je lui demandai si je pourrais écrire à ma mère avant de mourir : il me répondit que non. On nous conduisit tous à la caserne de l'Étape, après cette courte enquête, et c'est là que nos chers bienfaiteurs nous ont délivrés. »

Je n'ajoute rien à ce récit : il a l'éloquence qui invite les hommes à la vengeance et Dieu à la justice.

Les démarches du maire et de M. Cochery, le concours de l'Évêque, les prières des pauvres parents et de quelques amis courageux, ont également arraché à la mort les neuf autres personnes arrêtées le soir du combat et pour le même prétexte. S'ils avaient pris les armes dans ces maisons que frappaient les obus et les balles de l'ennemi, dans ces maisons ouvertes de force et saccagées, leur défense eût été légitime. Ils ne l'ont pas fait, disent-ils, et les preuves manquaient contre eux. Votre clémence n'aura donc consisté qu'à ne pas fusiller des innocents : Allemands, vous êtes généreux !

Un des traits de leur politique, dans cette guerre, c'est l'hypocrite effort qu'ils font auprès des vaincus, partout où leur armée s'établit, pour les convaincre que la Prusse a pour elle le droit et la modération. Sans tarder, ils apposaient hier aux murs d'Orléans la circulaire où M. de Bismark nie les assertions de Jules Favre relatives à leur entrevue. Quel prix a donc encore la parole de M. de Bismark? Tout n'a-t-il pas été violence et mensonge dans les actes de cette Prusse avide qu'il conduit, sans scrupule, à tous les succès de la surprise et de la force?... Aujourd'hui on affichait une proclamation que M. de Tann nous adresse avec cette apostrophe : « Citoyens français ! » Il veut nous déterminer, dit-il, « à nous ranger du côté du parti raisonnable et désireux de faire la paix. » Cette intention annoncée, il nous accuse d'avoir « déclaré la guerre à l'Allemagne. »

Le baron de Tann a la bonté de nous rappeler nos défaites : « Votre armée, dit-il, victime d'un système de mensonge et de démoralisation, fut presque anéantie complètement. » Paroles qu'hélas ! nous ne pouvons démentir. Quelles conditions nous imposeraient aujourd'hui nos vainqueurs? La restitution de l'Alsace et de la Lorraine allemande. « Cette prétention est-elle exagérée? » nous demande avec bonhomie l'inoffensif M. de Tann. Il ajoute cette phrase, aussi sincère que le reste : « On vous a dit que le but de l'action des armées allemandes était celui d'abaisser la France. C'est simplement un mensonge. » O sainte et douce simplicité ! on veut bien nous enlever deux provinces, et cette volonté, marquée déjà en 1815 au traité de Paris, s'exprimait depuis plusieurs années dans tous les discours des patriotes prussiens ; mais en nous les ravissant, M. de Tann a l'art et la précaution de ne pas abaisser la France ! O délicatesse militaire ! ô bonté germaine ! Le général termine par cette péroraison aimable : « C'est au contraire votre gouvernement qui, par sa manière d'agir, attire de force les armées allemandes dans le cœur de la France, y amène la ruine et parviendra, s'il insiste, à abaisser de fait la belle France, qui pourrait être la meilleure amie de la même nation qu'elle a forcée de la combattre. » Il y a là des mots qui semblent couler de la bouche mielleuse de Tartufe : ces expressions insinuantes : « *attire de force, la belle France, la meilleure amie,* » seraient enviées d'un Molière. Habiles gens ! Non contents d'abuser de la victoire, ils voudraient encore corrompre notre patriotisme....

Le général de Tann aime sans doute les proclamations. Voici celle qu'il adresse en allemand à son armée :

« Soldats ! je vous remercie de la bravoure et de l'héroïque persévérance que vous avez montrées dans les marches et dans les combats des derniers jours ; j'ai pu en faire part à notre très-gracieux roi et généralissime.

« Tenez ferme jusqu'au bout, et combattez pour assurer une paix durable à notre chère patrie.

« TANN,
« *Général de l'infanterie.* »

Autre affiche. Le maire invite ses concitoyens à déclarer immédiatement les quantités de paille, foin, avoine et autres fourrages qui seraient en leur possession, à l'effet de faciliter les réquisitions régulières et « éviter les saisies. » Nos voleurs, on le voit, poursuivent légalement leurs opérations.

Le lendemain de son arrivée, le général de Tann avait exigé que la ville d'Orléans lui délivrât 600 bestiaux, 50,000 kilog. de pain, etc... Ce n'était qu'une première réquisition. Hier, les intendants de l'armée bavaroise ont présenté au maire la liste des fournitures qu'ils réclameront tous les jours. La voici textuellement :

« La mairie de la ville d'Orléans livra tous les jours à l'intendance du premier corps bavarois, pour l'armée allemande :

« 18,000 kilog. de pain, 18,000 kilog. de viande, 2,000 kilog. de riz, orge, pois, lentilles, 1,800 kilog. de café, 1,000 kilog. de sel, 500 kilog. de lard, 10,000 kilog. de farines, 3,000 litres de cognac, 6,000 litres de vin, 98,000 kilog. d'avoine, 10,000 kilog. de foin.

« Tous les nouritures sont nécessaires pour l'armée allemande a un seul jour, et la mairie elle apportera chaque après-midi en deux et cinque heure dans le magasin a chemin fer, et aura soin des personnes et des chevaux et des voitures, des ustensiles qu'ils sont nécessaires pour l'accueil et la distribution.

« La livraison dans le magasin commence aujourd'hui à deux heure. »

Au prix où en sont les denrées, c'est demander à la ville une dépense quotidienne de plus de 86,000 fr. Quelle énormité ! Le conseil proteste. Il a répondu « qu'il ne pourrait être satisfait à de telles exigences ; » il espère « que le commandant en chef allemand, instruit des véritables ressources de la ville, ne persistera pas à maintenir ces exorbitantes réclamations. » En attendant que M. de Tann se montre sensible à ce langage, il faudra, comme aujourd'hui et hier, assouvir l'appétit allemand.

Ce matin, les principaux propriétaires ont reçu des lettres qui les appellent à satisfaire les premiers à l'emprunt forcé. La taxe qu'on leur impose est proportionnelle. Toute la journée, il y a eu foule à l'Hôtel-de-Ville : on avait hâte de décharger Orléans de cette lourde obligation ; par patriotisme, par intérêt ou par peur, on a témoigné le plus grand zèle. Les uns apportaient des sommes qui dépassaient leur quote-part obligatoire ; les autres donnaient leur argenterie. Beaucoup sacrifiaient volontairement leurs modestes épargnes, les ouvriers et les petits fonctionnaires y mêlant leur offrande à celle des plus riches.

Au milieu des conseillers municipaux qui présidaient à cette besogne ou qui aidaient les trésoriers chargés de ces soins difficiles, on apercevait des employés des finances prussiennes. ils surveillaient l'emprunt, bien qu'ils feignissent de borner leur concours au calcul et à l'échange des monnaies. Le commandant de place faisait lui-même des visites réitérées au maire ; il demandait comment allaient les choses, s'étonnait de la lenteur avec laquelle se dénouaient nos bourses, et finissait toujours par quelque bonne menace. Au bas, dans le corridor, se trouvaient des prisonniers français ; des soldats bavarois les gardaient ou dormaient étendus sur la paille; dans l'escalier et devant les bureaux où l'on se pressait, les souscripteurs tristes et irrités. Que de récits affligeants, que de nouvelles lamentables on entendait là !...

On espère que l'emprunt sera couvert demain. Mais il est à craindre qu'après ce premier succès et sous une autre forme, les Prussiens ne continuent de requérir, c'est-à-dire de prendre.

Samedi 15 octobre.

La première question qu'on s'adresse en se rencontrant, c'est de se demander si l'emprunt a été souscrit la veille. On craint que les vainqueurs ne s'impatientent d'un retard : les plus timides d'entre nous voient déjà leurs maisons saccagées. Grâce à Dieu, nous apprenons bientôt qu'on a perçu la presque totalité du million. Mais comme, sous cette domination brutale, une frayeur succède toujours à une autre, voici que les plus avisés regrettent qu'on ait si rapidement couvert l'emprunt : cet empressement ne nous accuse-t-il pas d'être trop riches? Notre facilité n'aura-t-elle pas pour effet d'exciter la convoitise des Prussiens? Nouveau sujet d'inquiétude. On compte pourtant sur la prudence du conseil municipal : il aura sans doute l'habileté de se dire plus pauvre qu'il n'est et de dissimuler en réclamant un délai.

Hier, le maire d'Orléans et Mgr Dupanloup sont allés faire une visite au général de Tann, pour lui porter les remontrances du Conseil municipal. M. Robert de Massy était avec eux. Grâce à sa renommée, l'évêque d'Orléans devait trouver près de l'ennemi les égards du respect et de l'attention. Populaire en Bavière, depuis le Concile surtout, il pouvait espérer que son autorité profiterait aux intérêts de la ville. Son éloquence a fléchi un peu le vieux général bavarois. M. de Tann nous accorde « la remise de toutes les taxes en nature » qu'il réclamait dans le premier bordereau de ses exigences. Moyennant le paiement immédiat de 600,000 fr., il ajourne à un mois celui des 400,000 qui resteront. A cette concession nous gagnons du temps et un peu d'espoir. Le conseil municipal a voulu, pour attester sa reconnaissance à Mgr Dupanloup, que le souvenir de ce service fût consigné dans le procès-verbal de sa séance d'hier.

Dans la journée, nos ennemis se promènent en grand nombre dans toutes les rues. Il semble qu'ils se multiplient comme par enchantement, tant il en fourmille sur nos pavés! Beaucoup visitent nos monuments. Sainte-Croix est pour eux un objet d'admiration; et comme ils ont aussi leurs badauds, on les voit grimper à l'envi jusqu'au faîte des tours de Sainte-Croix. Orléans leur plaît, assure-t-on; et pour ses souvenirs antiques, pour les édifices et l'aspect de la ville, un officier bavarois, qui porte des lunettes et qui a l'air d'un archéologue, compare Orléans à Ratisbonne. Puisse la victoire un jour nous procurer l'agrément de vérifier cette comparaison!

La ville est triste pourtant : elle garde son deuil; les magasins restent fermés; et n'était le pas lourdement cadencé de leurs bataillons, plus d'une rue aurait le silence du cimetière. Derrière ces volets qui couvrent les maisons comme pour les envelopper dans une sorte de douleur funèbre, on devine tout ce qu'il y a de gémissements, d'épouvante ou de colère. Non, nous n'oublierons pas ces jours maudits où nos foyers auront été sans lumière, nos maisons sans bruit, nos yeux sans plaisir, notre ville sans liberté, nos cœurs sans espoir ni consolation !

Leurs musiques jouent des valses, il est vrai, sur le Martroi, devant l'hôtel de la Boule-d'Or ou sur le Mail. Puérile ironie qu'ils auraient pu nous épargner ! Mais on ne va pas les entendre : ils n'ont d'autre auditoire que leurs soldats. Par un instinct patriotique qui honore la population orléanaise, par un sentiment de dignité vraiment français, personne ne veut prêter l'oreille à ces concerts qui rendent lâche le vaincu qui les écoute. A peine y a-t-on vu quelques-uns de ces misérables qui, dans les grandes cités, se pressent à tous les spectacles et se jettent dans tous les tumultes, ne connaissant, dans leur avide curiosité, ni le respect de soi-même, ni celui de la patrie. La haine, la honte et la tristesse sont dans tous les cœurs, même parmi ceux qu'on n'en croyait plus capables....

Il y a trois jours qu'Orléans est occupé par les Prussiens. L'ivresse du combat a dû s'apaiser, ce semble, et la discipline reprendre son empire. Leur soldatesque continue pourtant ses excès. On pille encore dans la ville : on brise tout dans les maisons isolées ou abandonnées ; on y dévaste les armoires et les caves ; et quoiqu'on vante beaucoup dans cette armée l'autorité de ses chefs, des soldats ont osé commettre ces vols sous les yeux mêmes de leurs officiers, devant l'hôtel qu'habite leur état-major.

Les villages des environs ont été tour à tour ravagés. Aujourd'hui, Fleury-aux-Choux a subi toutes les déprédations dont nos ennemis ont l'habitude et la science. Pauvres paysans ! La licence des vainqueurs est encore plus impitoyable pour eux que pour nous : comme on les trouve peu nombreux, éperdus de peur et sans défense, on les accable de tous les abus.

Nous n'avons aucune nouvelle de la campagne que les Prussiens ont sans doute entreprise au-delà de la Loire. On se dit tout bas qu'ils ont essuyé des échecs dans la Sologne ; on s'en réjouit ; mais ne sont-ce pas des bruits illusoires ? N'est-ce pas une joie trompeuse ? Ce qui est sûr, c'est que leur matériel de guerre n'a pas diminué sur le Mail : ils y ont encore soixante-treize canons. On raconte qu'un de leurs caissons a sauté dans une des cours de la caserne, et que cette explosion leur a tué deux hommes : léger accident dans le vaste ensemble de leurs succès et de nos désastres.

Aujourd'hui un officier bavarois est venu se loger chez moi. C'est un jeune homme instruit et poli. Il occupait ses loisirs, en Allemagne, à traduire dans notre langue les œuvres d'un savant professeur de droit, qui commente les *Pandectes* à Munich. Comme il parle le français très-facilement, nous avons longtemps causé de la guerre.

— Vous voici à Orléans, presque au centre de la

France, lui ai-je dit. N'êtes-vous pas étonné de vous y voir, Monsieur ?

— Oui, vraiment. Nous autres Bavarois, nous n'espérions pas vaincre ; nous avions cru vos armes plus prêtes. On craignait chez nous que d'un élan vous ne fussiez à Munich, et l'on fortifiait Ulm en vous y attendant. Votre empereur avait déclaré la guerre si vivement ! Nous le pensions sûr du triomphe ; on se disait en Allemagne qu'il avait dû tout calculer, tout disposer pour la victoire.

— Hélas ! Monsieur, telle était aussi l'illusion de la France. Mais si l'Allemagne du Sud doutait d'elle-même, la Prusse avait la confiance qui vous manquait. Savez-vous ce que devant moi disait hier un journaliste allemand entré dans nos murs avec les vainqueurs ? Voici ses paroles presque textuelles : « La Prusse voulait la guerre ; elle avait préparé ses moyens et choisi son heure, puis M. de Bismark avait suscité l'occasion. En s'avançant vers la frontière, les soldats du roi Guillaume emportaient en leur esprit une double certitude : ils étaient convaincus qu'ils seraient victorieux ; ils se répétaient l'un à l'autre qu'ils allaient agrandir la patrie allemande, c'est à dire conquérir l'Alsace et la Lorraine. C'était là leur foi ; ils sont partis, les yeux attachés sur cet idéal de gloire et de conquête. »

— Je ne puis vous parler, répondit l'officier bavarois, que de mon pays et de ses soldats. Je sais combien est ambitieux, opiniâtre, aveugle même, le patriotisme des Prussiens : peut-être pourtant vous a-t-on exagéré leur confiance.

— Peut-être... Notre armée, mieux conduite, mieux pourvue, plus nombreuse, n'eût pas eu à les redouter. Vous savez que ce qui l'a trahie, c'est moins son courage, moins la fortune même, que l'imprévoyance insensée de ses maîtres... Revenons à vos compatriotes, Monsieur. Comment osaient-ils, s'ils appréhendaient nos victoires, nous affronter sur les champs de bataille ?

— Nos soldats ont d'abord tremblé, je l'avoue. A Freshwiller, on avait peine à les empêcher de fuir ; à Beaumont, ils virent le feu plus résolument ; à Bazeilles, nos troupes furent intrépides ; au combat d'Orléans, elles n'ont fait que courir en avant. Vienne encore une bataille, nous voulons être terribles, car cette guerre nous lasse : nous aspirons à la paix, nous l'attendons après chaque victoire ; il faut en finir....

— Plaise à Dieu, Monsieur, que ce carnage cesse bientôt ! Mais elle est impossible, la paix que vous nous offrez ! Vous prétendez nous arracher deux provinces, condition outrageante qu'autrefois l'Europe victorieuse ne proposa ni à Louis XIV, ni à Napoléon Ier.

— Ce sont des provinces allemandes !

4.

— Quoi ! Monsieur, l'Alsace a une de ces limites qui assurent la paix des nations, une frontière naturelle, le Rhin ; le Rhin nous sépare de ses eaux profondes, et vous allez le franchir à Strasbourg, pour tracer sur notre sol une limite qui divise mieux nos deux pays ! Vous voulez déplacer les bornes que Dieu lui-même a posées sur les rives du Rhin ! Que de sang vous ferez verser à nos enfants !... Pour ma part, je ne suis pas de ceux qui réclament vos provinces rhénanes : en dépit du passé glorieux et lointain où nos pères les possédaient, le temps a produit des changements définitifs dans les mœurs, les intérêts, la langue et l'esprit de ces provinces, et ces changements ont plus de valeur, à mes yeux, que les droits et les titres de l'histoire : bien qu'écrits dans nos annales, il y a là des souvenirs effacés dans l'âme des peuples. Mais si vous l'invoquez, cette histoire d'où vos hommes d'état tirent tant d'artifices, laissez-moi vous la bien rappeler : la Gaule s'étendait jusqu'au Rhin ; jamais Allemand n'a cru ces contrées germaines, avant la date de 843 ; et alors c'est le traité de Verdun, c'est un accord des petits-fils de Charlemagne qui détache tout le pays rhénan de notre empire, loin que vos aïeux l'aient acquis par une victoire. Ces provinces de Lorraine et d'Alsace sont un bien que Dieu nous avait donné, et quand nous l'avons repris, nous avions, jusque dans la violence de la conquête, jusque dans le retour soudain de nos armes triomphantes, nous avions des droits autrement anciens et sérieux que les vôtres.

— En êtes-vous sûr ?

— Ouvrez l'histoire, et vous verrez... D'ailleurs, cette Alsace que vous venez usurper, nos rois de France l'ont gardée jusqu'au Xe siècle, et sauf Mulhouse, il y a plus de deux cents ans que l'Alsace a reçu nos lois et qu'elle verse son sang pour nous défendre. Il y a plus de trois siècles que Metz, Toul et Verdun nous ont été rendus. Quant au reste de la Lorraine, nos princes l'ont plusieurs fois reconquis, depuis le traité de Verdun jusqu'à cette année de 1766 où la Lorraine entière a été rattachée à la patrie.... Je ne vous dis rien du cœur de ces héroïques populations, vos ennemies les plus passionnées ; à quoi bon vous en parler ? M. de Bismark ne compte pour rien l'âme d'un peuple : il s'adjuge un troupeau d'hommes, comme ses soldats un bétail. Que lui importent, chez nos Lorrains et nos Alsaciens, les affections, les souvenirs, la parenté, l'amour du drapeau ? Au reste, vous le savez vous-même par la résistance de ses habitants, s'il est vraiment français le pays de Jeanne d'Arc, de Fabert, de Turenne, de Chevert, de Kléber et de Kellermann....

— Monsieur, on parle allemand en Alsace et dans la campagne de Metz.

— Oui, Monsieur, un allemand dont vous vous moquez comme d'un patois... D'ailleurs, osez-vous dire que la langue décide de la nationalité, quels que soient les sentiments des peuples et les droits acquis?... A l'aide d'une telle théorie, savez-vous, Monsieur, que vous pourriez porter votre ambition plus loin? Que ne réclamez-vous tous les territoires où la race franque s'est établie chez nous? Les Francs n'ont-ils pas parlé l'allemand entre la Somme et la Seine? Les Burgundes ne le parlaient-ils pas aux bords du Rhône?... Ces peuples, il est vrai, ont laissé leur idiome subir la loi du latin, tandis que leurs frères d'Austrasie, c'est-à-dire de Lorraine et d'Alsace, restés plus près des Germains, ont gardé leur langue plus germaine... Voilà toute la différence : revendiquez chez nous tout ce qui fut germain sous nos premiers princes...

— Vous raillez...

— Ne m'y forcez-vous pas, vous qui n'avez d'autre argument que cette prétendue identité de la langue, identité qu'on retrouverait au reste de chaque côté des frontières, chez bien des populations limitrophes en Europe?... Croyez-moi, la vie politique, en plus d'un cas, détermine mieux une nationalité que la langue : il y a des raisons plus hautes que celles du dictionnaire pour quiconque veut reconnaître avec justice et précision l'indépendance d'un peuple.

Voyez la Suisse : à n'en juger que par la langue, elle serait allemande au nord, italienne au sud et française à l'ouest. Nierez-vous son unité? Nierez-vous que de ces cantons, où règnent des langues discordantes, l'histoire et la liberté n'aient formé une nation qui s'appartient à elle-même?... Vous réclamez l'Alsace pour son dialecte allemand : voulez-vous que, par une prétention semblable, la France revendique Genève et la Belgique?...

— Oui ; vous les aurez un jour.

— Merci de la permission ; par honnêteté, nous n'en userons pas. Ces petits peuples sont libres et heureux; ils aiment leur indépendance; la France ne saurait, sans barbarie, attenter à leur liberté et à leur bonheur. Qu'ils restent plutôt à l'avant-garde de la civilisation française; qu'ils soient là, devant vos nations jalouses, pour faire dans leur neutralité la propagande pacifique de nos idées, pour annoncer nos chefs-d'œuvre, enseigner notre langue, instruire de nos lois et répandre le goût français : nous ne leur demandons pas plus... Mais nous discutons beaucoup... Voulez-vous parler d'autre chose?...

— Volontiers, dit en souriant l'officier bavarois.

La conversation s'égara bientôt à travers mille sujets ; mais par tous les détours, elle revenait à la guerre. Comme mon interlocuteur vantait la supériorité de l'artillerie prussienne, il m'arriva de lui dire :

— Vos canons, je le sais, se battent pour vous. dernièrement, au combat d'Artenay, on soupçonnait à peine votre armée derrière ses batteries : vos pièces vous cachaient si bien que, décimés par votre feu, nos soldats ne vous apercevaient même pas : les malheureux luttaient contre un ennemi presque invisible.

— C'est la guerre...

— Oui, mais vous le voyez : on peut de la sorte vaincre sans bravoure ni stratégie...

— Monsieur, la victoire est le but : nous y avons atteint par la science ; c'est assez d'honneur déjà.

— Soit ; je me défendrai des réflexions amères. Je veux dire, en définitive, que l'organisation seule nous a manqué. Ah ! Monsieur, défiez-vous du génie de la France : il est bien souple, bien vivace, bien robuste avec sa légèreté ; il a je ne sais quelle force qu'il ne connaît tout entière que dans l'infortune, et qui fait que d'un bond, d'un coup d'aile, la France se relève de la terre aux cieux. Les vertus que nous avions perdues dans la mollesse de nos félicités, dans la torpeur d'un trop long despotisme, nos malheurs nous les rendront. Nous allons travailler à la vengeance : en regardant la patrie saignante et meurtrie que vous nous aurez laissée, nous redeviendrons ce qu'étaient nos pères. Nous réformerons toutes choses en France avec l'activité qui nous est propre. Nous apprendrons de nouveau le prix du sacrifice et l'honneur qu'il y a dans le dévoûment. Et un jour, quand les circonstances politiques nous seconderont en Europe, munis d'armes meilleures, exercés, innombrables à notre tour, appuyés sur des alliances solides, nous irons vous porter le compte des maux dont nous souffrons aujourd'hui... Oui, Monsieur, la France reprendra son sceptre et retrempera son épée. Ses revers furent tous des leçons qui profitèrent à sa grandeur : après la guerre de Cent ans, elle fit son unité ; après les désastres qui marquent les dernières années de Louis XIV, elle eut encore sur l'Europe la suprématie de l'esprit, et malgré Louis XV, malgré Rosbach, elle conquit la Corse et s'accrut de la Lorraine ; après Waterloo, vous l'avez vue retrouver le secret de la victoire, et reprendre son rang, en déchirant vos traités à Anvers, en créant deux grandes colonies, en ajoutant la Savoie à son territoire. Notre histoire nous donne bien le droit de nous consoler par de telles espérances. Soyez donc humain, Monsieur, dans vos triomphes inespérés : l'heure des représailles peut sonner, et de votre vivant...

Je m'arrêtai. Mon hôte, devenu soucieux, parut se perdre un instant dans de sombres réflexions. Moi, je me sentais heureux de regarder la France à cet horizon d'un avenir meilleur, et de montrer à notre ennemi cette perspective de la vengeance. Nous restâmes quelque temps silencieux. L'officier bavarois était triste ; tout à coup, poussant un soupir et relevant la tête :

— Oui, dit-il, c'est le signal de bien d'autres guerres...

— Vous avez raison, répondis-je. Vos princes ont recommencé, dans notre XIXe siècle, la guerre affreuse des conquêtes : ce sera l'éternel déshonneur de la Prusse d'avoir fait cet affront à la civilisation. Malheureuse Bavière ! vous avez aidé contre nous des maîtres qui vont vous enchaîner à votre tour...

— Vous vous trompez, s'écria-t-il vivement. Placés entre d'ambitieux et puissants voisins, il a bien fallu nous allier à l'un ou à l'autre. Mais, si nous voulons être Allemands, nous ne voulons pas devenir Prussiens : plutôt mourir !

— Dieu vous entende ! Pour ma part, je crains que vous n'y périssiez. Cette guerre vous a déjà fort affaiblis ; on n'a pas épargné votre sang ; dans tous les combats, la Prusse vous a mis au premier rang devant la mort. Que ferez-vous, quand M. de Bismark changera votre prince en préfet bavarois ? Vous serez impuissants, et vous n'aurez guère à compter sur nous. Vous avez cru lutter pour l'unité allemande : c'est l'unité prussienne que vous aurez réalisée.

Cette conversation finit là. Sur tous les points,

nous rencontrions l'un dans l'autre un adversaire ou un ennemi.

Dimanche 16 octobre.

Ce matin, à neuf heures, la cathédrale s'est peuplée de paroissiens nouveaux : plusieurs régiments bavarois, l'arme au bras, le sac au dos, y assistaient à la messe. Les officiers étaient dans le chœur. Ils ont écouté l'exhortation d'un de leurs aumôniers avec une patience que, pour n'y rien comprendre, j'ai trouvée fort allemande. Ce sermon était très-long : il m'a semblé, pour le débit, tout aussi monotone que certaines homélies françaises. Quant à la messe, ils l'ont entendue d'un air grave et respectueux, quelques-uns avec un grand recueillement. Les gens de la ville qui étaient venus là se perdaient à droite et à gauche dans leur multitude : on était distrait par ce spectacle inattendu ; et je l'ajoute, ce n'était pas impunément qu'on respirait au milieu de cette foule peu lavée et trop odorante : grande est la différence entre l'encens de l'autel et celui qu'ils exhalaient d'eux-mêmes... Au sortir de l'église, on vantait leur pieuse attitude, sans tenir compte de la discipline qui les amène à la messe et qui les y surveille. Je veux bien le croire : leur dévotion est sincère ; la pensée de la mort, c'est-à-dire celle de

Dieu, règne dans l'âme de ces soldats; et d'ailleurs ils sont d'un pays où le sentiment religieux n'a pas cessé d'être très-vif. Mais s'ils paraissent si bons catholiques, pourquoi donc sont-ils si pillards et si violents? Que n'ont-ils un peu, sinon l'amour, du moins le respect du prochain? Que n'ont-ils le respect de nos biens? Pour moi, je leur saurais gré de pratiquer ces vertus : c'est même la grâce que je leur souhaite, et plus d'un bourgeois d'Orléans pense de même, j'en suis sûr, au fond de sa maison salie ou de sa cave dévastée.

Est-ce à cause des loisirs du dimanche? On ne voyait qu'eux dans les rues. Les Prussiens, avec leur casque surmonté d'une pointe, se montraient même plus que d'ordinaire. On aurait cru nos ennemis plus nombreux ici que les habitants; et ce spectacle vous obsédait.

Les barbares! comme ils abusent de la victoire, au mépris de l'humanité! Aujourd'hui, à onze heures du matin, ils ont chassé de l'hôpital un grand nombre de nos blessés français, pour mettre à leur place des blessés prussiens; et pas un seul des nôtres, quel que fût son état, n'y serait resté dans son lit, si nos médecins indignés n'avaient protesté contre ces ordres cruels. Quoi! s'approprier exclusivement jusqu'aux maisons où l'on meurt! Arracher des blessés aux mains qui les pansent! Être l'ennemi des soldats qui souffrent comme de ceux qui se battent ! Expulser des malades d'un asile que Dieu ouvre à toutes les douleurs ! Traiter avec cette inégalité sauvage, avec cet égoïsme féroce, des malheureux dont le corps tremble ou dont la plaie saigne encore, des hommes qui gémissent, des êtres qui sont près d'expirer ! Jamais ennemi ne fut si atroce après le combat ; et peut-être les Prussiens sont-ils les premiers qui aient commis cet attentat contre la charité humaine. Plaise à Dieu que, dans les représailles, nous ne suivions jamais les leçons de dureté qu'ils nous donnent !

Le cimetière commence à se remplir de morts. Cette après-midi, un convoi sortait de l'ambulance de la gare, où les Bavarois ont de nombreux blessés. D'abord, une compagnie de fantassins, le fusil sous le bras et penché vers la terre ; puis un aumônier catholique, avec un soldat qui portait l'eau bénite ; le cercueil placé sur une sorte de char funèbre ; un détachement formé des camarades du défunt, tous sans armes ; enfin, à quelque distance, une troupe qui marchait dans la même attitude que la première. Il y avait de la solennité dans l'allure militaire de ce convoi et dans le silence qu'on y gardait. Les soldats paraissaient graves. Les Français saluaient. J'en ai vu qui regardaient avec des larmes ce cercueil d'un ennemi et d'un vainqueur. — « Encore un de moins ! » avait murmuré quelqu'un dans la foule arrêtée devant ce spectacle. — « C'est un malheureux et un homme, répliqua un autre d'une voix douce et triste ; il mérite pitié : on l'enterre bien loin de son pays ! »

Une heureuse nouvelle a tout à coup circulé parmi nous. On annonçait que Bazaine avait enfin rompu le cercle d'ennemis dont Metz est entouré ; il serait arrivé à Thionville et marcherait vers le Nord ; pendant l'investissement, il aurait fait fondre à Metz des canons d'une portée supérieure, destinés à sa prochaine campagne, et ses soldats se seraient exercés à toutes les manœuvres de l'artillerie. Rumeur où, ce semble, il entre un peu de merveilleux, mais à laquelle la plupart ajoutent foi pourtant. On se communiquait cette nouvelle avec une sorte de gaîté, on sentait se ranimer en soi la confiance éteinte. Il est si doux, en effet, de croire encore à la fortune comme au génie de la France ! On a tant besoin, dans ces amères tristesses de la patrie, d'attendre un secours, même extraordinaire ! Une nation qui a été grande s'obstine si naturellement dans la pensée de sa grandeur et dans l'espoir d'une destinée plus digne d'elle-même ! Plusieurs fois déjà, la même nouvelle a déçu notre crédulité. Pourquoi l'acceptait-on aujourd'hui plus facilement qu'autrefois ? C'est peut-être parce que nous sommes plus malheureux...

L'état-major de nos ennemis reste confiné à l'hôtel de la Boule-d'Or. M. de Tann n'en sort pas souvent ;

il a l'air de conduire les opérations du fond de son cabinet.

L'armée du général de Tann fait en tous sens des courses rapides aux environs d'Orléans. Elle opère sur les deux rives de la Loire, de Beaugency à Châteauneuf. Les hulans ont déjà pénétré à Meung. Il y a deux jours, il en est entré à Beaugency. Un millier se sont établis à Saint-Ay ; de là ils vont reconnaître les villages voisins, portant partout la rapine et les réquisitions.

Le major-général porte un nom français : c'est un M. de Parseval, dont les aïeux ont émigré en Allemagne, et qui lui-même, dans la course dévastatrice de ses soldats, a retrouvé d'assez proches parents dans un château de nos environs. Ses deux frères servent avec lui dans l'armée bavaroise. On compte également dans les régiments prussiens qui sont venus ici une dizaine de gentilshommes, français d'origine, protestants dont les familles furent jadis chassées de la France, à la révocation de l'édit de Nantes. La funeste intolérance de Louis XIV envoyait donc à la Prusse des artisans qui ont enrichi Berlin, des savants qui ont honoré ses académies, des soldats dont les descendants ravagent aujourd'hui notre pays, c'est-à-dire celui de leurs pères. Ah ! si ces hommes ont du cœur, si jamais ils se recherchent eux-mêmes au fond de leur conscience, comme ils doivent avoir honte des blessures qu'ils nous font, à nous les concitoyens de leurs ancêtres ! Comme ils doivent souffrir des désastres dont ils couvrent ces beaux chemins et ces champs fertiles qu'ont aimés ou connus leurs aïeux ! Comme ils doivent regretter les ruines qu'ils amassent près du berceau, autour des demeures où leurs mères elles-mêmes dormaient, il y a quatre ou cinq générations ! Quelque dure qu'ait été la France à leur égard, ne se sont-ils jamais dit qu'elle restait leur première patrie ? Nous les avons vus ici parlant notre langue, presque comme nos compatriotes ; et à cause de ce savoir même qui attestait notre fraternité, ce sont eux qui nous communiquaient les ordres qui nous désolaient ; ils recevaient toutes nos prières ; et tous les jours ils entendaient invoquer par des malheureux ce même nom français qui les distingue parmi nos ennemis, comme si ce nom avait quelque chose qui dût les attendrir.... Douloureuse mission que ces fils de la vieille France auraient dû trouver trop pénible et trop difficile !

On commence à connaître dans le détail les principaux faits de cette fatale journée du 11 octobre, que les Bavarois appellent le combat d'Orléans. Voici l'un des mille épisodes qui en ont marqué la soirée.

Dès trois heures, les blessés étaient arrivés en grand nombre au couvent de la Visitation. Bientôt tous les lits furent occupés et les corridors remplis : il fallut, faute de place, laisser les derniers venus dans le jardin qui fait face à la porte d'entrée ; là, déposés sur des matelas, de la paille, une brouette, et même sur les marches du perron de la chapelle, ils attendaient qu'on pût les transporter dans l'intérieur du cloître. On suffisait à peine à panser ces malheureux et surtout à calmer leur soif. L'un d'eux appelait : on approche, on lui présente une tasse en lui disant : « Prenez, mon ami ; » mais il ne la prend pas et dit avec tristesse : « Je suis aveugle ; la balle m'a emporté les deux yeux : je ne verrai plus ma pauvre mère ! » Non loin de là gisait un autre qui, lui aussi, avait reçu une balle dans l'œil ; son visage avait comme disparu sous le sang qui le couvrait ; il souffrait horriblement ; à tout instant il fallait le soulever pour l'empêcher d'étouffer ; il expira bientôt au milieu d'atroces douleurs. Plusieurs Bavarois se trouvaient déjà dans l'ambulance ; l'un d'eux mourut en répétant plusieurs fois le même geste, pour faire entendre qu'il était père de trois enfants et qu'il ne les reverrait plus ; une balle lui avait traversé la poitrine. Assistées d'un médecin, d'un prêtre, de plusieurs dames et de quelques voisins charitables, les religieuses allaient d'une souffrance à l'autre, actives et courageuses, bien qu'étonnées plus que personne du bruit et de l'horreur que la guerre répandait tout à coup dans le silence et la paix de leur maison.

Vers six heures du soir, on entendit le pétillement d'une fusillade plus voisine. Les Prussiens avaient tourné par la rue des Murlins et débouchaient sur le faubourg pour couper la retraite à ceux de nos soldats qui descendaient des Aydes. En ce moment, la grande porte de la Visitation s'ouvrit pour livrer passage à un blessé couché sur un matelas. Avec lui, pénétrèrent quelques chasseurs à pied et leur commandant Antonini. Traqués par l'ennemi, ils se réfugient sous le portail. Viennent-ils se cacher, dans leur désespoir de vaincre? Non, c'est pour mieux se battre qu'ils s'abritent là, intrépides, résolus, enivrés de combat, insouciants de la mort. De ce poste où ils s'adossent à la demeure de Dieu et des mourants, ils tirent sur les Prussiens. Ceux-ci font feu à leur tour. Deux chasseurs sont tués et tombent au travers de la porte. Scène effrayante! Les blessés sont là dans le jardin, criant au secours; quelques-uns se relèvent à demi, hagards, épouvantés du sifflement des balles, tressaillant de terreur au bruit de cette bataille qui les poursuit encore presque expirants. Un instant, on force les femmes à se retirer dans un escalier. Mais la fusillade continuant, elles veulent braver un danger qui dure si longtemps, et reviennent soigner les blessés exposés à ces coups nouveaux. Quelques-unes, plus hardies encore au péril, s'avancent près des combattants et les supplient de finir la lutte, en leur montrant derrière eux les blessés étendus sur la pierre et sur le sol. Un Prussien est arrivé jusque là : il met son sabre sur la poitrine d'une de ces nobles femmes. A côté d'elle, une de ses compagnes tombe à genoux, implore Dieu d'un mot et les Français : « Abaissez vos fusils, leur dit-elle ; faites-nous cette grâce ! »

D'autres joignirent leurs cris à ceux-là, et le commandant Antonini, ému de ces prières et de ce spectacle, ordonna de cesser le feu. On parvint à fermer la porte, sur laquelle les Prussiens tirèrent encore quelques coups de fusil. On s'occupa alors de relever tous les blessés. Un malheureux chasseur était sous le portail, frappé d'une balle près du cœur. Sentant près de lui quelqu'un qui allait lui porter secours, il ouvrit les yeux, et prononça le tendre et dernier mot qu'ont sur leurs lèvres presque tous les soldats mourants, dans le balbutiement de leur agonie : il appela sa mère et expira. O destinée étrange des soldats ! Celui-ci, qui s'en allait le matin vigoureux et confiant peut-être, venait dans la défaite finir sa vie à la porte d'une chapelle et dans un couvent, sur le bras d'une femme miséricordieuse ; et cette femme, le regardant avec douleur, restait près de ce cadavre inconnu, récitant pour lui la prière des morts !

La porte était refermée ; mais dans l'intérieur de la maison se trouvaient alors une vingtaine de chasseurs avec leur commandant. Pour ôter à l'ennemi tout

5.

prétexte d'assiéger l'ambulance, on cherchait pour eux des moyens d'évasion. Un seul parut praticable : c'était de franchir le mur attenant à la rue des Murlins. Une échelle fut apportée : on monta ; mais quel ne fut pas le désappointement de tous, en voyant la rue pleine de Prussiens ! On était dans la consternation, quand une idée vint à l'une des dames présentes : « Déshabillez-vous, dit-elle aux soldats, couchez-vous dans des lits ; si on vient, on croira que vous êtes blessés. » Ils obéirent. Quant au commandant, il prit un pantalon au jardinier, une camisole et un serre-tête ; on lui mit une croix rouge sur le bras, et il devint infirmier.

Au tumulte du combat avait peu à peu succédé cette tranquillité étrange où il y a tant de terreur encore après une bataille. Minuit sonnait. Un blessé expirait en ce moment dans l'intérieur du cloître ; le prêtre consolait cette belle mort en lui parlant du ciel et de la patrie et en préparant les derniers sacrements ; une faible lueur éclairait le soldat agonisant, tandis qu'à quelques pas, dans l'ombre, étaient agenouillées dans la prière la supérieure et les religieuses. Tout à coup un violent coup de sonnette fit tressaillir la maison ; c'était un officier bavarois, accompagné d'un certain nombre d'hommes, qui venait s'assurer que l'ambulance n'était pas une embuscade et ne cachait pas de Français. Ils parcoururent d'abord les chambres des blessés, traversèrent avec bruit le jardin, et, arrivés à la porte du cloître même, ils frappèrent. Les religieuses se placèrent derrière cette porte, debout, alarmées et muettes. Cependant la sommation se renouvelle : au ton menaçant de celui qui la fait, la supérieure comprit qu'il ne fallait pas hésiter plus longtemps, et, se confiant à Dieu, elle donna les clés à une religieuse qui ouvrit. Les Bavarois se trouvèrent en face de ce groupe imposant et recueilli de femmes aux mains jointes, au regard baissé, au visage placide, enveloppées dans l'obscurité et leurs vêtements noirs. Entre ces vierges qui sortaient comme d'un rêve et ces vainqueurs, couverts de poussière, en désordre, animés par la vengeance et l'orgueil, dans toute la brutalité du triomphe, il n'y avait plus même une grille : la fortune profanait de toutes les manières cette chaste et austère retraite ; en quelques heures, ces êtres timides et doux avaient vu remplir leur cloître de soldats, de ceux qui se battent, de ceux qui fuient, de ceux qu'on ramasse tout sanglants, et de ceux qu'exalte la fureur de la victoire. L'étonnement des uns et la résignation des autres firent qu'on garda le silence quelques instants ; mais le chef ayant parlé, les soldats tous ensemble élevèrent la voix avec colère. C'était une scène effrayante, nous a dit un témoin, que de voir ces hommes, pleins de force et de rage, qui cherchaient à épouvanter ces femmes habituées à la contemplation et à la paix. Toutes, elles priaient, immobiles et la figure sereine. Enfin, l'officier s'avance et demande à la supérieure s'il n'y a personne de caché et si sa maison ne renferme pas d'armes. « Cherchez, se contenta de répondre la pieuse religieuse ; » puis s'écartant comme pour leur permettre de passer, elle laissa voir, sous la pâle lumière qui les éclairait, le prêtre et le blessé, Dieu et la mort. A cette vue, les Bavarois reculent et sortent de la clôture, inclinant respectueusement la tête, tandis que l'officier crie au prêtre en latin de n'avoir aucune crainte. Le prêtre achève la cérémonie sainte ; puis il s'avance vers le chef et lui dit dans la même langue que cette maison était vouée à la prière ; qu'aujourd'hui elle était devenue une ambulance ; que quelques-uns des leurs se trouvaient parmi les blessés recueillis et qu'on les soignait avec la même sollicitude que les Français. Apercevant quelques armes, l'officier bavarois s'enquit d'où elles venaient ; une dame lui répondit qu'elles appartenaient aux blessés. Il parut satisfait, jeta un dernier coup d'œil autour de lui et se retira paisiblement avec ses soldats. Le lendemain on procura des vêtements aux chasseurs cachés à la Visitation, et des personnes dévouées se chargèrent de les conduire hors des postes ennemis. Presque tous ont passé sains et saufs. Seul, le commandant Antonini eut moins de bonheur. Rentré en ville, il fut reconnu et contraint de se constituer prisonnier.

Lundi 17 octobre.

Les Prussiens donnent de la besogne au maire d'Orléans. Hier, ils ont fait poser, par ses soins et à ses frais, trois affiches (1) sur tous les murs de la ville. L'une prie les personnes qui ont satisfait à des réquisitions régulières de produire immédiatement à la mairie leurs mémoires détaillés. L'autre annonce en français et en allemand qu'en cas d'excès ou de violences, on trouvera secours et protection à des postes établis : 1º faubourg Bannier, 8 ; 2º faubourg Bourgogne, 7 ; 3º faubourg Saint-Jean, 28 (École normale). La troisième, enfin, invite quiconque, à partir du 13 octobre, aurait été victime de déprédations, pillage ou réquisitions irrégulières, à remettre à la mairie l'état estimatif et détaillé de ses pertes. A la lecture de ce dernier avis, on a pu croire les Prussiens touchés de componction et jaloux de réparer leurs méfaits. Mais il y a deux remarques à faire : d'abord nos vainqueurs prendront soin sans doute de discuter nos mémoires article par article ; ensuite, c'est dans les deux journées antérieures au 13 octobre qu'ils ont ravagé nos maisons, surtout les fau-

(1) Voir aux *Pièces justificatives,* nos 8, 9 et 10.

bourgs, et, depuis, presque tous les soldats qui ont commis ces vols à main armée ont quitté la ville et se trouvent en campagne. Pour le principal, les Prussiens se réservent donc l'impunité.

Cette ère d'invasion est un temps d'affiches et de menaces. On me communique aujourd'hui la rébarbative proclamation que le commandant d'Olivet envoyait hier à La Ferté-Saint-Aubin. La naïve cruauté de ces Germains se montre là tout entière :

PROCLAMATION.

« Il est arrivé, qu'hier dans la journée, une partie de la population de La Ferté-Saint-Aubin a montré une conduite hostile et très-suspecte contre nos patrouilles à leur retour par ladite commune.

« Le commandant de la place d'Olivet fait savoir par la présente proclamation, qui doit être lue et affichée en copies dans toute la commune de La Ferté :

« Que quand ça arriverai de nouveau, il enverra de l'artillerie à La Ferté pour incendier et ravager la commune entière.

« Olivet, le 16 octobre 1870.

« Le commandant de la place,
« JUCHASSEMBACH (1). »

(1) Les trois premières lettres de ce nom sont illisibles dans la signature.

L'emprunt est couvert; l'opération s'est terminée samedi. Avant de mettre aux mains des Prussiens cet énorme million, on veut encore une fois essayer une remontrance et une prière. Mgr Dupanloup, profitant du crédit qu'il doit à sa grande réputation, a écrit au roi Guillaume une lettre où il lui demande de nous épargner cette écrasante contribution.

Cette lettre, expédiée il y a trois jours, était ainsi conçue :

« 13 octobre 1870.

« Sire,

« Permettez à un Évêque de venir plaider auprès de Votre Majesté la cause de ses diocésains, accablés par les désastres de la guerre.

« Le Conseil municipal d'Orléans m'a prié d'accompagner aujourd'hui le Maire de la ville chez S. Exc. le général baron de Tann, pour lui demander de vouloir bien épargner à notre cité l'énorme contribution pécuniaire d'un million qu'on voudrait lui imposer.

« Le général nous a reçus avec une parfaite bienveillance; toutefois, il nous a déclaré que la chose ne dépendait pas de lui, ajoutant qu'il avait des ordres, mais que je pouvais recourir au Roi.

« Permettez donc, Sire, que je prenne la liberté d'écrire à Votre Majesté pour lui représenter l'impossibilité où nous sommes de supporter une telle charge au milieu de tant d'autres malheurs.

« Je ne veux pas fatiguer Votre Majesté en lui parlant de toutes les autres contributions de guerre qui pèsent sur nous en ce moment. Je me bornerai à dire au Roi que la ville d'Orléans aujourd'hui est loin d'être, pour la richesse, le commerce et l'industrie, ce qu'elle fut autrefois. Et sans ajouter de détails importuns, le Roi peut comprendre ce qu'il doit y avoir de douleur dans le cœur d'un Évêque qui voit souffrir de tant de manières ceux dont Dieu l'a fait le Pasteur et le Père.

« Je confie donc ma prière aux sentiments les plus élevés du Roi, et si ce n'était pas une confiance indiscrète, j'oserais dire que, si la Reine pouvait être médiatrice entre nous et Votre Majesté, j'aurais deux fois gagné la cause de mes diocésains.

« Je suis, de Votre Majesté, Sire, avec un profond respect, votre humble et obéissant serviteur. »

On compte sur une réponse favorable, quoi qu'on en dise à l'état-major bavarois. On l'espère d'autant plus que Guillaume a, dans les mêmes circonstances, exempté Versailles de sa contribution.

Nous ne connaissons de la guerre que peu d'incidents. Le 15, les Prussiens ont reconnu les environs de Beaugency ; le lendemain, ils ont miné et détruit une arche au viaduc de cette ville. On sait maintenant avec certitude qu'un engagement a eu lieu près de La Ferté, dans la journée du 14. Les Prussiens avaient fait une reconnaissance, dans cette direction, avec des troupes très-nombreuses : on les a repoussés dans un combat d'ailleurs peu meurtrier. Une bonne nouvelle nous est venue après celle-là : Bourbaki, sorti de Metz on ne sait comment, commanderait aujourd'hui l'armée de la Loire. D'un chef si brave et si résolu, on peut espérer beaucoup. Mais c'est une nouvelle trop incertaine hélas! pour qu'on ait le droit d'espérer si vite.

Toute la journée on s'est dit, presque à voix basse, qu'un événement mystérieux semblait préoccuper nos ennemis. On remarquait, dans les hôtels surtout, qu'ils ont l'air triste et affairé. Plus de bruit, plus de musique ; leur gaîté triomphante s'est dissipée. D'où vient cette inquiétude? On prétend que les francs-tireurs ont fait à Lailly, village voisin de Beaugency, la capture d'un très-haut personnage. On parle d'un prince; on désigne même le petit-fils du prince Albert de Prusse; on commente surtout l'absence de ce dernier : tous les jours, il revenait déjeûner à l'hôtel de la Boule-d'Or : Pourquoi n'y retourne-t-il plus? N'est-ce pas que nos suppositions seraient fondées?... En attendant des renseignements exacts, on s'abandonne à l'espoir que cette capture nous servira de rançon : les Prussiens, suivant certaines gens, diminueront notre million pour pratiquer un échange qu'ils ont tant à cœur. A mon avis, ce sont là des présomptions fort exagérées.

Aujourd'hui s'est achevée l'odyssée de nos pauvres chevaux : de réquisition en réquisition, nous les avons presque tous perdus. Les Prussiens ont, en effet, montré une science consommée dans ces spoliations. Comme ils ont habilement gradué les nuances du vol! Le jeudi, on nous avertissait de conduire nos chevaux aux officiers chargés de les examiner. Ce ne fut qu'une revue rapide. Le vendredi, on dut les ramener : les Prussiens ne choisirent que les meilleurs pour les officiers. Combien n'étaient pas rassurés et consolés ceux qui revenaient chez eux avec leur jument méprisée! Nouvel avis le jour suivant : il faut soumettre à une autre inspection les chevaux qu'on avait dédaignés la veille; cette fois, on prend les étalons dont on n'avait pas voulu jusqu'alors. Enfin, par une dernière sommation, on a fait venir hier ceux qui restaient encore, en invitant les propriétaires à les présenter tout harnachés à leurs maîtres futurs. Voilà comment, d'espoir en espoir, les pauvres gens ont été leurrés; au bout de toutes ces promenades leurs chevaux sont devenus prussiens, quels que fussent leur sexe, leur âge et leur qualité. La ville elle-même n'en a plus pour traîner les tombereaux qui emportent les immondices. On a commencé à les enlever à l'aide de petites voitures à bras, poussées par des hommes. Quant aux marchands, ils ne peuvent plus nous amener, faute de bêtes de somme, le bois, le charbon et les provisions un peu lourdes. Il n'y a que les gens portant brassard qui aient le droit de traverser nos rues avec un cheval; et quand on entend maintenant le bruit d'un sabot qui trotte sur le pavé, on peut presque toujours se dire : « C'est un Prussien qui passe! »

Certes, on nous trompait en nous annonçant que les dernières armées de l'ennemi se composaient de soldats âgés, bons négociants en lunettes qu'on avait arrachés à leur comptoir pour venir prendre leur place dans ces hécatombes humaines. Leurs troupes sont plus jeunes et plus vigoureuses que ne prétendaient nos journalistes. Mais il est certain que les vides ont été grands dans les régiments bavarois qui sont à Orléans. Aujourd'hui, on voyait des recrues au pied de la cathédrale et sur le Mail; c'étaient d'épais villageois, à peine dans leur vingtième année, qui arrivaient de leur ferme, le pas aussi lourd que celui que le laboureur traîne dans le sillon. Des caporaux leur apprenaient l'exercice sous nos yeux, de cette voix rauque et dure au prix de laquelle le juron du grognard français est une musique harmonieuse. En général, ces jeunes gens sont robustes; ils manœuvrent avec beaucoup de régularité ; ils obéissent ponctuellement : avec leur marche pesante, leurs lents mouvements, leurs casques élevés et leurs bottes retentissantes, ils donnent, quand ils passent, l'idée de troupes solides, où la force de résistance paraît considérable à première vue. Mais regardez-les mieux dans le détail : ces hommes ne sont guère de stature plus haute que nos soldats ; leur vigueur n'est pas plus grande : ce ne sont pas les géants qu'on nous annonçait. Comme les nôtres ont le visage plus martial, l'œil plus intelligent ! comme leur démarche est plus souple ! comme leur front, leur langage, leur air tout entier annonce plus d'initiative et d'énergie ! comme ils ont le pas plus allègre, la taille plus souple, l'attitude plus libre ! Je ne suis point, pour ma part, frappé de la supériorité corporelle des Bavarois ; quoi qu'on en dise, le soldat français, aux jours de paix ou de triomphe, est un plus beau soldat, et ne paraît pas plus qu'eux l'enfant d'une race en décadence.

Orléans a eu, cette après-midi, l'une de ces manifestations lugubres et patriotiques qu'avait Varsovie en deuil devant les cadavres de ses martyrs. Singulière destinée ! nous aussi, nous n'avons plus maintenant que nos églises et nos cimetières qui restent libres à notre douleur nationale ; nous aussi, nous en sommes réduits à ne pouvoir plus montrer que devant nos morts tout l'amour que nous gardons à la patrie. Hier soir, le commandant Loysel, celui qui conduisait si vaillamment au combat de Toury l'un de nos escadrons de hussards, a succombé à sa glorieuse blessure. A midi, le bruit s'est répandu que tous les patriotes accompagneraient son cercueil. L'avis a rapidement circulé de maison en maison, de rue en rue. Qui n'aurait voulu rendre cet hommage à son pays, à un héros, à sa veuve en larmes ? Vers trois heures, une foule immense, où se mêlaient toutes les classes, s'assemblait dans la rue du Bourdon-Blanc, devant la maison de M. Dubodan, procureur de la République, l'ami dévoué qui avait recueilli sous son toit le commandant Loysel. Dans cette grande multitude il n'y avait qu'un sentiment : la pitié qu'en face de ce cercueil nous inspirait notre pauvre France. Des Bavarois s'étaient réunis un peu plus loin, pour répondre à l'appel ordinaire que leurs officiers font dans le quartier. Quelques-uns passaient au milieu de nous. Ils nous regardaient avec étonnement, comprenant bien que nous venions là protester pour la patrie infortunée contre ses odieux vainqueurs. Ils paraissaient inquiets de voir un nombre de personnes si considérable, toutes émues de haine autant que de douleur. Quand le convoi s'achemina vers la cathédrale, il y avait longtemps que le cercueil était dans l'église, et cependant les derniers rangs de la foule étaient encore dans la rue d'où nous partions. Jamais, peut-être, on n'avait vu ici tant de personnes ensemble dans une cérémonie semblable. Des dames suivaient le convoi en grand nombre. Pendant l'absoute, la cathédrale semblait pleine. C'était un spectacle imposant. Bien des larmes étaient versées : les uns pensaient au frère ou à l'enfant blessé qu'ils avaient là-bas, à la frontière de la France ou dans les murs de Metz; les autres s'attendrissaient sur ce valeureux soldat, mort si jeune au milieu de toutes ses espérances. Beaucoup pleuraient parce qu'ils avaient le cœur gonflé de tristesse et que ce deuil solennel offrait à leur âme, pleine de pleurs, l'occasion de les verser. Un grand nombre, enfin, songeaient à la France, et c'était la patrie qu'ils croyaient voir près de ce tombeau, c'était elle qui les faisait gémir comme si elle était morte. La cérémonie terminée, on déposa le cercueil dans une chapelle ardente, d'où la famille devait l'enlever pour le conduire à Nantes, sur la terre maternelle, où le commandant Loysel pourra dormir l'éternité près de ses aïeux.

Quelques instants après, on enterrait deux soldats de la légion étrangère qu'on avait soignés à l'ambulance du Lycée. Nous étions là douze ou quinze pour les conduire au cimetière. L'inspecteur d'académie, le proviseur, des professeurs et la plupart des maîtres suivaient les cercueils qui emportaient ces deux inconnus tombés sous les plis de notre drapeau. Sur le chemin de l'église, les passants, voyant étendues sur ces humbles bières les capotes grises de deux soldats, se joignirent à nous ; et bientôt nous fûmes nombreux aux pieds de cette même grille où tout à l'heure reposait le corps du commandant Loysel. Comme elle était touchante, cette cérémonie ! Des gens du peuple étaient venus se mettre près de nous avec un air de compassion qui faisait peine. Ils pensaient sans doute qu'ils avaient dans leur famille de simples soldats comme ceux-ci, exposés comme eux à périr, à être ensevelis dans le même abandon et la même obscurité. Tandis que le prêtre disait les prières consacrées, c'était à qui voudrait jeter de l'eau bénite sur les cercueils. Des femmes avec leurs petits enfants au bras, des ouvriers dont les joues se couvraient de larmes, des jeunes filles venues là par hasard, arrivaient de tous les points de l'église, pour donner aux deux morts cette dernière marque de la pensée divine. Il y avait parmi eux des gens qui n'avaient d'ordinaire que peu de foi en toutes ces cérémonies de la religion. On les voyait empressés maintenant à rendre ce pieux honneur à chacun de ces hommes dont nous ne savions rien, si ce n'est qu'ils avaient succombé pour la France : sans doute ils comprenaient que c'était les honorer devant Dieu, au nom de la patrie.

Le recueillement était profond ; l'émotion remuait tous les cœurs. Nous étions tous tristes comme s'il se fût agi de nos frères. Nous les avons conduits en les plaignant jusqu'à la fosse où ils ont disparu sous la terre. Il y eut là comme un redoublement de douleur. Un instant je fus sur le point de leur dire pour la France l'adieu qu'elle devait bien à ces pauvres étrangers : « Mes amis, pensais-je, nous avons suivi votre cercueil jusqu'ici, comme vous auraient suivis vos parents, vos camarades, vos concitoyens. Nous n'avons jamais vu votre visage, ni serré vos mains. Mais vous êtes pour nous des hommes et des soldats : vous aviez peut-être, vous aussi, une mère à laquelle vous songiez à la veille des combats, un village dont vous vous souveniez, quelques espérances et quelques regrets. Vous voilà pauvres gens, jetés dans la tombe, sur une terre étrangère, sans que personne ici ne vous ait aimés ou connus. Nous vous pleurons pourtant. Car vous avez pris notre patrie pour la vôtre, vous l'avez servie avec votre sang, vous êtes morts pour sa défense. En vous nous apercevons la France vaincue et malheureuse ; mais la France, quel que soit son destin, a l'âme généreuse : recevez l'hommage de sa reconnaissance ; elle salue sur votre cercueil les braves soldats qui lui ont donné leur vie ; puisse Dieu lui-même recevoir nos prières pour vous ! » Je leur adressais ces paroles du fond de mon cœur; et ces paroles étaient aussi dans celui de la foule entière qui se pressait autour de nous. Le proviseur, M. Tranchau, pria le fossoyeur de leur faire une croix qui portât leurs noms, afin qu'ils ne fussent pas enterrés autrement qu'ils n'auraient été sous les yeux de leur propre famille. On lui sut gré, parmi les assistants, de cette attention délicate. En nous quittant, nous étions tous affligés, plus tristes même qu'à la cérémonie précédente, tant il y avait là de contrastes touchants, de réflexions nouvelles et de souvenirs inattendus! Orléans n'aura pas été ingrat à la mémoire de ceux qui l'ont défendu en recevant la mort pour la France sans être Français.

Mardi 18 octobre.

Rien n'est plus étrange que l'état d'une ville enfermée dans un cercle d'ennemis, isolée du reste du monde, sans nouvelles, sans lettres et sans journaux. Elle est dans la patrie sans s'apercevoir qu'elle y soit encore. A peine y soupçonne-t-on qu'il y a une vie ailleurs, que la nature se déploie et que l'humanité s'agite au-delà de l'horizon borné où le vainqueur force nos regards à s'arrêter. On dirait vraiment qu'Orléans est entouré d'une immense obscurité;

nous ne voyons plus que la cité où nous sommes emprisonnés. Oui, c'est un sentiment bien pénible, que celui de cette ignorance où l'esprit laisse s'affaiblir ses souvenirs, où le cœur s'inquiète, où la curiosité languissante se retourne vers les petites choses. Il semble qu'on revient à ces temps du moyen âge où la patrie était tout entière dans l'enceinte de la ville. On ne vivrait pas longtemps d'une telle existence sans y perdre ce noble intérêt qui nous attache à la vue des affaires humaines et des nations éloignées : en devenant davantage le citoyen du lieu qu'on habite, on y deviendrait moins homme. Privé du moyen de connaître les choses de la patrie et de l'univers, on est privé aussi d'un moyen de s'élever au-dessus de soi-même : on sent, je ne sais pourquoi, que quelque chose a diminué en nous. Pour le patriote qui se voit en face de cette France absente dont l'ennemi seul le sépare, cette ignorance est une tristesse; pour la famille, une inquiétude dévorante ; pour l'indifférent lui-même, une oisiveté et un ennui.

Nous avons eu le bonheur, aujourd'hui, d'avoir des nouvelles de Tours, et ces nouvelles ont ranimé ici l'espérance et la joie. Une dépêche, copiée par un de nos concitoyens en voyage, annonce que les Parisiens ont repris le Bas-Meudon et Saint-Cloud ; à l'est, ils ont refoulé les assiégeants au-delà de Pierrefitte et de Stains. Paris est brave, gai et résigné : « Il commence le siége, dit la dépêche de Gambetta, par la viande de cheval, réservant pour le dernier jour le troupeau vivant dans ses murs. » La garde nationale a voulu d'elle-même affronter l'ennemi. Le 13, on a fait une sortie victorieuse que protégeait le feu des forts Montrouge, Vanves et Issy; on a battu les Prussiens à Bagneux et à Châtillon. Le château de Saint-Cloud a été brûlé dans le combat; mais on ne sait pas au juste comment l'incendie s'y est allumé. Bravo! frères de Paris. Nos ennemis ont dit que la France, en ornant sa capitale de tous les trésors de sa civilisation, en y accumulant toutes les richesses de son génie, n'en avait fait qu'un lieu de plaisir pour les deux mondes; ils ont dit qu'au milieu de ses arts et de ses délices, la grande ville avait perdu la plus antique des qualités dont notre race se glorifie, la vertu française, le courage. Il fallait prouver qu'ils calomniaient Paris; et ces victoires sont la preuve que nous attendions. Elles sauvent l'honneur : puissent-elles compter pour la paix !...

Il y a deux jours, nos ennemis ont été singulièrement cruels et féroces pour le maire de Baule. Irrités de ce qu'il eut résisté à des réquisitions qui n'étaient qu'un vol, ils l'ont garotté, puis attaché à la croix du bourg, et, de cette croix, le regard tourné vers sa demeure, ils l'ont condamné à contempler l'incendie de ses deux maisons, qu'ils ont brûlées pour son

supplice. Ils l'ont alors emmené. Qu'est-il devenu?...
Ces actes de barbarie sont fréquents. Trop souvent,
hélas! il nous arrive des récits semblables à celui-là.

L'occupation est fort onéreuse à la pauvre ville
d'Orléans. En six jours, du 12 au 17 octobre, elle
a coûté une somme dont le minimum peut être évalué à 700,000 fr. : au moins 450,000 fr. en denrées
alimentaires; 250,000 fr. en vêtements, couvertures,
chevaux, voitures, fers, cuirs et médicaments.

A compter en plus la contribution de guerre que
M. de Tann nous a imposée et les dévastations partielles qui ont lieu tous les jours dans les faubourgs
ou dans la ville, on voit qu'un tel état de choses,
ce sera bientôt la misère effroyable et la ruine
certaine d'Orléans. L'évêque, qui avait fait au roi
Guillaume le tableau de nos souffrances, a réussi
sans doute à l'émouvoir un peu : une réponse, arrivée de Versailles, fait espérer un allégement à tous
ces maux. Est-ce pitié réelle? est-ce politesse, vaine
et trompeuse diplomatie?... Hélas! nous craignons
beaucoup qu'on ne gagne rien à cette prétendue
bienveillance du roi de Prusse.

Un fait grave nous prouve déjà qu'on joue ainsi,
à Versailles, une comédie de miséricorde. Il avait
été décidé avec M. de Tann que sur le million réclamé comme contribution de guerre, on ne verserait que 600,000 fr.; la municipalité garderait pro-

visoirement les 400,000 autres pour subvenir aux dépenses journalières que l'ennemi exige. Eh bien! le 16 octobre, les intendants bavarois ont demandé que cette dernière somme fût soldée en une traite payable à Francfort. Le Conseil municipal a refusé et s'y oppose. Le maire a, le même jour, adressé une lettre au général pour lui représenter qu'une telle exigence faisait disparaître l'avantage de l'ajournement convenu et tout espoir de réduction ; cette lettre indique aussi les diverses difficultés que produirait le paiement d'une traite à Francfort. On attend la réponse de M. de Tann. Le général bavarois pourrait bien agir autrement qu'a parlé le roi prussien ; c'est le jeu qui paraît habituel à nos ennemis : unis pour le mal qu'ils nous font, on les trouve toujours désunis dans la clémence : si l'un promet, l'autre viole la promesse. Habiles gens!

Cette après-midi, il y avait comme une contagion d'espoir et de fierté, si je puis ainsi dire, qui gagnait toutes les âmes. On croyait à toutes les bonnes nouvelles ; on avait la secrète conviction qu'au loin il se passait des événements heureux pour nous ; quelques-uns même assuraient que bientôt Orléans serait délivré, et, par une mystérieuse illusion, on avait peine à douter : quand on l'essayait, on se sentait bientôt vaincu par la foi des autres.

Vers quatre heures, un grand mouvement a eu

lieu sur le Mail. « C'est la retraite qui commence, » se répète-t-on tout bas l'un à l'autre. Les ponts de bateaux s'ébranlent sur les voitures qui les portent; on les emmène avec les fourgons, les ambulances et les canons. Les Bavarois partent avec leur matériel, et la plupart prennent la route du faubourg Saint-Jean ou du faubourg Bannier. C'est le chemin de Paris, pensons-nous. Voici des régiments de cavaliers et de fantassins qui s'en vont, suivis d'artillerie, par le faubourg Saint-Vincent. « Ils veulent tromper nos soupçons, se dit-on dans la foule. Ils se divisent pour se rejoindre. Il y a trente-deux lieues de Pithiviers à Paris; ils peuvent donc s'y diriger par cette voie presque aussi rapidement que par celle d'Orléans. » Nous raisonnons ainsi avec nos désirs et nos suppositions. Peu à peu, le Mail se vide devant nous; il n'y reste bientôt qu'un petit nombre de canons. On ne doute point qu'au lever du soleil ils n'aient disparu demain. De tous côtés accourt la population; le boulevard se couvre de spectateurs, joyeux d'assister à un départ inespéré, et tous ont peine à contenir leur satisfaction, tandis que les soldats nous regardent avec une sorte d'inquiétude.

Ce soir, Orléans était plein de l'heureuse nouvelle. Bien des gens se promettent de courir au Mail dès le point du jour, afin de savoir au plus vite si l'évacuation se sera accomplie. Vers six heures, on m'avait affirmé que les postes se dégarnissaient dans la ville, et qu'il n'y avait plus de sentinelle devant l'hôtel de la Boule-d'Or. J'ai couru pour m'en assurer. Malheureusement, on s'était trompé : l'état-major est toujours là. Cette déception a, je ne sais pourquoi, troublé ma confiance.

Mercredi 19 octobre.

Aux premiers rayons du soleil, bien des gens accouraient sur le Mail. Les Bavarois étaient-ils partis ?... On a d'abord constaté que le matériel, emmené la veille, n'était pas revenu. Bien des batteries restaient encore ; mais on remarquait que quelques-unes arrivaient des environs pour camper sur le Mail. Des régiments s'étaient logés dans les quartiers qui sont à l'est de la ville ; mais on se racontait qu'on avait vu les avant-postes français derrière Olivet et Saint-Mesmin. L'ennemi avait requis des ouvriers pour faire aplanir la route de Pithiviers coupée par des tranchées et recouverte d'obstacles. Tout cela indique une retraite. Des événements graves se passent donc à cet horizon ténébreux où nous cherchons, d'un regard inquiet, le signe de la délivrance. Aussi l'espoir réjouit-il tous les cœurs. Les fronts s'éclairent : il y a comme un éclair de joie qui luit sur les visages. On se sourit, on se serre la main plus fort en se rencontrant. Les magasins mêmes se sont ouverts un peu plus. L'animation a été plus grande dans les rues, et, vers le soir, on assurait que ce mouvement de la population inquiétait un peu M. de Tann. J'ai entendu un ouvrier crier sur la place, de sa voix la plus forte : « Les Français seront ici dans trois jours ! » Tout le monde s'est retourné ; et quelques-uns ont applaudi.

Les espions pullulent dans les rues. Ce sont des officiers qui ont pris l'habit du bourgeois ; ce sont surtout d'affreux juifs, venus de l'Alsace avec eux, ou des voituriers qui accompagnent leurs convois. Il n'est pas bon de parler trop haut. A peine un groupe s'est-il formé, qu'on voit une de ces têtes inconnues allonger l'oreille, ou quelqu'un de ces drôles ramper vers vous le long des murs. Le chef de cette police occulte est un gros homme qui loge à la *Boule-d'Or* où je l'ai aperçu : les officiers l'y reçoivent tantôt comme un ami, tantôt comme un valet. Misérable ! on lit sa bassesse sur sa fauve figure.

Comme il était impossible de remplir les formalités prescrites par la loi, une ordonnance, affichée hier, annonce que la quatrième session des assises est ajournée. C'est ainsi que la guerre, qui tue les gens de cœur a pour effet d'épargner les criminels : les uns meurent en un instant ; aux autres les sursis. La guerre, inhumaine aux nations, énerve donc l'énergie de la justice ; elle en suspend la vigilance. Tristes conséquences des conquêtes !

Aujourd'hui on donnait de l'armée française des nouvelles qui semblaient indiquer des opérations bien conçues. Elle s'avance, dit-on, sur Orléans par deux routes : un corps d'armée vient par Châteauneuf ; l'autre est parti de Blois. Une telle stratégie pourrait embarrasser nos Bavarois, dès lors obligés de diviser leurs forces ou d'évacuer la ville. Ce plan paraît d'autant plus probable qu'un des généraux à qui se trouve confiée l'armée de la Loire a dit à l'un de ses amis d'Orléans : « Nous reviendrons par un mouvement tournant, peut-être du côté de Gien. » Cette parole a été prononcée la veille du combat d'Orléans, je le sais de toute certitude.

On connaît mal ce qui se passe hors d'Orléans. Les paysans affirment pourtant qu'hier le canon grondait entre Patay et Ouzouer-le-Marché. Serait-ce de plus loin que l'écho apportait ces grondements? On a raconté cette après-midi que Châteaudun avait été pris et brûlé. Brûlé ! ce mot sinistre a frappé d'effroi ceux qui l'entendaient. On se communiquait cette nouvelle avec consternation.

Le temps était doux, quoique d'immenses et noirs nuages roulassent dans le ciel sur la lumière du soleil qui l'éclairait. De nombreux promeneurs parcouraient les faubourgs; et tout autour d'Orléans, ce n'étaient que curieux qui visitaient l'endroit où s'est livré le combat d'Orléans.

J'ai été à la gare des Aubrais par les sentiers qui passent au pied du petit Mont-Bedhet. Sur cette route, des clôtures brisées; des haies percées; les maisonnettes, où les bourgeois passent le dimanche, presque toutes pillées, avec les portes ouvertes, les fenêtres cassées; les arbres meurtris par les balles; les murs troués par les bombes. Partout des gens sur leur seuil, déplorant leurs pertes ou racontant un des sinistres épisodes de la journée. Le pont d'où le regard plonge dans la gare des Aubrais porte surtout les traces du combat : les poutres et les rebords ont été criblés de balles. En descendant, nous rencontrons les premières épaves du combat, des casques, des plaques, des bidons, des cartouches, des képis, des bottes, etc... Sur la voie, le sable est foulé : on y distingue les pas de gens qui fuyaient, qui se battaient, qui se pressaient l'un l'autre. Dans la gare, tout le mur qui est à l'est laisse voir sur son fond grisâtre les marques blanches que les balles y ont faites. C'est un désordre affreux. Les salles sont remplies de paille où les blessés se sont couchés : voilà les linges sanglants qui les ont enveloppés, les vêtements dont ils se sont dépouillés, les chaussures que les survivants ont abandonnées, après en avoir pris de meilleures aux morts. Sur cette colonne s'est appuyé un blessé; elle est encore toute rouge à l'endroit où il l'a touchée de sa plaie. Sur ce talus on a rangé ceux qu'on relevait dans la lutte. Le long de cette clôture, le sol est baigné de sang, comme les dalles d'un abattoir. Quel spectacle! Et tout autour, dans les vignes couchées à terre, près des échalas qui ont penché sous le poids des combattants, dans les fossés et sur les chemins, ce ne sont que cartouches appartenant aux deux ennemis...

Aux Aydes, même horreur. En remontant le faubourg Bannier, on aperçoit sur les maisons le coup de l'obus ou l'éclat de la pierre atteinte par la balle. Les magasins sont fermés; ceux qu'on ouvre sont vides : les envahisseurs ont tout pillé. Sur la voie, des chassepots brisés, tordus, rouillés, près des tas d'ordures et au bord des ruisseaux. Dans la cour d'une maison, un monceau d'armes de toute espèce jetées dans la mare d'un fumier : on les regarde; l'ennemi nous épie de la maison. Plus on avance, plus la dévastation paraît terrible. A certaine fenêtre, plus de cent balles ont percé de trous la jalousie; partout des cheminées renversées, des toits ouverts, des murs béants, des vitres en morceaux. Le silence et la douleur règnent là : plus de visage, plus de vie. Les uns ont fui leurs foyers à la lueur de l'incendie qui consumait la maison voisine; les autres restent enfermés chez eux, mornes, désespérés, songeant à cette heure maudite. Les habitants montrent la place où les barbares ont chanté, dansé, hurlé. Vers l'extrémité, voilà les ruines noires des maisons brûlées; dans les décombres, mille riens chers à la famille, des débris de pots, des ustensiles en fer, des livres calcinés, un Shakespeare que le vent effeuille page par page, du verre fondu, des sabres, des shakos; des papiers tombés des vêtements d'un soldat, les mémoires d'un autre, la lettre d'une mère qui invite son fils à ne rien prendre, à être honnête et brave; des murs enfumés et des décombres, voilà ce qui reste... De la Chapelle-Neuve à la Chapelle-Vieille, la dévastation est affreuse : le toit de l'une des deux églises a été percé par les bombes.

Dans la maison des Bordes, où demeure M. Morin, les chasseurs du 5ᵉ bataillon de marche (1) se sont défendus longtemps. Cette maison, bâtie sur un monticule, est couverte par quelques arbres. L'ennemi a voulu l'abattre avec le canon. Le toit s'est effondré; les murs ont été percés par les obus. A l'intérieur, rien qui ne soit brisé : cloisons démolies, meubles mis en pièces. Les pillards sont venus achever l'œuvre des combattants. Les murs de plusieurs chambres

---

(1) Ce bataillon se composait de soldats qui appartenaient au 4ᵉ et au 16ᵉ chasseurs.

sont parsemés de sang. Un instant, la cour fut pleine
de cadavres : une croix de bois qui s'élève sur un
tertre, au bout du jardin, indique la place où l'on a
jeté ensemble dans la terre les vaincus et les vainqueurs. Voilà la fraternité dans la mort ! En nous
montrant tout cela, Mme Morin pleurait. Après une
longue vie de travail, son mari s'était préparé, pour
y reposer sa vieillesse, cette modeste habitation d'été :
il avait planté un petit bois avec un jardin. En quelques heures, la bataille a tout détruit...

En montant vers Saran, de toutes parts on aperçoit des casques bavarois au haut des échalas, dans les
vignes, comme ces épouvantails dressés pour effrayer
les oiseaux. Quand on gravit la petite route montueuse
de Saran, on voit des champs ravagés de chaque côté.
Ici ou là travaillent de vieux paysans au bras languis-
sant, découragés, affligés; on a pris à l'un le pain
qu'il cuisait; un autre a perdu ses vêtements et les
souliers qu'il avait aux pieds, tandis qu'on essayait
d'enlever à sa fille les bas dont elle était chaussée.
Plus loin, deux femmes racontent qu'on n'a rien laissé
dans leurs armoires, leurs caves et leurs étables. Partout les rasoirs ont été volés par les ennemis. Sur le
rebord d'un fossé, un vigneron, assis devant sa maison, regarde les ruines qui lui restent. Les Prussiens
ont percé la toiture des deux côtés pour tirer de là
sur nos soldats. Ils ont vidé ses tonneaux, emporté

son blé et rempli de leurs immondices le petit tas de grain qu'ils avaient d'abord épargné. « Comment vivre? me dit-il d'une voix sourde, les yeux pleins de larmes. Comment vivre? Je ne demande qu'un fusil; je n'ai pas peur de mourir maintenant. »

Dans le village, il n'y a plus que des maisons pillées. A Ormes, c'est le même spectacle. L'ennemi a là un poste : quand je passe, les soldats sont occupés à hacher leur viande sur les tables de l'école. Partout la rage des vainqueurs s'est jointe aux hasards et aux fureurs de la bataille, pour ruiner à plaisir ces riches et pacifiques campagnes. Il y a de la tristesse à voir le lieu d'un combat; on n'éprouve que de la haine, on a la soif de la vengeance, après avoir vu ces chaumières et ces fermes devastées par l'ennemi.

Jeudi 20 octobre.

Nous avions cru que M. de Tann se préparait à quitter la place. Cette lueur d'espoir a disparu. Ce matin, les exercices des régiments continuaient comme d'habitude. Dans la journée, la musique a recommencé les concerts détestés qu'elle avait interrompus depuis dimanche. Les cœurs se sont resserrés : Orléans a repris sa tristesse.

Aujourd'hui, déplacement de troupes dans la ville :

elles changent de garnison; je veux dire qu'elles se transportent d'un quartier dans un autre. A peine s'est-on mis à laver sa maison, qu'une nouvelle bande vient repeupler la rue : il faut ouvrir sa porte malgré soi ; ce sont d'autres soldats, c'est le même fléau. Cette nécessité écrase tout le monde; mais elle pèse surtout aux pauvres ouvriers, obligés, pour garder leur logis, de renoncer au moindre travail. D'ailleurs, plus d'atelier ni de magasin qui ne soit fermé; plus d'ouvrage. La misère augmente de jour en jour. Les mendiants vous arrêtent à chaque pas, et parmi eux on voit beaucoup de gens dont l'air semble honnête et timide.

Les promenades incessantes que nos ennemis font dans la ville sont comme une stratégie imaginée pour tromper l'œil du curieux qui voudrait connaître leur nombre. Ils vont, viennent, arrivent, partent; tantôt il n'y en a que fort peu, tantôt on les voit presque par milliers. Ils passent par un faubourg, on dirait qu'ils s'éloignent de la ville; mais les voici qui retournent par un autre, comme aux coulisses d'un théâtre. C'est une comédie militaire.

Après les combats qui précédèrent la prise d'Orléans, nous avions recueilli beaucoup de blessés qui sont presque guéris aujourd'hui. Quel devait être leur sort ? M. de Tann prétend qu'ils sont ses prisonniers. Par ses ordres, on s'est emparé de tous ceux qui se trouvaient dans ces conditions. Le cœur ému, et protestant contre un acte si peu humain, nous les avons vus sortir des ambulances. L'évêque d'Orléans et M. Duboys (d'Angers), présidents de la Société internationale, se sont hâtés de les réclamer, au nom de la convention de Genève, qui autorise les blessés à rentrer dans leurs foyers, s'ils donnent leur parole de ne plus servir pendant la campagne. Les débats ont leur cours depuis plusieurs jours déjà : nous verrons.

Sous le prétexte qu'ils ont besoin de lits et de matelas pour leurs malades, les Bavarois en ont enlevé de vive force dans beaucoup de maisons. Ils les emportent à Étampes. C'était, pendant la journée, un sujet de plaintes pour les uns et d'appréhensions pour les autres.

On commence à s'inquiéter de la disette qui doit résulter des exigences de l'armée allemande et de l'investissement où Orléans se trouve enfermé. Nous n'avons plus de farine que pour quinze jours et de viande que pour huit. La municipalité s'en préoccupe, et Mgr Dupanloup a cru lui-même qu'au nom de l'humanité, il avait à protester contre les rigueurs d'une occupation qui a pour terme la famine. Voici la lettre énergique dans laquelle il a signalé hier au général de Tann la triste situation où nous sommes :

« 19 octobre 1870.

« Monsieur le général,

« Je ne serais pas Évêque, si je pouvais voir sans une douleur profonde la ruine de mes diocésains. Et je me rendrais gravement coupable si, voyant ce que je vois, et prévoyant ce que je prévois, je ne venais pas informer Votre Excellence et faire appel, de la manière la plus pressante, à la loyauté, à l'humanité et à la justice du général en chef de l'armée qui occupe Orléans.

« Ce que je vois en effet, général, c'est la ruine, et ce que je prévois, c'est la famine.

« Ce sont non seulement les pauvres, mais les riches eux-mêmes, c'est une population tout entière de 50,000 âmes réduite à manquer des aliments les plus nécessaires à la vie.

« La farine et le pain livrés à l'armée allemande depuis sept jours ont plus que doublé la consommation normale quotidienne d'Orléans.

« Et en même temps les approvisionnements en blé et farine sont devenus impossibles. Les environs sont épuisés, la circulation fermée et les moyens de transport enlevés.

« Il ne reste dans la commune, pour l'alimentation de la population et celle des troupes qui pourraient continuer à l'occuper, que *huit jours* de viande, et *quinze jours* de blé ou farine.

« Il y a là, Monsieur le général, un extrême et imminent péril pour notre ville, et je l'ajouterai, pour votre armée elle-même.

« C'est à vous, et à vous seul, qu'il appartient de nous aider à sortir d'une situation si grave.

« Le nombre des troupes qui occupent Orléans a considérablement diminué depuis trois jours. Il serait contre toute équité que les intendants continuassent à faire les réquisitions alimentaires journalières, comme si la garnison d'Orléans était toujours la même.

« C'est à votre justice que je m'adresse pour obtenir les ordres les plus précis afin que cet abus cesse.

« Mais, de plus, il faut de toute nécessité, et sous peine de condamner bientôt 50,000 âmes aux horreurs de la faim, que soient donnés à la municipalité d'Orléans les moyens d'approvisionner la ville. Il faut que des sauf-conduits sûrs et respectés par vos troupes permettent à nos magistrats d'aller chercher au loin, puisqu'on ne peut plus rien trouver auprès, et d'amener sûrement dans la cité les vivres en viandes, blés et farines, qui sont sur le point d'y manquer complètement.

« Cela n'est pas seulement nécessaire ; c'est de la

première urgence. Tous les jours de retard peuvent avoir des conséquences fatales.

« Vous le disiez devant moi, avec un vrai sentiment d'équité, à M. le Maire d'Orléans : « Il y a, indépendamment de l'humanité et de la justice, il y a le possible et il y a l'impossible. »

« Le possible, nous l'avons fait.

« L'impossible, nous ne pouvons le faire.

« Or, nourrir une ville sans viande et sans pain, et avec la ville une armée, ou bien procurer ces aliments derrière un blocus, sans sauf-conduits sérieux et respectés, sans toutes les sûretés à défaut desquelles nos convois pourraient être arrêtés et capturés par vos soldats, c'est des deux côtés l'impossible.

« C'est en toute confiance, Monsieur le général, que je m'adresse à vous, dont j'ai plus d'une fois déjà expérimenté la droiture et l'équité, lorsque j'ai été dans la nécessité de recourir à vous dans l'intérêt de mes diocésains.

« Veuillez agréer, etc. »

L'évêque d'Orléans, qui a déjà, par son intercession, sauvé la vie à plusieurs de nos concitoyens, vient encore de demander au commandant de place qu'on voulût bien l'avertir de toutes les condamnations à mort prononcées désormais contre des Français :

« Monsieur le commandant,

« Permettez-moi de venir vous demander de vouloir bien donner aux autorités militaires compétentes les instructions nécessaires sur un point très-grave, et sur lequel votre honorable prédécesseur m'avait donné les assurances les plus expresses, dont ma conscience a besoin. Il avait bien voulu me dire que si, par malheur, il venait à y avoir quelque condamnation à mort, je serais immédiatement averti, afin qu'un prêtre pût avoir accès auprès du condamné, pour lui procurer, avec tout le loisir convenable, les consolations et les secours de la religion.

« Cette demande est trop juste, et fondée sur des motifs d'un ordre trop élevé et trop respectable, pour que je puisse ne pas avoir la pleine confiance qu'elle sera favorablement accueillie par vous, Monsieur le commandant. Ce serait pour moi le sujet d'une douleur profonde, s'il en était autrement.

« Veuillez agréer, Monsieur le commandant, l'hommage de ma respectueuse considération.

Signé : « Félix, *évêque d'Orléans.*

« Orléans, le 19 octobre 1870. »

Il y a dans cette lettre la fierté d'un évêque français et la charitable prévoyance d'un prêtre; mais c'est un acte d'habileté aussi, puisque Mgr Dupanloup se réserve ainsi la connaissance de toutes les occasions où il pourra intervenir en faveur d'un malheureux. Le commandant de place a donné la promesse qui lui était demandée.

On ne saurait croire combien il y a de tristesse sur les visages et de douleur dans les âmes. Je ne vois plus rire : cette gaîté française, qui se venge de la fortune par la raillerie, n'a plus même une malice au milieu de maux si pénibles. L'ironie est devenue haineuse : on maudit l'ennemi; on n'a plus d'esprit pour s'en moquer, tant le cœur souffre, tant la vie entière a changé! On ne se parle que pour se raconter des anecdotes ou des nouvelles qui apprennent à détester le vainqueur. Tout à l'heure, par exemple, on m'apportait un billet qu'une sorte de médecin bavarois, hôte contraint de M. Bordier, notaire, lui écrivait avant de s'enivrer dans la maison avec un camarade d'ivrognerie :

« Monsieur et Madame,

« J'ai l'honneur de vous annoncer que nous nous enivrons encore aujourd'hui en vin de Champagne, et je vous en préviens, afin que vous ne vous en faites pas déranger par le bruit qui en suivra naturellement.

« J'ai l'honneur.
                                « STÜBINGER. »

On ne peut pas avoir plus de délicatesse dans l'impudence. Est-ce une vertu germaine que la prévoyance courtoise avec laquelle ce Stübinger dénonce le tapage qu'il doit faire après boire? Je n'en sais rien; mais il y avait de la sincérité dans ce billet écrit entre deux verres. Ce n'était pas seulement la drôlerie d'un gamin encore aviné; car si la précaution paraît bouffonne, elle n'était pas inutile, l'événement ayant prouvé que ce Stübinger avait le vin tumultueux.

Est-ce parce qu'ils sont peu spirituels en temps de paix que tous ces Allemands s'ingénient à le paraître en temps de guerre? Pourquoi se piquent-ils d'avoir de l'esprit chez nous, même en nous pillant? Ce sont les questions que je me suis posées en lisant un billet laissé dans une bibliothèque par deux officiers prussiens, à la place d'un Horace qu'ils ont soustrait à l'un de mes collègues :

A Monsieur, Monsieur Chabrier, professeur de la rhétorique.

« Monsieur!

« Mon camarade et moi, officiers allemands, prions pardon que nous avons osé de prendre de votre bibliothèque un œuvre pour nous plus précieus que tous les autres. C'est les poèmes de notre aimée Horace. Je crois bien que vous en êtes fâché. Mais si vous considérez que nous n'avons rien à lire à la campagne, et que nous en avons grand besoin, vous nous pardonnerez. C'était le plus grand plaisir pour nous, de trouver dans votre bibliothèque les œuvres d'Horace, et ce sera une grande joie et une grande élévation pour nous, si nous pouvons lire dans la solitude ces beaux poèmes.

« En vous priant pardon, je termine avec le plus grand respect. »

Je ne sais pas ce que l'ombre d'Horace dirait de ce larcin. L'indignerait-elle au point de dire avec ces moralistes sévères dont elle se moquait un peu trop, que, comme méfait, un larcin vaut un brigandage?

> . . . . *Pares res*
> *Furta latrociniis.*

Peut-être négligeant, comme au temps de sa vie, toute sagesse austère, sourirait-elle à un vol qui pourrait lui paraître un hommage, et murmurerait-elle à l'oreille de M. Chabrier quelqu'une de ces paroles indulgentes qu'elle aimait tant jadis. Les guerres de son siècle avaient habitué Horace à d'autres spectacles : ceci ne l'étonnerait guère, je présume. Quant à moi, je ne souhaite aux voleurs si galants et si lettrés de M. Chabrier, je ne souhaite, pour châtiment de la pédanterie dont ce vol et leur lettre les accusent à la fois, que la lecture de ces vers, si propres à faire réfléchir tous les triomphateurs dans l'enivrement même de la victoire :

> . . . . *Hinc apicem rapax*
> *Fortuna cum stridore acuto*
> *Sustulit : hic posuisse gaudet* (1).
> (HORACE, ode XXXIV, liv. I.)

> *Præsens vel imo tollere de gradu*
> *Mortale corpus, vel superbos*
> *Vertere funeribus triumphos* (2).
> (HORACE, ode XXXV, liv. I.)

Ce peut être le sort de la Prusse, et je le souhaite.

Oui, grâce à ces inconstantes faveurs de la fortune, dont nous parle Horace, ces deux officiers pourraient bien voir plus tard, à leur tour, s'il est agréable qu'un vainqueur vous dérobe des livres, même en laissant des excuses.

Léger scandale, dira l'ennemi. Que répondra-t-il à l'histoire trop véridique des atrocités qu'il a commises à Ormes?

---

(1) [L'avide fortune, dans son vol vif et bruyant, aime à ravir le diadème sur un front, pour le poser sur un autre.]

(2) [Elle peut, ou du degré le plus humble élever bien haut un être mortel, ou changer en funérailles les superbes triomphes.]

Après la journée du 11 octobre, on ramassa, près de ce village, deux paysans étendus sans vie sur le champ de bataille. Ils n'avaient pas combattu. Les vainqueurs les avaient pris dans leurs maisons; l'un d'eux (1), qui s'appelait Rouilly, sortait d'une cave où il s'était caché, pendant le combat, avec sept ou huit voisins. Pour les assassiner, pour les percer ensemble de leurs balles, les soldats les avaient attachés l'un à l'autre. Quand on les releva de la mare de sang où ils semblaient s'être couchés en se rapprochant, on s'aperçut qu'ils avaient été liés dos à dos pour être fusillés!... Les assassins étaient ivres, dit-on, ivres du vin qu'ils avaient bu après la victoire chez les vignerons pillés par eux. Le soir, ces mêmes vainqueurs (prussiens, à ce qu'on assure) ont enfoncé le tabernacle de l'église pour dérober les vases sacrés; le curé les en avait retirés; mais ils les ont découverts ailleurs, et ils les ont emportés, volant Dieu comme s'ils l'avaient vaincu, lui aussi... Ce n'était pas encore assez d'excès si inhumains. Quelques jours après, ils ont saisi, sous leurs toits, huit habitants de la commune; on les a envoyés en Prusse, et ces malheureux ne savent pas même pourquoi.

On ne peut faire un pas dans la rue sans entendre un récit ou un autre qui ne vous laisse au cœur l'ul-

(1) L'autre s'appelait Rousseau-Foulon.

cère de la haine. Heureux quand, en parcourant la ville, on ne rencontre pas du regard ces sujets de pitié ou d'indignation !

C'était un de ces spectacles que la vue des prisonniers de Châteaudun, amenés sur la place de l'Étape. Il y en avait une centaine environ, gardes nationaux, paysans ou ouvriers ; parmi eux un médecin de Bonneval, arrêté malgré son brassard et le drapeau de Genève qui couvrait sa voiture, sur la route qu'il suivait pour aller secourir des blessés. Presque tous ont été arrachés de leurs maisons dévastées, et le lendemain du combat. Fatigués, affamés, épouvantés encore des flammes où ils ont vu brûler Châteaudun, effrayés de leur sort, ils ne prononçaient que quelques paroles rapides pour implorer la commisération : beaucoup criaient qu'ils étaient innocents; on les avait pris jusque dans leurs caves, comme s'il fallait au triomphe des Prussiens qu'un troupeau de captifs vînt annoncer leur victoire. Des femmes, épouses ou filles de ces pauvres gens, les ont suivis jusqu'à Orléans, les accompagnant au bord du chemin de leurs larmes ou de leurs consolations. Arrivées au terme présumé de ce triste voyage, elles sanglottent devant nous. Une d'entre elles s'est jetée aux genoux d'un capitaine prussien en lui demandant grâce pour l'un des prisonniers : il l'a repoussée rudement. Les soldats eux-mêmes, plus bourreaux que soldats, ne nous ont pas permis d'offrir à ces malheureux du pain et du vin... O défaites de la France, comme vous nous êtes odieuses! Comme elles sont amères, les souffrances que vous causez!...

Vendredi 21 octobre.

On avait bien raison de douter de la foi allemande : ni la promesse du roi de Prusse, ni le premier consentement de M. de Tann n'auront épargné à la ville les 400,000 fr. qu'on les priait de nous laisser ou de réduire à un chiffre plus modeste. La lettre que voici est arrivée hier à l'Hôtel-de-Ville, brutale et inattendue, comme une bombe qui tomberait par surprise au milieu d'un conseil municipal :

A la Mairie de la ville d'Orléans.

« Le commandant de l'armée n'a pas accepté l'arrangement proposé par la Mairie de la ville d'Orléans. Je suis donc obligé de vous en donner connaissance, en vous engageant de payer la somme de quatre cent mille (400,000 fr.) sans retard à l'intendance de mon corps d'armée.

« Orléans, le 19 octobre 1870.

« *Le général en chef du premier corps de l'armée bavaroise,*
Signé : « Baron DE TANN,
« *Général de l'infanterie.* »

Contraint de s'incliner sous la loi du vainqueur, le Conseil, en autorisant le maire à verser cette somme, l'a chargé de porter à M. de Tann le témoignage de son douloureux étonnement. Le nombre et la diversité des réquisitions qui s'ajoutent à la liste quotidienne excitent aussi sa plainte : M. Crespin a dû exprimer ce même sentiment à M. de Tann. Ces remontrances sont la dernière dignité qui reste à un peuple violenté par ses vainqueurs : nos conseillers font bien de ne pas se soumettre à la fortune, sans le murmure du cœur qui proteste.

L'affaire des soldats convalescents, «que l'Évêque d'Orléans et M. Duboys (d'Angers) demandent à renvoyer dans leurs foyers sous condition de ne plus servir, a donné lieu à de vifs et intéressants débats. Les défenseurs de nos blessés ont eu une attitude aussi ferme que des paroles éloquentes pour faire respecter la convention de Genève. L'un et l'autre ont adressé au général de Tann des lettres que je leur dois l'honneur de reproduire. Voici d'abord celle de Mgr Dupanloup ; elle est aussi nette qu'énergique (1) :

(1) Pour insister plus fortement encore dans sa protestation, Mgr Dupanloup écrivait au commandant de place en même temps qu'à M. de Tann. Comme on s'en apercevra, il donnait dans cette lettre un accent plus vif que dans l'autre à la vérité qu'il proclamait. Il n'était pas douteux que le commandant la communiquât au général : c'était donc livrer à M. de Tann une double bataille. (Voir cette lettre aux *Pièces justificatives*, n° 19.)

« Orléans, le 21 octobre 1870.

« Excellence,

« J'ai l'honneur de vous adresser une liste de blessés appartenant à mes ambulances de l'Évêché, des séminaires et aux autres, et qui sont en voie suffisante de convalescence pour pouvoir être renvoyés dans leur pays.

« Je joins à cette liste un rendu-compte du médecin attestant l'état respectif de chacun d'eux.

« Je joins aussi l'engagement d'honneur souscrit par chacun de ces blessés de ne pas reprendre les armes pendant la durée de la présente guerre.

« Et je viens, Excellence, demander à votre bonté les permissions et sauf-conduits nécessaires pour que ces hommes puissent traverser en sécurité les lignes de votre armée.

« L'entretien que j'ai eu l'honneur d'avoir avec vous hier m'a laissé la pleine confiance que cette demande ne pourrait souffrir de difficultés.

« C'est l'exécution pure et simple de l'article additionnel cinquième de la convention de Genève signée, en même temps que par tous les autres souverains de l'Europe, par Sa Majesté le roi de Prusse.

« Cet article stipule formellement, par extension de l'article 6 de la convention, que « les blessés
« tombés aux mains de l'ennemi, lors même qu'ils

« ne seraient pas reconnus incapables de servir, de-
« vront être renvoyés dans leur pays après guérison,
« au plus tôt, si faire se peut, à la condition, tou-
« tefois, de ne pas reprendre les armes pendant la
« durée de la guerre. »

« L'article 6 de la convention n'avait fait du renvoi des blessés qu'une obligation facultative; l'article disait : « Pourront être renvoyés. » C'était un vœu, ce devait être une faveur : ce n'était ni pour les uns un droit strict, ni pour les autres un devoir rigoureux (articles 3 et 4).

« L'humanité des hautes parties contractantes les a décidées à en faire un article rigoureusement obligatoire. L'article 5 additionnel ne dit plus seulement « pourront, » mais « devront, » à la seule condition, pour les blessés, de ne pas reprendre les armes pendant la guerre.

« C'est un moyen à la fois de décharger les ambulances et les hôpitaux plus promptement, et de procurer aux victimes de la guerre l'assistance de leurs familles.

« Pour moi, Excellence, il m'est impossible de comprendre qu'on puisse se faire illusion sur de telles obligations, car la convention de Genève n'est pas seulement une convention solennelle que nul des contractants ne peut violer sans honte ; c'est une convention sacrée au plus haut degré, un acte d'humanité et de charité chrétienne, qui fera à jamais l'honneur comme il demeure le devoir des souverains qui l'ont signée.

« Et cet honneur, Excellence, sera partagé par tous les généraux en chef d'armée qui, comme vous, avec une sympathique et généreuse bienveillance, se montreront heureux de faciliter l'exécution des mesures inspirées et arrêtées par l'humanité de leurs souverains.

« Veuillez agréer, Excellence, l'assurance de ma haute considération. »

Avec une égale émotion, avec une vigueur non moins grande, le premier président, M. Duboys (d'Angers) a traité ainsi cette question d'humanité :

« Monsieur le général,

« Les mesures prises à l'égard des blessés français, qui se trouvaient dans nos ambulances ont ému trop vivement l'opinion publique, pour que je ne considère pas comme un devoir, en ma qualité de président du Comité international de secours, d'élever la voix au nom des principes consacrés par la convention de Genève et des lois naturelles de l'humanité.

« Aucune des nations signataires de cet acte diplomatique ne pourra certainement admettre le droit que l'autorité bavaroise ou prussienne s'est attribué à Orléans, d'expulser nos blessés des hospices pour y placer les siens, et, sur le simple avis de ses chirurgiens, d'enlever de nos ambulances ceux de nos blessés qui leur ont paru en voie de guérison suffisante, pour s'en emparer comme prisonniers et les transporter en Allemagne.

« L'article 5 des articles additionnels de la convention de Genève porte que les blessés doivent, après leur guérison, être renvoyés dans leur pays, à la condition de ne pas reprendre les armes pendant la durée de la guerre. Ces expressions sont trop claires et trop formelles pour pouvoir donner lieu à une discussion. Les blessés *doivent* être renvoyés ; ce n'est pas *une faculté*, c'est *une obligation* à laquelle les parties qui ont signé la convention ne pourraient se soustraire sans la violer.

« Nous venons vous en réclamer l'exécution.

« Si l'on ne voulait s'en tenir qu'à la convention de Genève du 24 août 1864, abstraction faite des articles additionnels, il serait tout aussi difficile de justifier les faits qui se sont accomplis à Orléans.

« Le but de ce traité solennel a été, en effet, selon les termes mêmes de son préambule, « d'adoucir les « maux inséparables de la guerre, de supprimer les « rigueurs inutiles et d'améliorer le sort des mili- « taires blessés sur les champs de bataille. »

« En conséquence, on a stipulé la neutralité des blessés, des ambulances, des hôpitaux et du personnel sanitaire, ainsi que l'impliquent les articles 1 et 2 de la convention.

« De quel droit, alors, l'autorité prussienne viendrait-elle enlever nos blessés de nos ambulances pour les emmener en Allemagne? Relevés par nous seuls sur le champ de bataille, et, avant d'être tombés entre vos mains, recueillis et transportés sur le terrain neutre de nos ambulances, soignés par nos médecins, comment, en présence du texte et de l'esprit de la convention de Genève, pourraient-ils être considérés comme prisonniers de guerre?

« Après leur guérison, l'ennemi a la *faculté* aux termes de la convention, l'obligation aux termes des articles additionnels, de les renvoyer dans leur pays, à la condition de ne pas reprendre les armes pendant la durée de la guerre. Mais s'il ne croit pas devoir exercer ce droit, les blessés guéris restent alors dans la ville, soumis à la même loi et aux mêmes obligations que les autres citoyens.

« Autrement, quel serait le résultat et le bienfait de la Convention? Ce serait donc d'affranchir le vainqueur du devoir sacré de soigner les blessés du vaincu, de lui permettre de profiter des soins donnés dans nos ambulances pour les emmener plus tôt en captivité, et d'arriver ainsi à infliger à des militaires qui ont déjà eu le malheur d'être blessés les rigueurs nouvelles de l'expropriation !

« Telle n'a pu être l'intention des signataires d'une convention qui a voulu établir entre les peuples un lien nouveau de charité réciproque et de civilisation.

« Je ne puis donc m'empêcher, Monsieur le général, de prier avec confiance Votre Excellence d'appliquer à nos blessés les principes proclamés par la convention de Genève.

« Les considérer comme prisonniers et les emmener en Allemagne constituerait une violation formelle de cet acte qui porte les signatures de Leurs Majestés les rois de Bavière et de Prusse.

« Agréez, Monsieur le général, l'assurance de ma haute considération.

« *Le président du Comité international de secours aux blessés,*

« Duboys (d'Angers),
« Premier Président de la Cour d'Orléans. »

La lettre de M. Duboys (d'Angers) a, dit-on, irrité un peu nos Bavarois, car M. de Parceval est venu, de la part de M. de Tann, argumenter de nouveau contre notre premier président ; et, pendant la discussion, il lui est échappé de dire, dans un français où l'on reconnaît l'origine de M. de Parceval, que cette lettre était « un peu salée. » M. Duboys (d'Angers) n'a rien concédé, d'accord avec l'évêque d'Orléans dans cette généreuse obstination.

On espère qu'à Versailles le roi donnera l'ordre d'observer la convention de Genève dans le sens le plus favorable à nos blessés.

Samedi 22 octobre.

On était au 18 octobre; Châteaudun attendait l'ennemi. La nouvelle était venue, la veille, que les Prussiens avaient incendié les villages de Varize et de Civry, parce que les habitants les avaient défendus. Mais, quelle que dût être sa triste fortune, Châteaudun s'était décidé à la résistance. C'est une énergique population que celle du Dunois. Dans la campagne, les paysans avaient fait bonne garde autour de leurs biens : excités par leur femmes elles-mêmes, ils avaient formé des bandes armées de fusils, de fourches et de bâtons; et les hulans, les voyant si hardis, ne s'étaient pas aventurés dans le pays avec l'audace qu'ils avaient ailleurs. A Châteaudun, on n'était ni moins patriote ni moins résolu. Gardes nationaux et francs-tireurs se trouvaient donc prêts à un combat prochain, et la ville était dans l'émoi que produit la fièvre du courage et de la crainte, quand, vers midi, passa par toutes les rues ce cri d'alarme : « Voilà les Prussiens! »

Conduits par le général von Wittich, qui accompagnait le prince Albert, 8,000 Prussiens environ se montraient, les uns sur la route d'Orléans, les autres sur celle de Meung; ils avaient trente canons. En face d'eux, pour protéger cette petite ville sans murailles et sans fossés, ils trouvaient 1,300 adversaires à peine : c'étaient les gardes nationaux de Châteaudun, 700 francs-tireurs de Paris, que commandait le comte Ernest de Lipowski, et 165 francs-tireurs de Nantes et de Cannes. Aux diverses issues de la ville, on avait élevé une redoute et quatorze barricades. Formées de madriers, de pierres, de sable et de fascines, garnies de parapets et de créneaux, revêtues de pavés à l'extérieur, ces barricades étaient solides. Dans les enclos et les bâtiments qui bordent Châteaudun, on avait crénelé les murs. Faible troupe et faibles obstacles pour un si puissant ennemi; et, pourtant, il n'en triompha qu'après neuf heures de lutte.

Les défenseurs de Châteaudun essayèrent d'abord d'arrêter les Prussiens à quelque distance de la ville, dans les vignes et sur la chaussée du chemin de fer. Mais les assaillants avaient l'avantage du nombre; on risquait d'être enveloppé par eux. On rentra donc, et chacun prit son poste derrière les murs et les barricades.

Après avoir investi Châteaudun sur toute la rive gauche du Loir, les Prussiens commencent le bombardement. C'était sans sommation préalable. Les boulets tombent partout, abattant les cheminées et enfonçant les toits; les décombres s'amassent bientôt dans les rues; tremblant au fond de sa cave, plus d'un habitant entend sa maison s'affaisser d'étage en étage. Mais les combattants supportent intrépidement le feu de l'ennemi. Au milieu de débris qui s'écroulent souvent sur eux, sous les obus qui viennent frapper l'abri qui les couvre, ils tiennent ferme, et, de tous côtés, leurs balles atteignent sûrement les Prussiens. Derrière Saint-Aubin, les servants des pièces sont, l'un après l'autre, mis hors de combat. Un franc-tireur nantais, à qui on passe des fusils chargés, vise et tue sans trêve : à chaque coup, c'est un ennemi qui s'abat. L'artillerie prussienne tonne vainement contre les barricades : les boulets en rasent le faîte et ne les démolissent point. Furieux d'une résistance si meurtrière, les Prussiens avancent par colonnes vers les rues d'Orléans, de Chartres et de Bel-Air; mais on les repousse des barricades par des feux terribles qui balaient la voie. L'assaut se renouvelle : encore une fois, ils reculent en désordre, à travers les cadavres étendus sur la route.

Ne pouvant la prendre de vive force, les Prussiens, pour détruire la ville, ont recours aux bombes incendiaires. Voici les pauvres habitants qui fuient de refuge en refuge, au milieu des obus qui pleuvent, des cendres qui volent, des embrasements qui échauffent l'air; à cinq heures, la ville brûle à plus de vingt endroits différents. Une partie de Châteaudun n'est plus

Qu'un gouffre flamboyant, rouge comme une forge.

La fumée suffoque ceux qui le défendent. La lutte est ardente. Mais le jour a baissé, et l'ennemi arrive dans l'ombre : il attaque avec fureur toutes les barricades; on se bat à la lueur des maisons en flammes.

Il est sept heures. Peu à peu l'artillerie cesse de gronder. Les Prussiens ont tourné la barricade de la rue Galante et forcé celle de la rue de Chartres. Ils se précipitent vers la place avec des cris sauvages, au bruit de leurs fusils qu'ils déchargent sur les fenêtres. Mais là sont réunis les derniers défenseurs de Châteaudun. Les masses noires des Prussiens se dessinent dans la demi-obscurité de la nuit. Feu ! Ils se croyaient vainqueurs et chantaient : ils entendent la *Marseillaise* qui leur répond, avec la mort. Feu des boutiques, des soupiraux et des greniers! Feu! la place se couvre de leurs cadavres; ils tombent par dizaines. On a tiré presque à bout portant. Profitant du tumulte où ils voient l'ennemi, dans sa surprise et son effroi, les Français chargent à la baïonnette : des francs-tireurs et des gardes nationaux accourent des barricades voisines; les Prussiens, se croyant cernés, évacuent la place. Mais, à ce moment, une autre colonne arrivait par la rue Saint-François : l'ennemi est maître de Châteaudun. Les francs-tireurs se retirent par le faubourg Saint-Jean et prennent les chemins qui côtoient le Loir. A six lieues de là, ils apercevaient encore les flammes qui détruisaient Châteaudun...

A peine victorieux, l'ennemi va piller le quartier Saint-Valérien; puis, une fois dévastées, les soldats mettent le feu à toutes ces demeures, riches ou pauvres, habitées ou non. Plus de deux cents brûlèrent toute la nuit, et, deux jours après, l'incendie durait encore.

Deux cent quarante-cinq francs-tireurs et trente gardes nationaux avaient été tués ou blessés; douze personnes furent retrouvées dans les cendres de leurs propres toits. Quant à la ville, pas un monument que la bombe eût épargné : seul, le massif et vieux château, avec ses tours féodales, semblait intact et tranquille au milieu de tant de ruines; deux cent trente-cinq (1) maisons avaient été dévorées par les flammes :

(1) En outre, l'incendie détruisit, aux abords de Châteaudun, la maison de Mondoucet et le hameau de la Guinguette.
Plus de trois cents maisons furent atteintes par les obus; mais

ce n'étaient plus que des décombres ; à ne voir, le long de rues entières, que des murs écroulés et noircis, on aurait cru qu'il n'y avait plus là que le spectre d'une ville. Mais ce grand crime de guerre, l'ennemi l'expiait par des pertes cruelles : il avait plus de deux mille hommes hors de combat.

Dès l'aube, le pillage de ce qui restait recommençait parmi ces débris. On fusillait un franc-tireur désarmé ; on assassinait deux habitants ; on maltraitait les uns, on dépouillait les autres. Pour compléter la victoire, von Wittich demandait une contribution de guerre de 200,000 fr. à cette ville presque anéantie par ses bombes ; il en emporta 30,000 (1). Et, pour avoir des témoins dont la misère attestât sa gloire à son pays, von Wittich, songeant au matin qu'il lui fallait des prisonniers, fit saisir quatre-vingt-dix-sept de ces pauvres gens dont le désespoir pouvait déjà

huit seulement s'embrasèrent par l'effet du bombardement. Les Prussiens en brûlèrent cent quatre-vingt-dix-sept à la main.

Le jeudi matin, en partant, ils incendièrent encore, près du Champdé, des maisons où ils s'étaient abrités pendant deux jours.

Le désastre de Châteaudun équivaut à une perte de cinq à six millions de francs.

(1) Dans la soirée du 19, c'est-à-dire après que la ville eut satisfait aux réquisitions, les Prussiens, dont la cruauté n'était pas encore assouvie, mirent le feu à trois maisons intactes près de la rue du Sépulcre.

servir à son triomphe; on les prit dans la rue, dans leurs caves, au seuil de leurs maisons; et, parmi eux, nous avons vu amener ici des infirmes et des vieillards (1)! Ah! on ne sait plus s'il y a encore au ciel un Dieu pour la France, mais sans doute qu'il y en a toujours un pour l'humanité; remettons-lui le soin de nous venger un jour de tant de barbarie!...

Il y a quelque temps, un officier bavarois vantait ici la discipline des troupes allemandes : « Dans un combat périlleux, disait-il, il me vint à l'idée d'éprouver l'obéissance de mes soldats. C'était sous les balles de l'ennemi. La mort courait de rang en rang, renversant l'un, renversant l'autre. J'ordonnai tout à coup de suspendre le feu. Immédiatement le feu cessa. Mes hommes restèrent sans murmurer, la poitrine exposée aux coups qui les frappaient. Je fus surpris moi-même de leur résignation. Un peu plus tard, je renouvelai ce commandement. Eh bien! ils furent aussi dociles. » Pour ma part, je consens à ne pas contester ce trait de discipline; je l'admire même; mais, plus j'y réfléchis, plus j'accuse les chefs de

---

(1) Comme à Orléans, le 12 octobre, des soldats prussiens arrêtèrent des habitants, sous le prétexte qu'ils avaient des armes en leurs mains : or, c'était sur l'ordre donné par l'ennemi que les gardes nationaux, ainsi saisis, portaient alors leurs fusils à la mairie. Ces malheureux furent faits prisonniers et emmenés en Prusse.

8.

l'armée prussienne d'autoriser les méfaits dont nous nous plaignons. Car, si tel est l'empire qu'ils exercent sur leurs soldats jusque dans la mêlée et le tumulte d'une bataille, que ne pourraient-ils, après l'apaisement du combat, dans une ville tranquillement occupée?...

Aujourd'hui, les Bavarois ont pillé à Saint-Jean-de-Braye. Je sais de pauvres vignerons à qui on aura tout pris. A Orléans, les réquisitions deviennent de plus en plus lourdes; on demande tout à la ville, depuis les allumettes jusqu'au drap rouge ou bleu dont on fait des habits aux cavaliers. La défiance du vainqueur augmente, au reste, de jour en jour. M. de Tann vient de défendre au clergé de laisser sonner les grosses cloches des églises; ce prudent homme de guerre a peur que leur bourdonnement ne serve de signal pour quelque surprise... Les Français sont-ils dans le voisinage d'Orléans? On en doute, bien que des francs-tireurs aient paru sur la rive gauche du Loiret.

Dimanche 23 octobre.

A qui sort d'Orléans le spectacle de la campagne produit un effet étrange. Le soleil a beau luire sur les champs, le travailleur ne vient pas. Point de mouvement sur le sol, pas de bruit sous le ciel. Où sont les vignerons parmi ces ceps abandonnés? Où s'en est allé le laboureur qui avait commencé, en chantant peut-être, ce sillon interrompu? Où passent donc les lourds charriots qui portent le fumier aux champs? Aperçoit-on les troupeaux au bord des fermes? Tout est silence. On dirait que la mort règne sur les longues plaines de la Beauce. Plus de grain dans les granges pillées ou brûlées; plus de bétail ni de chevaux; pas de domestiques; on n'a pu faire les semailles d'automne. Le pays est comme désert, et la nature y serait muette, si le vent ne soufflait encore dans les arbres, si l'oiseau ne chantait toujours dans les buissons. La guerre maudite est là! Quant à la condition des hommes, elle ressemble à l'aspect de la campagne. On les voit, mornes et désespérés, au coin de leur feu; ou bien ils se tiennent, les bras pendants, debout sur le seuil, regardant la route et le passant d'un œil hébété. Autour de Meung, pourtant, les violences des hulans ont excité la rage dans ces cœurs patients ou craintifs. A travers la nuit obscure, écoutez : les cloches sonnent le tocsin. L'ennemi a paru! Des paysans en blouse et en sabots, l'air fauve, armés de mauvais fusils ou de barres de fer, s'en vont tenter une lutte inégale. Malheureux! Le lendemain, on incendie le village qu'ils ont osé défendre...

Les paysans sont bien à plaindre; mais, hélas! il

faut les blâmer aussi. Combien d'entre eux n'auront eu pour patrie que le coin de terre où s'élève leur cabane, où poussent leur vigne et leur blé! L'ennemi s'est fait un complice de leur terreur ou de leur égoïsme. Tel a dénoncé aux Bavarois l'endroit qui recélait les fusils d'un de nos armuriers. Tel a conduit les hulans à la ferme de son voisin, sous les bois épais qui la cachaient. Tel a servi de guide aux envahisseurs, et montré les fourrés où les francs-tireurs les épiaient. D'autres renseignaient les cavaliers prussiens à l'aide de signaux convenus. A Dry, par exemple, les chasseurs de Vincennes vinrent souvent se mettre en embuscade dans les bois du Bouchet; jamais ils ne réussirent à surprendre les éclaireurs ennemis. A peine s'étaient-ils éloignés, les Prussiens arrivaient, faisaient leur reconnaissance et rentraient. Dans l'après-midi, nos hussards paraissaient à leur tour; ils observaient la route, ne voyaient rien et reprenaient le chemin de Moque-Barry. Une heure après, c'était le tour des hussards prussiens, qui bientôt retournaient à Saint-Pryvé sans avoir été attaqués. Il y avait, dans le village même, un espion qui trahissait ses compatriotes, un homme né sur ce sol ensanglanté par les conquérants, et qui ne sait pas ce que c'est que la France!...

L'affaire de notre million s'est terminée aujourd'hui. Sur les 400,000 fr. réclamés contre toute promesse, on en a donné 300,000 en numéraire. Un intendant bavarois, qui les palpait et les comptait avec un plaisir manifeste, a dit avec un fin sourire, en les recevant : « Vous le voyez, nous apprécions et nous aimons votre argent. » Les Allemands cherchent volontiers l'esprit pour en assaisonner leur cruauté et leur violence : l'exemple de M. de Bismark leur semble bon en toutes choses! Quant aux 100,000 fr. qu'il restait à payer, on les solde à M. de Tann « en une quittance de 100,000 fr. à répartir, au gré de la municipalité d'Orléans, aux habitants ayant été victimes de dommages et de réquisitions irrégulières. » C'est par cette fiction financière, et c'est en ces termes que M. de Tann renonce à cette somme pour compenser le pillage de ses soldats. Il a beau appeler leurs déprédations « des dommages et des réquisitions irrégulières; » cette pudeur de langage peut être fort allemande ou bavaroise, l'historien ne l'en regardera pas moins comme un aveu. Seulement, c'est peu qu'une somme de 100,000 fr. en guise de réparation; M. de Tann se montre moins pénitent que contrit; l'amende qu'il s'inflige est moins grosse que le méfait...

Les Bavarois sont en mouvement ici. Les troupes qui séjournaient à Châteauneuf reviennent à Orléans, tandis que d'autres s'en vont par le faubourg Saint-Jean. Il semble que M. de Tann craigne une attaque à l'ouest. Quelques-uns des officiers de son état-major ont visité les maisons sur nos quais, et, au grand effroi des habitants, ils les ont examinées comme pour y préparer la défense. Au quai Saint-Laurent, les soldats assemblent les matériaux nécessaires pour un pont de bateaux. La guerre va-t-elle encore une fois pénétrer dans nos murs ou sévir à nos portes?...

Les ambulances se multiplient pour les Bavarois, comme les maladies elles-mêmes. L'intempérance est telle parmi eux, que leurs médecins trouvent la vie de garnison plus funeste aux soldats que la vie de campagne et les dangers de la bataille. Le typhus et la dyssenterie répandent la mort dans leurs rangs. S'ils s'en affligent, nous commençons nous-mêmes à nous en inquiéter.

D'où viennent les nouvelles incroyables qui courent à Orléans de bouche en bouche?... Il y a huit jours, on annonçait que Ducrot, échappé de Paris en ballon, commandait l'armée de la Loire et s'avançait sur La Motte-Beuvron. Aujourd'hui, on affirme « qu'une victoire a été remportée à Belfort; que Bazaine a eu un succès; que Paris est débloqué du côté de Saint-Denis; enfin, que les princes d'Orléans se trouvent, avec 150,000 hommes, entre Amiens et Rouen... » Comme on ne sait rien des événements qui se passent en France, la foule recueille tous ces bruits avec avidité, et, pour peu qu'on exprime un doute, les crédules vous accusent d'être de mauvais patriotes, comme si le patriotisme consistait à se nourrir l'âme d'illusions! J'ai remarqué que ces nouvelles commencent toujours à circuler sous forme de notes manuscrites. Elles arrivent on ne sait d'où, et composées par on ne sait qui. Il y a là un mystère, des dupeurs et des victimes...

Lundi, 24 octobre.

Cette unité allemande dont nos ennemis parlent tant n'est pas encore dans leurs cœurs. Les Bavarois détestent les Prussiens. L'un de nos hôtes me disait : « Le Prussien est froid, arrogant et cruel. » Ailleurs un officier d'état-major a prononcé cette parole : « Les Prussiens ont de la tête; ils n'ont pas d'âme. » De leur côté, les Prussiens méprisent les Bavarois : « M. de Tann, s'écriait un officier né à Berlin, est un âne qui ne sait où aller quand nous ne le conduisons pas : » Un autre explique ainsi la conduite des Bavarois à la guerre : « Pour leur donner du courage, nous leur permettons de piller; et quand ils ont pillé, ils se battent bien encore, pour conserver leur butin. » Un autre enfin déclare que les Bavarois n'ont montré de bravoure que par terreur : on leur aurait persuadé que les Français les fusilleraient si on les faisait prisonniers. Voilà les sentiments d'estime dont sont animés l'un envers l'autre ces alliés que notre politique n'a pas su diviser et qu'unit maintenant la victoire.

Quant à nous, maudissons également Bavarois et Prussiens. Car, quel que soit le vainqueur, ces deux peuples portent également dans nos pauvres campagnes les ravages de la férocité germaine. Je n'en veux pour témoignage que l'histoire lamentable de Lailly, telle qu'on vient de me la raconter.

Le 19 octobre, des hussards français avaient surpris, sur la route de Lailly à Ligny, des hussards bruns de Silésie (4e régiment). Les Prussiens s'enfuirent à travers champs, vivement poursuivis par les Français : atteints près d'une ferme, on en blessa trois, qui restèrent prisonniers. Le capitaine prussien, s'apercevant que son cheval ne courait pas assez vite, le stimulait en lui enfonçant son sabre dans la croupe : « Attendez, attendez, capitaine, lui criait gaiment le capitaine Friant, qui conduisait l'escadron français; attendez, je vais aller piquer votre cheval. » Mais le Prussien se souciait peu d'attendre : il court encore, comme les loups à la fin des *Contes* de Perrault…

Les paysans de Lailly se racontaient joyeusement ce petit fait de guerre; ils se croyaient même à l'abri de l'ennemi quand, le 22 octobre au matin, plusieurs milliers de soldats bavarois envahirent le village. C'était pour détruire Lailly.

Quel était le prétexte de la vengeance qu'ils venaient exercer ? Un événement survenu six jours auparavant. Le 16 octobre, en effet, cinquante ou soixante dragons bavarois étaient allés en reconnaissance sur la route qui mène d'Orléans à Blois. Or, les francs-tireurs avaient dressé trois embuscades pendant la nuit : une au cimetière de Lailly, l'autre au hameau des Trois-Cheminées, la troisième à celui de Mocquebaril. On laissa passer les dragons aux deux premiers endroits ; à Mocquebaril, on les assaillit d'un feu très-vif qui tua des chevaux et des cavaliers. Les autres prirent la fuite. Mais il fallait repasser devant les embuscades du cimetière et des Trois-Cheminées : nouvelles décharges ; bien des morts tombent sur le chemin. Une des dernières balles avait frappé un cheval qui put se traîner jusqu'au hameau de la Croix-Blanche, à quelque distance du village ; là il s'abattit, et son cavalier démonté, le jeune comte d'Arco, vit venir à lui un maréchal-ferrant qui voulut l'arrêter. M. d'Arco le frappa d'un coup de sabre. Aussitôt accoururent les paysans du hameau. Exaspérés par les rapines et les réquisitions des jours précédents, sans crainte devant l'ennemi isolé qu'ils avaient devant eux, ils se jetèrent sur lui, le frappèrent à coups de barres de fer et d'échalas, et le blessèrent à la tête. On arriva au secours de M. d'Arco, on les força de l'épargner, et on le conduisit au château de Fontpertuis, où on le pansa ; de là les francs-tireurs et les chasseurs, enlevant leur prisonnier, le menèrent à Blois.

Dans l'après-midi du même jour, les Bavarois étaient revenus en plus grand nombre avec deux canons. Ils s'emparèrent du maire de Lailly, M. F. de Geffrier, qu'ils menacèrent de fusiller et qu'ils mirent plusieurs fois en joue. Ils demandaient qu'on leur livrât les trois hommes par qui le comte d'Arco avait été maltraité ; sinon ils mettraient le feu au village. Deux jours après, le Conseil municipal cédait dans son effroi, mais à la condition expresse qu'il ne serait fait aucun mal à ces trois hommes. Deux d'entre eux furent arrêtés. Quand les Bavarois vinrent pour les prendre, il se trouva qu'ils avaient disparu : les hussards français avaient été avertis et les avaient emmenés.

Telles étaient les fautes que l'ennemi allait punir avec une barbarie qui excéda la mesure du châtiment attendu.

Des troupes, accompagnées d'artillerie, s'étaient réunies au point où se croisent les routes d'Orléans à Blois et de Beaugency à Ligny. C'est là que s'est élevé le petit hameau de la Croix-Blanche. Pour tenir tête aux trois ou quatre mille hommes qui arrivaient, il n'y avait à Lailly que quatre-vingts chasseurs de Vincennes, embusqués derrière les maisons et les jardins. On leur conseilla de se retirer. La lutte n'était-elle pas impossible ? « Nous n'avons pas d'ordres pour nous replier, » répondirent-ils avec une héroïque simplicité ; et ils restèrent. Le feu commença, feu terrible et meurtrier : les Bavarois étaient atteints de toutes parts ; par les portes, par les embrasures, par les fenêtres, les chasseurs tiraient. Deux heures dura cette fusillade. Puis le bruit cessa : les chasseurs avaient épuisé leurs munitions. Ils réussirent à se dérober par les vignes, ne laissant derrière eux que sept prisonniers : un seul des leurs avait été frappé d'une balle, et c'était mortellement. Quant aux Bavarois, on n'a jamais su exactement le chiffre de leurs pertes : ils ramassaient rapidement ceux qui tombaient, entassant dans leurs voitures les morts au fond et les blessés par-dessus les morts. Ils en remplirent cinq longs charriots à deux chevaux.

Leur vengeance fut atroce. D'abord les soldats se précipitèrent avec fureur dans les maisons : du sabre, de la baïonnette ou de leurs balles, ils y frappèrent tous ceux qu'ils trouvaient, hommes, femmes et enfants. Puis ils pillèrent, et au pillage succéda l'incendie. Il y avait de l'ordre et presque de la discipline dans l'assouvissement de cette cruauté !

Avec des amas de paille et des bourrées de sapin, ils mirent le feu à dix-sept maisons, bientôt réduites en cendres. D'un côté, c'est l'auberge du Cygne avec les demeures voisines ; de l'autre, c'est l'auberge de la

Croix-Blanche. Entre ces deux colonnes de flammes passe de temps en temps, éperdu et hagard, un habitant qui emporte ce qu'il peut. Quelques-uns à demi brûlés veulent sortir avec les objets qu'ils ont recueillis à la hâte sous leur toit : on les repousse dans l'incendie. Quatre hommes inoffensifs avaient péri sous les coups des Bavarois ; l'un d'eux, le combat fini, avait entendu frapper à sa porte et l'avait ouverte : les soldats l'avaient percé de leurs baïonnettes ; puis, allant chercher un drap dans les meubles de ce malheureux, ils l'en avaient recouvert, de manière à ce que sa femme, qui était à côté, ne pût voir le cadavre de son mari au moment où ils l'enlevaient et le portaient dehors. Deux autres furent grièvement blessés. Deux disparurent, et l'on ne retrouva que le lendemain leurs restes carbonisés sous les décombres de leurs maisons : un de ces malheureux ne fut même reconnu qu'à la persistance avec laquelle son chien gardait la place où gisaient les ossements de celui qu'il avait eu pour maître. Une pauvre femme fut emmenée prisonnière parce qu'elle était couverte de sang ; on l'accusait de meurtre : or, ce sang, c'était celui de son fils, qu'une balle avait blessé au bras. Vingt autres habitants furent traînés par les vainqueurs, quelques-uns la corde au cou. Ils ne durent la liberté qu'aux longues et persévérantes prières de M. F. de Geffrier et de M. de Fricon, propriétaire des environs, qui commandait la garde nationale du pays.

Le pillage s'étendit aux communes voisines. A Dry, les soldats prirent linge, vêtements, montres et argenterie. Quand les armoires étaient fermées, ils les brisaient. Mais ils avaient aussi les poches garnies de fausses clés ; ils s'en servirent dans plusieurs maisons.

Le soir, passant à Cléry, le chef de l'expédition, lieutenant-colonel des hussards rouges (5e régiment), disait d'un air joyeux : « Lailly avait besoin d'une petite leçon : nous la lui avons donnée. » Il se trompait, celui qui s'applaudissait, avec cette ironique férocité, de la ruine et de la mort de tant d'innocents : cette froide et brutale vengeance n'est pas une leçon : c'est un forfait.

Notre pauvre municipalité d'Orléans succombe sous le poids des exigences allemandes : on continue à violer, pour nous accabler de réquisitions, la parole et la promesse du roi de Prusse. Aujourd'hui l'Évêque d'Orléans tente un dernier effort ; il vient de s'adresser dans les termes suivants à un comte allemand dont l'entremise lui a déjà été utile dans nos réclamations :

« Orléans, le 24 octobre 1870.

« Monsieur le comte,

« Veuillez de nouveau me permettre de recourir à votre parfaite obligeance, dans une circonstance grave.

« Vous avez bien voulu m'écrire de Versailles, à la date du 17 octobre, et au sortir même de l'audience de Sa Majesté le Roi de Prusse, les paroles que je transcris ici :

« Versailles, le 17 octobre 1870.

« Monseigneur,

« Retournée hier soir à Versailles, Sa Majesté le
« Roi de Prusse a daigné me permettre de lui faire,
« dans cette soirée même, mon rapport sur l'entretien
« que vous avez bien voulu avoir avec ma minime per-
« sonne (1)..... Sa Majesté a de même daigné écouter
« et agréer avec sa bonté ordinaire les explications et
« le message dont Monseigneur m'a chargé quant aux
« contributions de guerre imposées à la ville d'Orléans.
« J'espère que l'arrivée de cette lettre sera accompa-
« gnée d'ordres qui dispenseront désormais la ville
« de l'entretien de notre armée, et que Monseigneur
« aura obtenu un nouveau et immense bienfait pour
« la ville d'Orléans qui lui en doit d'autres. »

« Il était impossible, Monsieur le comte, de n'être pas touché de ces bienveillantes paroles ; et heureux de l'assurance qu'elles me donnaient, je me suis hâté

---

(1) Le comte à qui s'adresse Mgr Dupanloup vint en mission particulière à Orléans. On soupçonne qu'il fut chargé par M. de Bismark d'insinuer ici des pensées de paix. Il échoua dans ses tentatives.

d'en faire part tout à la fois à son Excellence M. le baron de Tann, à M. le maire de la ville d'Orléans et à mes diocésains.

« Or, c'est aujourd'hui le 24 octobre, et M. le général de Tann nous déclare qu'il n'a pas reçu les ordres que vous m'annonciez et qui devaient dispenser la ville d'Orléans de l'entretien de votre armée. Aussi, toutes les réquisitions continuent chaque jour avec rigueur, bien que la ville d'Orléans ait déjà, à l'heure qu'il est, acquitté un million d'imposition, et au moins 900,000 fr. de réquisitions en nature.

« Permettez-moi donc, Monsieur le comte, de presser auprès de vous et par vous l'envoi de ces ordres annoncés en de tels termes et avec tant de cœur, et si justement attendus.

« Vous comprendrez facilement, Monsieur le comte, combien, lorsque vous me félicitiez d'avoir obtenu un nouveau et immense bienfait pour la ville d'Orléans, il serait pénible pour moi, et, j'ose le dire, pour vous, que ces justes espérances se changeassent en une amère déception.

« Je saisis cette occasion, Monsieur le comte, de vous remercier de nouveau de vos bontés, et vous prier de vouloir bien agréer tous mes plus dévoués et respectueux hommages.

« FÉLIX, *évêque d'Orléans.* »

— 152 —

P. S. — « J'ai déjà eu l'honneur de placer sous vos yeux copie d'une lettre que j'avais écrite à M. le général de Tann, relativement aux blessés français. Permettez que je vous adresse aujourd'hui copie d'une autre lettre sur le même sujet, que j'ai cru devoir adresser à M. le commandant de place. »

La ville d'Orléans a sans doute en son évêque un avocat actif, éloquent et habile, pour plaider la cause de ses souffrances. Il a empêché plus d'un excès; il a obtenu qu'on diminuât plus d'une charge; mais il faut convenir que dans plus d'un cas, surtout dans les questions de finances, l'ennemi n'a pas tenu toutes les promesses qu'il lui avait faites. Qu'adviendra-t-il donc de cette nouvelle pétition?..

25 octobre.

Me voici sûr enfin de connaître ce qui se passa, le 11 octobre, au glorieux combat d'Orléans (1). Après de

(1) J'ai pour garants de ce récit le rapport du lieutenant-colonel de Jouffroy, qui eut sous ses ordres, le 11 octobre, la 1re brigade de la 2e division du 15e corps; les renseignements du chef de bataillon P. de Morancy, qui prit le commandement du 5e bataillon de la légion étrangère, après la mort du commandant Arago, et avec qui j'ai revisité le champ de bataille pas à

nombreuses et difficiles recherches, j'ai rassemblé, si je ne m'abuse, tous les traits de la vérité ; et c'est avec une joie véritable que je retrace cette histoire d'une action dont le souvenir est si propre à nous rendre la fierté qui, jadis, faisait croire au génie de notre pauvre France. Je n'ai pas l'honneur, je le sais, d'écrire pour la patrie entière et la postérité. Mais qu'on le recueille ou non, c'est la pensée de mon cœur que ce témoignage serve à la dignité des vaincus comme à la mémoire des soldats morts sous nos murs le 11 octobre. Je n'ai jamais songé sans désespoir au triste sort des braves et des malheureux qui périssent pour des ingrats, sous un drapeau qu'on oublie. Que ce récit atteste donc, au moins, la reconnaissance qu'Orléans garde à ses défenseurs !...

Le 10 octobre, l'ennemi avait été victorieux près

---

pas ; les notes dictées, le lendemain du combat, par le commandant Antonini, du 8ᵉ bataillon de marche des chasseurs à pied ; une note laissée à M. Frot, ingénieur de la marine, par le commandant d'artillerie Tricoche ; les souvenirs de beaucoup d'officiers soignés dans les ambulances d'Orléans, et notamment ceux de M. Gaillard, capitaine au 3ᵉ bataillon du 39ᵉ de ligne, et de M. Hahn, lieutenant au 27ᵉ de marche ; les aveux des Bavarois, leurs dépêches officielles et en particulier la narration de la *Gazette allemande*, faite par l'aumônier de la 2ᵉ division bavaroise, l'abbé Gross ; enfin tous les témoignages qu'on pouvait obtenir soit à Orléans, soit sur le lieu du combat, quand on n'a rien négligé pour y trouver la vérité, cherchée patiemment avec un contrôle sévère et minutieux. (Voir aux pièces justificatives, nᵒˢ 13 et suivants.)

d'Artenay et ne se trouvait plus vers le soir qu'à quelques lieues d'Orléans. Au matin du jour suivant, le général de Lamotterouge décida que ses troupes battraient en retraite derrière la Loire. Effrayé par l'échec de la veille, il se défiait de la fortune. Il se défiait aussi de ses soldats : il les voyait pour la plupart jeunes et inexpérimentés, connaissant à peine leurs chefs, nullement habitués au feu d'une bataille, et, selon lui, peu capables de le supporter. D'ailleurs, il n'avait pu réunir à Orléans qu'une partie du 15e corps, et n'avait point reçu tous les renforts qu'il avait jugés nécessaires. A en croire ses renseignements, on avait devant soi 40,000 Bavarois et Prussiens avec 120 ou 130 pièces de canon. Dans ces conditions, la défaite lui paraissait certaine, et c'est pour l'éviter que, vers dix heures et demie, ses troupes commencèrent à passer le fleuve, se dirigeant vers la Sologne (1) pour s'y rallier à la Ferté-Saint-Aubin.

Si le général de Lamotterouge avait pu, dans la nuit du même jour, parcourir la plaine ensanglantée et les faubourgs fumants encore où l'on défendit Orléans, certes, il n'aurait plus douté de l'héroïsme

(1) Voir aux pièces justificatives (no 15), la lettre où le général de Lamotterouge a donné des explications sur la conduite qu'il tint le 11 octobre. Cette lettre a été publiée dans l'*Union malouine,* au commencement de décembre.

de ses soldats, et peut-être eût-il eu le regret d'avoir douté de la fortune...

Pour protéger la retraite, il fallait livrer un véritable combat, combat où l'on devait lutter sans espoir de vaincre, comme à un poste abandonné où on n'a qu'à mourir. Ce devoir et cet honneur, on y appela, sans les avertir du sacrifice qu'ils allaient faire à la France, le 3e bataillon du 39e de ligne ; le 5e bataillon de marche (1) de chasseurs à pied ; le 2e et le 3e bataillon des mobiles de la Nièvre (2), et le 5e bataillon de la légion étrangère, fort alors d'environ 1,350 hommes. C'était la 1re brigade de la 2e division ; elle fut commandée par le lieutenant-colonel du 39e, M. de Jouffroy. Deux compagnies du 8e bataillon de marche de chasseurs qui la veille s'était battu à Artenay (3) ; 160 zouaves pontificaux et le 27e régiment de mar-

(1) Ce bataillon était formé de soldats du 4e et du 16e chasseurs ; sur les quatre compagnies, ceux du 4e formaient la 1re et la 2e.

(2) La veille, les mobiles de la Nièvre se battaient au combat d'Artenay.

(3) Au combat d'Artenay, le 8e chasseurs avait arrêté par ses feux toutes les charges de la cavalerie ennemie. Mais quand la retraite commença, vers cinq heures, la cavalerie de M. de Tann, se dérobant derrière un bois, vint garder la route de Paris avec six canons. Le bataillon était cerné. A peine la batterie allemande envoyait-elle ses premiers boulets, que les chasseurs se jettent sur l'ennemi, passent et arrivent à la Croix-Briquet. Le commandant Antonini et le capitaine Mercier avaient été blessés ; deux officiers disparurent. Outre ceux qui furent mis hors

che (1), prirent aussi une part importante à l'action. Enfin, aux deux premières heures du combat, le 33e et le 34e de marche (2), avec plusieurs compagnies du 4e de ligne, se trouvaient sur le champ de bataille. Noms glorieux qui méritent le souvenir de la France, car les intrépides régiments qui les portaient ont, ce jour-là, rendu sa défaite illustre à l'égal d'une victoire (3).

L'ennemi venait d'Artenay. C'était donc au nord d'Orléans qu'aurait lieu le combat. De ce côté abou-

de combat, le bataillon perdit deux cents hommes et deux officiers, faits prisonniers par les hulans.

(1) Le 27e de marche, commandé par le colonel Pera-Gallo, était arrivé à Vierzon pendant la nuit. Ses trois bataillons comprenaient un effectif de 3,125 hommes. Il prit place, dès son arrivée, dans la 2e brigade de la 3e division (15e corps), brigade mise sous les ordres du général Martinez.

(2) Le 10, le 33e était venu camper près de Saran; le 34e, arrivé à Orléans dans la nuit du 10 au 11, avait été immédiatement dirigé sur la ligne d'Ormes à Saran.

(3) Pour les troupes françaises, il faut distinguer dans le combat d'Orléans deux périodes bien différentes : d'abord, les engagements qui eurent lieu, avant deux heures, sur la ligne de Cercottes, de Saran et d'Ormes, engagements d'où se retirèrent, dès midi, les troupes qu'on rappela pour la retraite déjà commencée dans la ville; puis la lutte que, de deux heures à sept heures du soir, les défenseurs d'Orléans soutinrent en si petit nombre, chargés qu'ils furent sans le savoir de couvrir la retraite de l'armée. Or, le chiffre des combattants varie beaucoup, selon qu'on les compte dans la première période ou dans la seconde.

Avant midi ou deux heures, on trouve rangées devant

tissent à Orléans les deux routes qui conduisent à Chartres et à Paris, l'une serpentant à travers les champs, l'autre droite, pavée, et bordée de peupliers. La ville se prolonge à une distance considérable dans la campagne par l'interminable rue qui se continue du faubourg Bannier jusqu'aux Aydes. Quand on est au bout de cette longue file de maisons, dont la plupart ont un vignoble ou un jardin derrière elles, on a sous les yeux un horizon qui semble court, bien

Orléans ou dans ses faubourgs les troupes dont voici l'effectif :

5e bataillon de la légion étrangère...............	1,350
5e — de marche de chasseurs à pied........	760
8e — — (2 compagnies).....	200
3e — du 39e de ligne (4 compagnies et demie).	610
2 bataillons des mobiles de la Nièvre.............	1,800
3 compagnies de zouaves pontificaux.............	200
27e de marche................................	3,125
33e —	3,300
34e —	3,000
Compagnies du 4e de ligne....................	600
Total.........	14,945

Mais à deux heures, Orléans est tout à fait évacué par les troupes qu'on avait rassemblées dans la ville même. Parmi celles qui se trouvaient sur le théâtre de l'action, le général de Lamotterouge a déjà donné l'ordre au 33e de marche, au 34e, au 1er et au 2e bataillon du 27e, au 3e bataillon des mobiles de la Nièvre, de se retirer derrière la Loire. Donc, à deux heures, quand commence la véritable défense d'Orléans, il ne reste pour ce combat acharné que 5,745 hommes environ.

qu'aucune colline vraiment élevée ne le limite au fond du ciel, d'un côté ou d'un autre. En face, le sol s'élève un peu ; ailleurs, il est plat ; partout il est revêtu d'une sombre verdure : avec ses petits bois et ses habitations basses, c'est un paysage presque sans lignes : ce qui lui donne un aspect particulier, c'est le nombre infini d'arbres épars, comme les maisons, sur toute l'étendue de la contrée ; ces poiriers et ces pommiers montent à la hauteur des toits : à distance, on dirait un fouillis formé de mille buissons épais où éclatent par-ci par-là les blanches couleurs de quelques pans de murailles. Sur la gauche et dans un lointain indistinct, le village d'Ormes ; presque devant les Aydes, celui de Saran dont le clocher se cache à demi derrière un repli de terrain. Quand on poursuit le chemin vers Paris, on rencontre le hameau de la Montjoie, à un endroit où la route ondule ; sur la droite, mais bien en arrière, se dresse la gare des Aubrais. On ne trouve sur tout cet espace que haies, fossés, maisonnettes, ceps et échalas : ici les vignes s'étalent et semblent, à perte de vue, se propager de champ en champ, le long des mêmes sillons ; là elles montent et descendent sur des pentes légères et douces ; partout elles cachent la terre, et si l'on n'y voit pas le paysan courbé qui travaille, on n'y voit pas non plus le soldat qui s'y abrite. Grâce aux obstacles qu'elle opposait au déploiement d'une grande armée, une telle région était un lieu favorable à la défense: nos tirailleurs en profitèrent.

Devant les Aubrais sont venus se ranger les mobiles de la Nièvre et les chasseurs du 8e bataillon de marche. De la gare, point extrême de la défense, jusqu'à la route de Paris, ils se répandent dans les champs et se relient à quelques compagnies du 39e placées sur la ligne du chemin de fer. Au centre, le bataillon de la légion étrangère se trouve à la hauteur des Aydes, avec une partie du 3e bataillon du 33e (1), qui incline vers la gauche. De ce dernier côté sont postés les chasseurs du 5e bataillon de marche. Les soldats du 33e et du 34e, avec ceux du 4e de ligne, vont couvrir de leurs feux toute la campagne qui remonte vers Saran et Ormes. C'est le 27e qui forme l'extrême gauche : il a pris position à la ferme de l'Épineuse, dans la plaine de Sarry ; ses tirailleurs sont en embuscade dans les bois d'alentour, couchés en silence et le fusil braqué ; ils sont couverts par les arbres et les branchages qu'ils ont abattus devant eux. A la droite de la ferme, le commandant Tricoche attend avec sa batterie que l'ennemi paraisse. L'espace qu'occupaient ainsi nos troupes est large au moins d'une lieue. Il y avait là environ 15,000 hommes en

---

(1) Ce bataillon ne comptait que quatre compagnies et demie ; la 2e et la moitié de la 3e n'avaient pu le rejoindre à temps pour s'embarquer à Philippeville.

— 160 —

ligne ; mais le général de Lamotterouge, qui dès dix heures avait résolu de se retirer derrière la Loire, n'entendait pas les engager dans une bataille générale. Quelques-uns de ces régiments étaient sur ce terrain depuis la nuit ou depuis la veille : il les rappela en arrière, aussitôt qu'il put; et c'est ainsi qu'après avoir vu l'ennemi devant eux, après avoir même commencé une résistance que suspendit vers midi le signal de la retraite, deux régiments de marche, le 33e et le 34e retournèrent à Orléans avec deux bataillons du 27e et le 3e bataillon des mobiles de la Nièvre. Pour soutenir l'assaut de l'ennemi de deux heures à sept heures du soir, il restait 5,745 hommes, sans réserves et sans autre artillerie que six pièces de 4. On peut donc le dire : c'est à leur courage seul qu'ils durent la force nécessaire pour soutenir une lutte si longue, si inégale et si terrible.

M. de Tann arrivait avec une véritable armée (1). A

---

(1) Le corps d'armée de M. de Tann était le 2e de l'armée bavaroise. Il se composait de deux divisions d'infanterie (la 1re et la 2e), d'une division de cavalerie, d'un bataillon du train et d'un bataillon de pionniers ; il avait avec lui cent quinze canons au moins.

Le général prussien von Wittich, qui l'accompagnait, avait sous ses ordres une division prussienne, c'est-à-dire deux brigades d'infanterie, avec quarante canons au moins ; c'était la 22e division du 11e corps d'armée.

Quel était l'effectif de ces troupes ?

On sait, par le récit d'un des aumôniers de la 2e division bava-

son extrême droite marchaient dix ou onze régiments de cavalerie, où le prince Albert de Prusse commandait, comme l'indique le titre qu'il prenait, la 4e division de cavalerie de la 3e armée. A côté s'avance une brigade d'infanterie prussienne, avec 40 canons au moins. Toutes ces troupes devront pénétrer par le faubourg Saint-Jean, en tournant à l'ouest et la ville et ses défenseurs. La 4e brigade de

roise, que la 2e division comprenait les 3e, 12e, 10e et 13e régiments de ligne, le 1er et le 7e bataillon de chasseurs. La 1re division était formée du même nombre de régiments. M. de Tann commandait, par conséquent, à huit régiments de ligne et quatre bataillons de chasseurs.

Le régiment d'infanterie allemande a trois bataillons, le bataillon quatre compagnies, la compagnie 250 hommes.

Il en résulte que le chiffre normal de l'infanterie bavaroise du 2e corps s'élevait à 28,000 hommes, et que l'infanterie prussienne, commandée par von Wittich, devait être réglementairement de 12,000 hommes. Une certaine partie de ces troupes ayant pris part aux batailles de Sedan, de Wœrth et de Weissenbourg, on peut, si l'on veut tenir compte de leurs pertes, réduire ce total de 40,000 hommes à 33,000 combattants présents à la prise d'Orléans.

Avec von Wittich venaient deux divisions de cavalerie prussienne ; l'une, la 4e division de la 3e armée, était sous les ordres du prince Albert de Prusse ; l'autre était commandée par le comte de Stollberg. A son campement de Huisseau-sur-Mauves, cette dernière comprenait deux régiments de hulans, deux de hussards et un régiment de cuirassiers blancs. Les Bavarois avaient avec eux une division au moins. Aussi estimons-nous le nombre des cavaliers ennemis à 9,000 environ.

la 2ᵉ division bavaroise est au centre : elle descend la route de Paris, sous les ordres de M. de Tann lui-même. La 3ᵉ brigade de son corps d'armée forme la gauche, et à l'extrémité, c'est le 12ᵉ régiment qui

On peut donc, sans nulle exagération, dresser le tableau approximatif que voici :

Infanterie.	8 régiments de ligne bavarois. 4 — prussiens..... 4 bataillons de chass. bavarois.	33,000 hommes.
Cavalerie..	1 division bavaroise.......... 2 divisions prussiennes	9,000 hommes.
Artillerie.	2 régiments et plusieurs batteries.	1,600
Train et pionniers.	2 bataillons............	2,000
	Total......	45,600 hommes.

Ce chiffre de 45,600 combattants constituait un nombre qui dépassait celui des défenseurs d'Orléans, au point que la proportion est presque de 7 à 1. Ajoutons que, devant nous, des officiers bavarois ont estimé leurs forces au chiffre de 45,000 hommes. Des journaux allemands ont cité celui de 50,000 ; l'un même a parlé de 65,000 à 70,000.

Nous sommes persuadé qu'en évaluant le nombre des vainqueurs du 11 octobre à 45,600, nous sommes plutôt au-dessous qu'au-dessus de la vérité. Mais dût le chiffre que nous adoptons différer, pour un millier ou deux, des chiffres proposés dans les récits allemands ou dans d'autres relations françaises, il n'en reste pas moins certain que la supériorité numérique de l'ennemi était écrasante au combat d'Orléans.

Quant au nombre total des canons, un journal allemand le porte à 120, tandis que quelques personnes d'Orléans nous ont raconté en avoir vu plus de 160 dans les campements de nos envahisseurs.

viendra occuper la gare des Aubrais. Une puissante réserve soutient les troupes engagées; derrière von Wittich, c'est une brigade prussienne; derrière les Bavarois, c'est la 1re division, celle qui, la veille, avait pris Artenay. Ainsi plus de 45,000 hommes se mettaient en bataille devant nos 5,745 soldats; à leurs 155 (1) canons les Français en opposaient 6; en se ménageant l'appui de sa réserve, le général de Tann lançait 18 régiments contre cette poignée d'hommes : c'était une lutte d'un contre sept.

Le combat commença près d'Orléans vers midi, sous un soleil qui luisait comme aux plus belles journées d'automne.

Le premier engagement avait eu lieu entre Saran et Cercottes, où les zouaves pontificaux et quelques compagnies de régiments de marche devaient les premiers tenter la défense. Dès l'attaque, nos avant-postes s'étaient repliés; et l'ennemi avait fait tonner tous ses canons sur les taillis de la forêt et sur les champs où les zouaves et leurs compagnons d'armes s'arrêtaient pour lui tenir tête. Disposés en tirailleurs, de quinze à cinquante pas d'intervalle, les zouaves se

---

(1) Dans le cours du mois d'octobre, nous avons nous-même compté un jour 115 canons bavarois sur les boulevards Rocheplatte et du Chemin-de-fer.

Quant à la division Wittich, elle avait 40 pièces quand elle entra à Chartres, une douzaine de jours après la prise d'Orléans.

battirent deux heures dans le bois de Cercottes. « On se fusillait à bout portant, » raconte un témoin. Un instant, la compagnie du lieutenant Henri de Bellevue (1) fut enveloppée par les assaillants ; elle se dégagea de cette sanglante étreinte à coups de baïonnette (2). Le 1er bataillon de chasseurs bavarois, le 3e et le 12e régiment s'étaient élancés sur eux. Quel que fût leur nombre, la petite troupe leur résistait hardiment ; les grands cris que poussaient les Bavarois en les poursuivant ne l'effrayaient pas plus que leurs boulets ; mais, bien que lentement, il fallait céder peu à peu le terrain.

Pendant une demi-heure, la bataille s'anima tout à coup, dans le voisinage de Saran, où se trouvaient, autour de la ferme de l'Épineuse, les trois bataillons du 27e de marche. Le premier s'était déployé sur la droite des canons du commandant Tricoche ; le deuxième gardait la batterie ; le troisième avait ses tirailleurs cachés dans les bois qui s'élèvent devant la ferme. Soudain les obus de l'ennemi éclatent dans le feuillage. La canonnade a commencé. A mille

---

(1) Henri de Bellevue fut mis à l'ordre du jour du régiment. Avec le vaillant capitaine Le Gonidec, il eut, parmi les zouaves, les honneurs de la journée.

(2) Les zouaves ne reçurent du quartier-général aucun ordre qui les dirigeât dans la retraite : ils regagnèrent Orléans par Chanteau et Semoy.

mètres des arbres, douze canons tirent sur le bois et sur l'Épineuse ; l'infanterie bavaroise s'est approchée ; on entend ses balles passer, mais trop haut pour atteindre personne. Le 27e répond par de vives décharges. Son colonel Pera-Gallo multiplie ses efforts, ses exemples, ses paroles, pour l'encouragement de ses soldats. Le capitaine Costa est tué ; le commandant Murville a la cuisse fracassée ; le lieutenant Wambergue est blessé deux fois. On se bat bravement, malgré la fatigue, la faim et la soif, malgré même la sonnerie de retraite qui retentit sur toute la ligne. L'ordre arrive au colonel de se retirer du combat. Où ralliera-t-il ses troupes ? On ne le dit point : qu'il recule en allant droit à Orléans. La retraite commence donc vers midi pour le 27e. Déjà le 33e et le 34e de marche, avec les compagnies du 4e de ligne, regagnaient la ville. Le 27e envoie d'abord aux Allemands une grêle de balles, vers les abords de Saran. Puis il s'en va pas à pas à travers les vignes. On se défend partout où il y a une maison, une clôture ou l'un de ces arbres, pommiers et noyers, qui peuplent les champs ; on contient l'ennemi, qui ne s'avance qu'avec la prudence la plus lente. Quand le 27e atteignit le hameau des Chaises, l'infanterie bavaroise descendait encore les pentes de Saran, longtemps arrêtée qu'elle fut en cet endroit par la rapide et adroite artillerie du commandant Tricoche.

Le 10ᵉ d'artillerie avait accompli, j'ose le dire, des prodiges presque inouïs. Jamais on ne manœuvra plus prestement, jamais des canons ne coururent plus alertes dans un pays plus difficile : ils furent partout où une position était bonne ; et l'ennemi put croire, tant ils allèrent vite et souvent d'Ormes à Saran et jusqu'auprès de la Montjoie, que notre unique batterie était double ou triple sur le champ de bataille. Tantôt divisés par trois, tantôt réunis, le commandant Tricoche les mettait hardiment en face, ici de quarante-deux canons prussiens, là de douze canons bavarois. Près d'Ormes, il cache sa batterie derrière la haie d'un jardin attenant à l'église. Voici qu'un escadron de cuirassiers blancs sort du bois des Barres. On charge les pièces de boîtes à mitraille ; les lieutenants Coffinières et Langevic les pointent. Feu ! Les cuirassiers s'enfuient, et plusieurs fois de nouvelles décharges les viennent frapper sur les plis de terrain qu'ils remontent. La batterie française paraît sur presque toute la ligne. Près de l'Épineuse et de la ferme de la Chiperie, derrière Saran, elle tire et retarde la marche de l'ennemi. Ici, elle s'établit, tenace et comme invincible, au bord d'un fossé : avec une précision dont les vainqueurs parlent encore en l'admirant, nos artilleurs abattent les Bavarois par rangées. Ailleurs, elle s'en va de point en point, mobile et déconcertant l'adversaire qui le vise. Puis quand Saran est occupé par les envahisseurs, la batterie couvre de ses feux le 27e de marche ; avec lui elle recule de position en position, arrive à Saint-Jean-de-la-Ruelle, et de là, sur un ordre exprès, retourne à Orléans, sans qu'un seul de ses canons eût été démonté (1). Quand elle rentra dans la ville, il était plus de quatre heures. A elle seule, elle venait de faire tout une campagne : rien de plus habile et de plus glorieux que ses trop courts services : pour la première fois peut-être, depuis le commencement de la guerre, les Allemands avaient eu peur des pièces françaises.

Cependant les masses ennemies débordaient de plus en plus vers leur droite. Les Prussiens venaient d'entrer à Saint-Jean-de-la-Ruelle. Saran était abandonné. Nos troupes se rapprochaient déjà des faubourgs. Aux Aubrais, les Bavarois étaient près de la gare ; au centre, on les voyait déjà des Aydes. Il est deux heures. C'est le moment où l'attaque des ennemis devient la fureur, la résistance des Français l'héroïsme.

La bataille était dès lors dans Orléans. Les canons bavarois bombardèrent bientôt les Aydes et le faubourg

---

(1) Le lieutenant en premier Coffinières eut l'avant-bras gauche emporté. La moitié des servants furent tués ou blessés : l'une des pièces n'avait plus d'autre pointeur que le lieutenant en second.

Bannier. De l'endroit où se rencontrent les routes de Chartres et de Paris, près de l'église nommée la Chapelle-Vieille, on voyait les fantassins ennemis qui se glissaient le long des arbres et dans les fossés. Un feu terrible éclata sur eux : la légion étrangère était là.

Étrange histoire que celle de toutes les vies que, devant les murs d'Orléans, la légion étrangère venait donner à la France, comme à une patrie préférée ! Ces hommes intrépides, qui nous défendaient alors, ils étaient nés sur toutes les terres du monde : beaucoup parlaient à peine la langue du pays pour lequel ils répandaient leur sang. Gens de cœur et gens d'aventure, exilés, déserteurs ou désœuvrés, tous étaient soldats avec passion ou par métier. Quelques-uns, c'était la haine de nos ennemis qui les avait attirés ; d'autres, c'était l'honneur de nos armes, l'orgueil d'entrer dans les rangs d'un peuple fameux à la guerre. Autrichiens, Suisses, Belges, Valaques, Espagnols, Italiens, enfants de toutes les nations, se battaient comme des Français pour la glorieuse et pauvre France. Les Polonais étaient nombreux dans le 5e bataillon : sur les huit compagnies, ils avaient cinq officiers. Un Hollandais, le jeune comte de Limburg-Stirum, était revenu d'Amérique pour se battre dans la légion contre les Prussiens. Un prince serbe, Karageorgewitch, y était sous-lieutenant. Un Chinois y servait : il avait gagné les galons de sergent sur les champs de bataille. Quels qu'ils fussent, tous suivaient avec amour le drapeau de la France ; et j'ai hâte de le dire, pour rendre hommage à leurs morts, ils ont été dignes de lutter et de tomber, dans une si noble défaite, sous les plis d'un drapeau si longtemps victorieux !..

Le matin, le 5e bataillon de la légion étrangère était arrivé de Bourges. On aurait dû l'envoyer sans retard au bout du faubourg : il eût pu ainsi prendre mieux ses positions, étudier le terrain et s'y fortifier. Loin qu'on y songeât, le commandant Arago ne reçut ni avis ni ordre. De la gare d'Orléans le bataillon vint camper sur le boulevard Rocheplatte. Les soldats faisaient la soupe et le café à côté du 39e de ligne, quand, à onze heures et demie, survint un officier d'état-major : « Partez, dit-il au lieutenant-colonel de Jouffroy, allez sur la route de Paris jusqu'à la rencontre de l'ennemi. » C'est avec cette précision qu'on enseignait à ces braves le chemin du combat et ce qu'il fallait y faire ! Le 39e partit. Quelques instants après, la légion étrangère quitte elle-même le campement, renversant ses marmites et abandonnant ses bagages : elle court à la bataille, et quand elle voit passer son commandant le long de ses lignes, elle le salue de ses acclamations affectueuses. Elle le salue : lui, il allait mourir tout à l'heure.

Sur le point d'entrer dans le faubourg Bannier, les

soldats de la légion rencontrèrent un général, au coin du boulevard. L'un d'entre eux s'avance d'un pas vers lui : « Mon général, s'écrie-t-il en agitant son képi : nous allons mourir pour la patrie!... Vive la France! » Et le bataillon crie d'une seule et même voix : « Vive la France. » Ah! ce noble cri fait tressaillir nos entrailles, à nous Français, qui tenons de nos mères elles-mêmes l'honneur de pouvoir le pousser devant le monde et la Prusse. Mais combien il est plus touchant encore sur les lèvres de ces étrangers qui s'en vont périr pour la France, afin qu'elle vive avec toute sa gloire et toute sa force!...

A la grille de l'octroi on aperçut le général de Lamotterouge à cheval, et sa calèche à côté. On ne le revit pas.

En remontant vers l'extrémité des Aydes, plusieurs compagnies se détachent du bataillon : la première, commandée par le capitaine Latapie, se dirige vers les Aubrais; une partie de la troisième franchit un fossé sur la droite de la route : le lieutenant Brasseur (1) s'embusque avec elle derrière les haies et le moulin Porteau. De là les soldats tirent sur les Bavarois qui commencent à paraître. Déjà les obus pleuvaient de

(1) Officier autrichien et fils d'un général, le lieutenant Brasseur avait profité d'un congé pour s'engager au service de la France, dès le commencement de la guerre.

toutes parts dans la rue. Près de la Chapelle-Neuve, les trois officiers de la deuxième compagnie avaient été tués presque en même temps. Le bataillon n'en avait pas moins couru en avant. Arrivé à la place de la Bascule, endroit où se bifurquent aux Aydes les routes de Paris et de Chartres, il s'était divisé pour occuper ces deux routes. Ce fut là que de toute la journée la lutte fut le plus meurtrière.

Nous l'avons dit, il était alors deux heures. Les Bavarois sans doute croyaient à un triomphe facile et prochain; mais le combat allait devenir terrible et durer jusqu'à la nuit.

Le commandant Arago n'avait point d'ordres. Pour lui et ses officiers, il ne s'agissait que de tenir là, d'arrêter l'ennemi et de se faire tuer. Il était homme à comprendre son devoir. A pied, debout au milieu de la chaussée, une canne à la main, fumant sa cigarette, il paraissait tranquille sous les balles et les boulets qui convergeaient et s'engouffraient, pour ainsi dire, dans la rue. Mais sur son pâle visage, ceux de ses officiers qui le connaissaient bien devinaient l'amère tristesse qu'il éprouvait à voir, abandonnés devant l'ennemi, tous ces hommes dont beaucoup déjà couvraient autour de lui la rue de leurs cadavres. Il se tordait les moustaches : il était inquiet. Cependant les soldats l'entendaient crier : « Courage, mes amis! En avant! » Ils l'apercevaient fier et bravant la mort;

souvent ils allaient lui dire : « Mon commandant, prenez garde à vous ! » On l'engageait à se rapprocher des murs. Arago écoutait, remerciait d'un geste et restait à sa place, suivant du regard et l'ennemi et ses troupes.

Le feu était épouvantable. Les soldats de la légion se tenaient la plupart le long des maisons : ils armaient leur fusil, s'avançaient sur la voie et tiraient. Beaucoup étaient couchés; d'autres à genoux. Pas un qui tremblât. Dans cette guerre de rue il y eut des prodiges de dextérité et d'audace. Un sergent de la légion étrangère, homme d'un sang-froid extraordinaire et le plus habile tireur du régiment, s'était posté derrière une lucarne qui regardait l'ennemi : de là il visait comme à la cible, il choisissait celui qu'il voulait tuer, et tandis qu'on les comptait à côté de lui, il en abattait quatre-vingts sur la route et devant les Aydes; effroyable puissance de son arme et de son coup d'œil (1)! Un soldat (2), qui se tient derrière

---

(1) Si peu croyable qu'on le trouve, ce fait est vrai pourtant. Le lendemain du combat, on en parlait dans l'armée du général de Lamotterouge, comme d'une histoire merveilleuse sans doute, mais réelle et tout à fait digne de foi. Quand le lieutenant-colonel de Jouffroy vint à Tours, il raconta cet épisode à M. Thiers, pour lui donner une idée du chassepot manié par un tel homme : il en attestait la vérité après informations. Un ami de M. Thiers, notre concitoyen, M. de Lacombe, assistait à cet entretien; c'est lui qui m'a rapporté ce trait.

(2) Ce soldat, belge de naissance, s'appelait Joseph Feront : il

un tas de planches et de poutres, dans la cour d'un charron, ne tire pendant une heure que sur ceux qui s'avancent isolément : il n'en laisse pas un seul faire un pas de plus; et quand les Bavarois, jugeant impossible en ce moment de pénétrer à travers tant de balles si sûrement lancées, essaient d'entrer par la rue de Fleury, notre soldat les a suivis : il veut rester face à face avec eux. Appuyé sur des roues, derrière une haie, il continua longtemps la fusillade avec la même adresse, jusqu'à ce que, blessé au pied, il tomba et fut jeté par une fenêtre chez un habitant qui le soigna et le guérit. Des chasseurs du 5e s'étaient mêlés à la légion dans le désordre de la bataille. L'un était monté dans les branches d'un large noyer, à quelques pas de la Chapelle-Vieille, au bord de la route de Chartres. Caché dans l'arbre, il envoyait la mort de ce vert feuillage où le matin sans doute les oiseaux chantaient. Il tournait à droite et à gauche son adroit fusil, tuant ou blessant douze ennemis en moins d'une heure. Un autre chasseur a remarqué, sur un des côtés du même chemin, une excavation qui ressemble

---

était de la légion étrangère. A l'heure où l'on imprimait ces pages, nous avons appris que, le lendemain de la bataille de Coulmiers, il était allé à Chevilly, et qu'à lui seul et d'un coup il y avait fait treize prisonniers qu'il ramena ici. Au 4 décembre, on le retrouve à Artenay, blessé. Il fut alors conduit à Bourges. La guerre l'a épargné : il travaille aujourd'hui à Lille.

10.

à une fosse : il va s'y embusquer. Une balle l'abat. Un second accourt, car la place est bonne. Il relève un peu son camarade ; à la hâte il le met en travers devant lui, et ce corps encore chaud devient son rempart. Il tire de là comme à coup sûr. Furieux de leurs pertes, cinquante ennemis le visent à la fois. A son tour le voilà renversé. Mais, admirable obstination de l'héroïsme! ce trou rempli de sang, qui porte un cadavre au rebord, un cadavre dans sa profondeur, on dirait qu'il attire ces soldats avides de se battre : ils n'y aperçoivent point la mort ; ils n'y voient qu'un avant-poste d'où l'on peut tuer des ennemis. Un troisième vient donc s'y établir, mieux protégé par les deux hommes qui le couvrent qu'ils ne l'avaient été eux-mêmes : plus longtemps qu'eux il tire sur les Bavarois; mais à la fin, lui aussi tombe et expire. Ce ne fut pas le dernier. Un quatrième s'y précipite, s'abrite derrière cette barrière de cadavres, se bat avec la même ardeur, appuyant son fusil sur les morts, et se fait tuer à la même place... On les trouva tous quatre l'un sur l'autre, étendus dans le même repos, victimes du même sacrifice. Comment se nommaient-ils, ces braves? Dieu seul le sait. Nous n'avons gardé d'eux que le souvenir de cette sublime énergie.

Le combat était donc acharné en cet endroit. Sur la rue et dans les environs, ce n'étaient que soldats gisant sur la terre. Dans les champs et auprès de leurs maisons, des paysans avaient le sort des combattants. Mais, au milieu de ce feu effroyable, les habitants des Aydes montraient une charité hardie : l'instituteur, des jeunes gens et même des femmes allaient ramasser les blessés, en rampant au bord du chemin ou à travers les ceps de vignes. Noble dévoûment dont la fortune ne devait pas les récompenser, car, avec le soir, commença pour beaucoup d'entre eux un irréparable désastre.

Il était trois heures. Aux Aydes, l'ennemi n'avançait pas. C'est vers ce moment que mourut le commandant Arago. Il se trouvait en face d'une maison qui porte le n° 423. Comme son clairon sonnait près du mur et s'y appuyait, Arago, voulant donner un ordre, lui crie : « Assez ! » Le clairon n'entendit point. Arago fit trois pas vers lui en répétant : « Assez ! » Au moment où il le touchait de la main, une balle vint le frapper au cou : il tomba roide. Ses soldats le ramassent et le portent, en pleurant, chez le boucher Blain qui le reçoit sur son lit. Le commandant Arago était déjà inanimé. Tous ceux qui le virent au combat ont regretté en lui un héros, et la France dira qu'il a honoré le grand nom qu'il portait.

Pendant qu'au centre la légion étrangère soutenait l'assaut des Bavarois, que se passait-il aux ailes de la petite armée ?

Sur la gauche, le lieutenant-colonel de Jouffroy

avait longtemps tenu tête à ses nombreux adversaires. Le 5e chasseurs (compagnies du 4e et du 16e) avait lutté avec vigueur, appuyé par le 39e de ligne, au château des Bordes et dans les vignobles d'alentour. Aux Bordes, cent vingt-cinq (1) chasseurs environ soutinrent un siége où presque tous tombèrent sous les coups de l'ennemi. La plupart étaient de jeunes soldats qui ne connaissaient leur drapeau que de quelques mois à peine. Ils étaient venus aux Bordes, dans la matinée, préparer la résistance; puis, les créneaux faits et les postes choisis dans le bois, dans la maison et aux abords, ils avaient attendu avec autant de gaité que de résolution. Combien sont venus mourir ou se traîner tout sanglants près de ce billard où ils jouaient tout à l'heure! Combien étaient étendus, le soir, dans ce petit jardin où ils avaient tant ri! Ils se battirent avec une rare vaillance. Longtemps l'ennemi ne put approcher; pendant plus de deux heures ils le décimèrent dans la plaine, du haut du monticule où s'élèvent les Bordes. M. de Tann irrité concentra sur cette maison de campagne, devenue comme une redoute, le feu de trente canons ensemble; plus de cinq cents obus furent lancés; et encore, quand les Bavarois eurent pu

---

(1) De ces chasseurs, soixante-quinze étaient du 16e bataillon; les autres appartenaient au 4e bataillon. Parmi les braves officiers qui les commandaient, nous regrettons de ne connaître que le nom du sous-lieutenant Henriet.

s'avancer à la faveur de leur artillerie, ils trouvèrent assez de défenseurs aux Bordes pour les obliger à l'assaut. Malheureusement ces héroïques combats n'étaient plus que des exploits isolés ou impuissants. A quatre heures, nos canons s'en allèrent pour rejoindre les troupes en retraite au-delà du fleuve. Les Bavarois s'étaient rapprochés d'Orléans. Tandis qu'ils faisaient pleuvoir des obus sur la rue du faubourg, au milieu de nos soldats, ils en envoyaient déjà dans la ville, d'un champ que les gens du pays appellent les Six-Moutons, entre Saran et la Montjoie (1).

Déjà la division de von Wittich et la cavalerie ennemie descendaient vers le faubourg Saint-Jean ; des fantassins bavarois et prussiens prenaient à revers le

---

(1) Quand on se place à cet endroit, on remarque que le clocher de Saint-Paterne est le point le plus distinct dont l'ennemi ait la vue, au milieu de l'horizon confus qui se déploie devant lui. En donnant cette direction à ses boulets, il frappait la ville au centre, et c'est ainsi dirigés que ses cent trente à cent quarante obus vinrent tomber le long des boulevards, de la rue Bannier, de la rue Gourville, jusqu'au Martroi et au Lycée.

Ajoutons que, quand M. de Tann bombarda Orléans, il savait fort bien qu'il dévastait une ville ouverte. Aucun coup de feu n'avait pu en partir encore pour atteindre ses soldats : il n'a donc l'excuse d'aucune provocation. S'il a bombardé sans sommation préalable, n'est-ce pas qu'à Orléans comme ailleurs, les Prussiens s'étaient fait une règle, en dépit des lois habituelles de la guerre, de produire la terreur par la destruction, par la violence de leurs coups et la soudaineté de leurs attaques ?

faubourg Bannier; malgré la résistance de nos soldats, déjà ils apparaissaient à l'entrée des rues transversales à celle du faubourg. Ils seront aux portes mêmes de la ville, avant qu'au centre et à la droite les Français aient quitté leurs positions.

Aux Aubrais, nos forces avaient diminué; car, vers deux heures, on avait rappelé le troisième bataillon de la Nièvre pour passer la Loire; mais la bravoure suppléait au nombre : les mobiles se battaient « comme des lions, » a dit d'eux le lieutenant-colonel de Jouffroy; or, ils avaient vu le feu pour la première fois, la veille, au combat d'Artenay. Les soldats du capitaine Latapie (première compagnie du 5e bataillon de la légion) les animaient de leur exemple. Placés dans les maisons, aux rebords du pont qui surmonte le chemin de fer en face des Aubrais, derrière les clôtures ou les haies, de chaque arbre et de chaque vigne, c'était un feu incessant, et ils en accablaient l'ennemi. Avec ses chasseurs, le capitaine Fouinault (8e bataillon de marche) avait arrêté les Bavarois arrivés en masse à la gare des Aubrais. Leur nombre s'accroissait toujours, et leurs mouvements parurent inquiétants vers trois heures et demie. Le commandant Antonini rallie alors une soixantaine d'hommes de la légion et des Nivernais, et avec ses chasseurs tente une attaque sur les Aubrais. Les soldats y couraient avec un fougueux élan, quand tout à coup on entendit des cris qui partaient du pont. Cent cinquante Bavarois l'occupaient : comme ils lèvent la crosse en l'air, on croit qu'ils veulent se rendre. Le commandant Antonini se fait enlever par deux de ses soldats et jeter par dessus la haie qui borde la voie : il roule sur le talus, se relève et se voit suivi de deux de ses officiers ; un clairon arrive, puis des chasseurs et des hommes de la légion. Ils s'avancent confiants vers les Bavarois; mais aussitôt une décharge éclate : le capitaine Fouinault est blessé, le clairon a la jambe brisée, trois hommes sont tués. Un acte si déloyal indigne nos soldats; ils se précipitent vers le pont, tandis que leurs camarades tirent des champs voisins. L'ennemi s'enfuit dans la gare des Aubrais. Autour du gazomètre tout le terrain est reconquis. Treize blessés, dont un major, restent aux mains des Français; vingt bavarois sont faits prisonniers; le colonel de leur régiment gît mourant sur le sol avec plusieurs de ses officiers. L'ennemi reculait donc sur ce point : avec des canons et des renforts, on eût vaincu les Bavarois à leur aile gauche.

Près de la légion, à la droite du faubourg, le 3e bataillon du 39e faisait noblement son devoir, commandé par des officiers qui donnaient tous les exemples du courage et de l'habileté (1). Deux com-

(1) Voici les noms des officiers par qui le 3e bataillon du 39e était alors commandé :

M. de Jouffroy, lieutenant-colonel ; — de Renneville, adjudant-

pagnies perdaient presque la moitié des leurs. Mais ceux qui mouraient étaient vengés. Adossé au pied d'un des ponts qui traversent le chemin de fer, un vieux troupier, nommé Fresne, envoyait quatre-vingt-dix balles à l'ennemi qui passait à deux cents pas, et presque toutes frappaient sûrement (1). Non loin de là, les soldats de la 3ᵉ compagnie voyaient leur lieutenant, de Mibielle, qui se relevait, pour les commander, d'un évanouissement d'abord semblable à la mort. Blessé à la tête, il n'avait plus pour face qu'une horrible tache de sang : le visage avait disparu ; on n'y distinguait que les yeux qui s'ouvraient étincelants de passion, et que la bouche qui s'agitait pour commander. Mais, dans ces ordres, énergiquement donnés, on sentait toute son âme, une âme intrépide et tranquille. C'était hideux et beau...

major, a eu un cheval tué sous lui. — 1ʳᵉ *compagnie*. — Saglio, capitaine ; tué. — Noblet, lieutenant.

3ᵉ *compagnie*. — Eissen, capitaine, commandant le bataillon. — De Mibielle, lieutenant ; blessé.

4ᵉ *compagnie*. — Gaillard, capitaine ; blessé. — Daget, lieutenant ; blessé et mort le 14. — Panneel, sous-lieutenant.

5ᵉ *compagnie*. — Grech, capitaine ; blessé. — Sensenbrenner, lieutenant. — Lucas, sous-lieutenant ; prisonnier.

6ᵉ *compagnie*. — Dudac, lieutenant ; blessé. — Wery, sous-lieutenant.

L'adjudant fut tué.

(1) **Fresne obtint une mention** après le combat ; depuis il a été décoré de la médaille militaire.

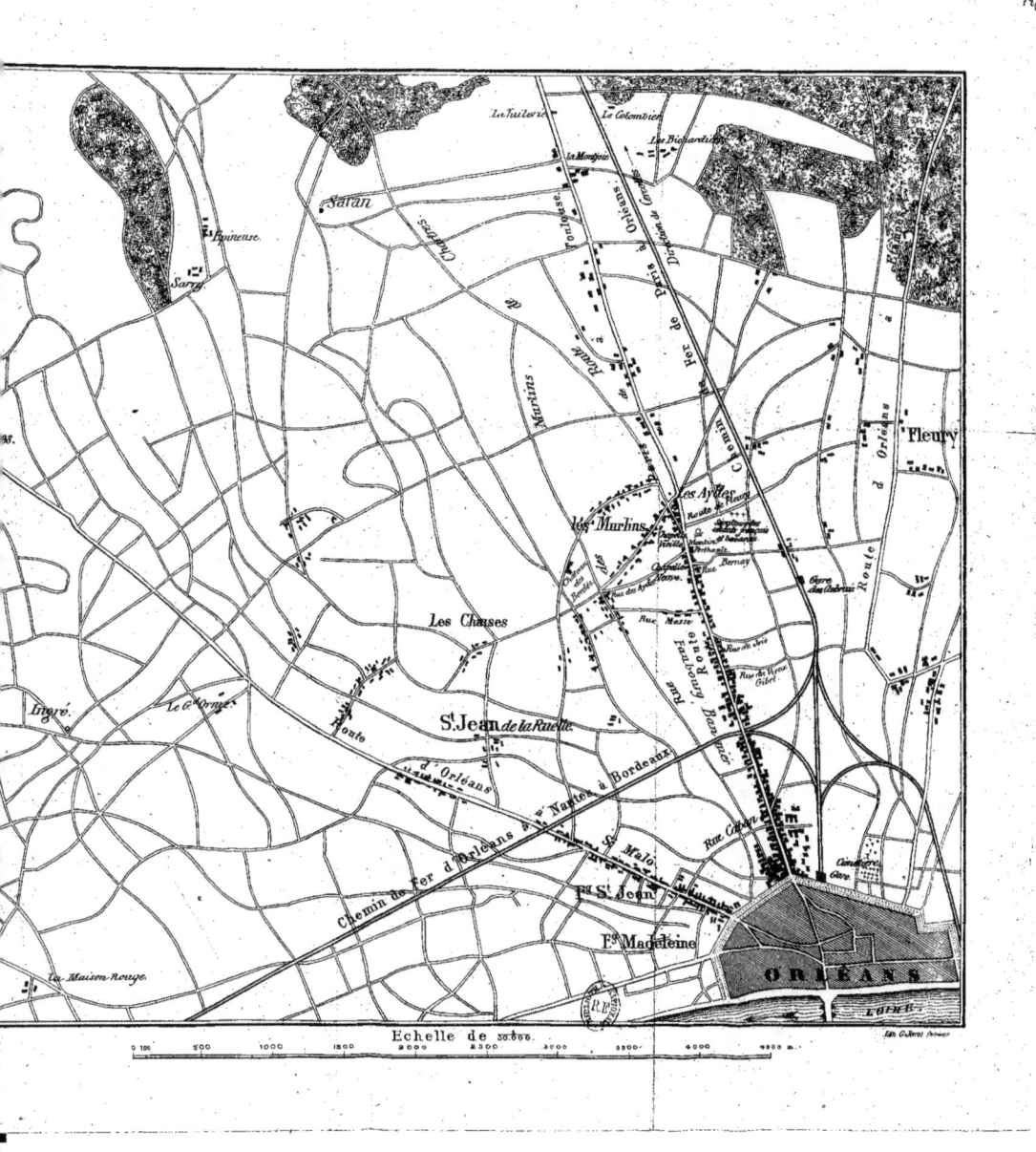

La légion étrangère se battait toujours à la hauteur des Aydes. Les habitants les voyaient de leurs fenêtres courir le long des trottoirs, agiles, prompts, furieux, sans cesse déchargeant leurs fusils. Un officier énergique et intelligent, le capitaine de Morancy, avait pris le commandement; un homme au brillant courage, M. de Villeneuve, l'adjudant-major du bataillon, l'aidait à soutenir sous le feu la constance des soldats. Du haut du clocher de la Chapelle-Vieille où quelques uns étaient montés, on tirait sur l'ennemi : vers cinq heures, le lieutenant Brasseur aperçut de là toute la campagne couverte au loin de troupes qui marchaient en ligne serrée, achevant leur mouvement tournant autour du faubourg Bannier. Il descend aussitôt avec le sous-lieutenant Podtkowinski; il court ouvrir la porte de l'église; mais l'édifice est cerné, on les fait prisonniers. Les Bavarois pénétraient dans le faubourg; ils avaient emporté les premières maisons, vraies forteresses pour les soldats qui s'y étaient retranchés. Exaltés jusqu'à la rage après l'assaut meurtrier qu'il avait fallu y livrer, les Bavarois mettent le feu à ces maisons (1); et pendant que la flamme luit, on en voit

(1) Vingt-huit maisons furent brûlées; quelques-unes, parce que les Français avaient tiré du grenier ou des fenêtres; dans l'une d'elles, on n'avait commis d'autre crime que de donner à boire à deux soldats; une autre, non loin de la Chapelle-Neuve, fut incendiée parce que, faisant saillie sur la rue, elle formait derrière

qui s'arrêtent autour de l'incendie pour former des rondes et danser avec des cris sauvages.

Cependant la retraite sonne au loin, en arrière. M. de Morancy écoute : c'est bien la retraite; il faut obéir. La légion décimée se retire pas à pas, en combattant. Elle s'attache aux murailles, elle s'enfonce aux embrasures des portes, elle s'arrête aux angles, elle se cache derrière les volets, tirant toujours et toujours maintenant les Bavarois à distance. Par les chemins qui aboutissent à celui que la légion parcourt, les balles sifflent quand on passe. Les Bavarois, maîtres de ce côté du faubourg, arrivent par là. Sur cette longue rue rougie de son sang, la légion lutte encore une heure et demie. A mesure qu'ils gagnaient un peu de terrain, les Bavarois s'abritaient à leur tour dans les maisons, pour tirer des fenêtres. Ils étaient effrayés du nombre des morts et des blessés qu'ils voyaient tomber dans leurs rangs. Quant à nos soldats, ils avaient dans la retraite un courage aussi ardent qu'ils l'auraient eu à un assaut. Ici un seul chasseur s'est arrêté : il s'abrite au coin de la venelle

un de ses angles un enfoncement où quelques hommes de la légion étrangère s'embusquèrent pendant la retraite, pour tuer bon nombre des Bavarois qui s'avançaient à découvert. Est-ce la guerre que cette rage sauvage avec laquelle les Allemands punissaient, ici un village qui par hasard devenait le théâtre d'un combat, là une habitation qui servait fortuitement à la défense?

dite venelle à Cartreau, décharge vingt-deux coups de feu, atteint dix ennemis et tombe, les deux cuisses coupées par un obus. Au même instant et presque en face, deux soldats de la légion étrangère, presque mourants, entraient dans une maison pour réclamer des soins : l'un avait une jambe fracassée ; l'autre avait été frappé d'une balle à la tête, et le sang ruisselait sur sa poitrine et ses épaules. Près de s'asseoir sur la chaise qu'on lui tend, le premier tressaille et se redresse au bruit de la fusillade : « Il faut que j'en tue un encore ! » s'écrie-t-il ; il se traîne vers le treillage qui protége la devanture de la boutique où il est ; son camarade le suit, et tous deux épuisent leurs cartouches sur l'ennemi placé devant eux, presque à sept ou huit pas. Mille épisodes de ce genre marquèrent le combat depuis les Aydes jusqu'au faubourg Bannier ; on se défendait avec cette fureur opiniâtre, avec ce noble oubli de la vie. La légion finit par atteindre la grille de l'octroi. Ce n'était qu'une poignée d'hommes qui s'y groupèrent autour de M. de Morancy. La grille fermée, on tire à travers les barreaux, et les Bavarois, à leur tour enserrés dans la rue, tombent par centaines sous les chassepots. On ne veut pas les laisser entrer ; on se défend avec désespoir. Pour protéger sa droite, M. de Morancy envoie cent cinquante hommes au petit bois des Acacias, qui se trouve non loin de là sur un monticule. A la grille se sont rassemblés tous ceux qui survivaient au combat. Des turcos, la veille menés à Artenay, étaient accourus on ne sait d'où ; soldats de ligne, zouaves, chasseurs (1) et légion étrangère, tous également vaillants, se battaient avec une fraternelle émulation, obéissant aux mêmes chefs et au même courage.

A la gauche de cette faible et vaillante armée, la résistance durait encore.

Depuis deux heures et demie, en effet, le 3e bataillon du 27e défendait Orléans, au-dessous de Saint-Jean-de-la-Ruelle, sur la voie ferrée qui mène à Tours. Arrivés de Saran à cet endroit, les soldats, haletants de faim, de soif et de fatigue, avaient entendu passer

(1) Pour ce dernier effort, la légion eut près d'elle l'intrépide capitaine Vidal, le sous-lieutenant Brum, le sergent-major Pollachi et des chasseurs, qui tous appartenaient au 4e bataillon (5e de marche).

Nul n'a, mieux que le capitaine Vidal, rempli son devoir dans cette grande journée. Trois fois atteint par les balles, à la poitrine, à la jambe et à l'oreille, il se bat jusque vers six heures et demie. A ce moment, comme il sautait dans une maison pour y continuer la lutte, il reçut au bras une blessure terrible. Sa vie fut en danger plus de cinq semaines. Il a obtenu de toutes les récompenses la plus précieuse qu'un officier puisse souhaiter : je veux dire l'admiration des braves soldats qu'il eut alors sous ses ordres.

Le sous-lieutenant Brum fut également blessé.

Le sergent-major Pollachi commanda, quand les deux officiers furent tombés ; ses hommes et lui furent cernés et faits prisonniers.

dans leurs rangs éclaircis cet ordre qui leur annonçait un nouveau combat : « Arrêtez-vous derrière le remblai ! » Le chef d'état-major du 15e corps, le colonel Borel, les mène près d'un pont en pierre qui surmonte la voie et qu'avoisine un moulin ; les trois premières compagnies se postent à la droite du pont et dans le moulin ; les autres à la gauche (1). Bientôt, les obus prussiens frappent le moulin, mais on n'aperçoit pas encore l'ennemi. Le 27e attend ; et cette attente, qui le tient à son poste sous les boulets, elle s'écoule au bruit des clairons qui, pendant plus d'une heure, sonnent la retraite de tous côtés. Aucun ordre n'était venu, et les officiers ignoraient eux-mêmes la position où ils se trouvaient alors. Vers quatre heures (2), 150 chasseurs du 16e bataillon, conduits par le capitaine Salaün et le sous-lieutenant Pollus, se présentent et se joignent au 27e. A peine avaient-ils pris place sur la voie, qu'enfin l'ennemi se montre et commence la fusillade à sept cents mètres. Chacun de nos soldats avait encore quarante cartouches. « Qu'on les utilise !

(1) La 5e compagnie avait là le capitaine Tailleur ; la 6e, le lieutenant Grandjean ; la 4e, le capitaine Gourguillon, le lieutenant Hahn, le sous-lieutenant Le Gall ; le capitaine Bourdouche était à la tête du bataillon. Des pertes graves avaient déjà réduit leur effectif.

(2) **En ce moment,** les deux compagnies du 4e défendaient vigoureusement la gauche du faubourg, dans les vignes et les jardins, en avant de la grille de l'octroi.

qu'on tire à coup sûr! » crient les officiers à leurs hommes impatients. Tout à coup, le feu des Bavarois a cessé. A trois ou quatre cents pas, on voit des soldats qui sortent de derrière les murs d'une ferme. Ils s'avancent avec hésitation; ils agitent les bras en signe de détresse et de fraternité, comme pour inviter à ne pas tirer. L'un d'eux porte même un mouchoir blanc au bout d'un fusil. Les officiers français ne les reconnaissent pas d'abord; on les prend pour des chasseurs qui ont quitté leur embuscade et qui veulent se rallier. Le feu des Français cesse donc aussi. Cependant, le nombre des hommes qui s'approchent se multiplie de plus en plus : ils font timidement quelques pas, agitent les bras de nouveau et avancent encore. Seraient-ce des ennemis? A ce moment, un officier d'état-major, le lieutenant d'Entragues, descendait de la campagne où il semblait s'être égaré. Il regarde, soupçonne une ruse, et lance son cheval droit à ces hommes que leurs gestes pacifiques comme leur costume ne permettent pas de bien distinguer. Bientôt M. d'Entragues les a reconnus : ce sont des Bavarois. Un officier décharge sur lui son revolver ; il tourne bride, poursuivi par mille balles, sans être atteint par aucune. Les Français, à leur tour, dirigent sur ces traîtres un feu terrible; les Bavarois tombent en grand nombre, et le reste s'enfuit vers les bois. Le jour baissait, et les munitions avaient beaucoup diminué. On répartit également entre les soldats les cartouches qui restent; il est décidé qu'on ne quittera pas le terrain tant qu'on pourra s'y tenir.

Les Bavarois, pourtant, veulent forcer le passage. Les voici qui forment un vaste demi-cercle autour de leurs adversaires : d'un côté, la ligne s'étend à deux kilomètres; de l'autre, retentissent de longs hurrahs; on aurait dit une battue. En même temps des canons prussiens apparaissent sur le chemin de fer, à la gauche des Français. Comment résister plus longtemps? Le capitaine de chasseurs demande qu'on se jette sur l'ennemi à corps perdu et à la baïonnette. Les officiers délibèrent un moment : ils décident, pour n'être pas cernés, de faire une décharge générale et de battre en retraite à travers vignes et jardins, en brûlant les dernières cartouches. Les Bavarois reculèrent une fois encore sous les balles, et nos soldats commencèrent à se replier lentement de champ en champ, de maison en maison, semant de leurs corps (1) le chemin de la retraite, tandis que les obus de l'ennemi les accompagnaient. C'est presque dans l'obscurité qu'ils arrivèrent à la ville par la rue des Murlins (2).

(1) Une vingtaine d'entre eux tombèrent tués ou blessés pendant cette retraite.
(2) Le 27e s'était battu près de huit heures : il était resté près de quarante heures sans repos ni nourriture.

Déjà la nuit tombait : il était six heures et demie. Depuis longtemps le bruit du canon avait cessé sur la gauche : armées et nature, tout semblait s'envelopper dans l'ombre et le calme du soir. Aux Aubrais, le commandant Antonini, voyant que l'ennemi se retirait, avait réuni tous les soldats qui lui restaient : il battait tranquillement en retraite, quand on vint lui annoncer que les Bavarois étaient dans la rue du Faubourg-Bannier. Il arrive à la grille, demande cinquante hommes à la légion étrangère, et se porte au pas de course vers la rue Caban : il avait cru remarquer qu'une longue file de fantassins ennemis défilait sous le pont des Murlins, et c'est là qu'il voulait aller livrer un dernier combat. Mais à quelques pas du couvent de la Visitation, des fuyards, qui venaient du côté de la ville, lui apprennent par leurs cris que les Prussiens barrent le passage et qu'ils occupent la rue du faubourg. Les Prussiens se montrent en effet ; la fusillade commence. Écrasés par le nombre, les soldats qui entourent le commandant Antonini vont succomber jusqu'au dernier. L'un d'eux remarque que des blessés sont reçus au couvent : la porte est ouverte ; il y entre avec ses camarades, et les balles les accompagnent jusqu'auprès des blessés amassés derrière la porte. Le commandant Antonini y cherche un refuge à son tour ; les Prussiens l'y poursuivent, mais déjà les religieuses avaient caché les malheureux qui leur avaient demandé asile. Un peu plus tard, une centaine de chasseurs qui s'étaient ralliés près de la gare d'Orléans passaient par le Mail pour regagner la Loire : on les vit s'en aller d'un pas paisible et sans désordre ; on en releva quelques-uns qui tombaient de fatigue et qui s'appuyaient aux murs comme des hommes ivres, en criant : « Je suis saoûl de poudre ! » Tous étaient fiers de la journée et disaient qu'ils avaient fait reculer l'ennemi aux Aubrais. C'était la vérité.

A la grille du faubourg Bannier, les soldats de la légion faisaient face encore aux Bavarois. Tout à coup leurs officiers s'aperçoivent que des balles leur sont lancées en arrière, du côté de la ville. Laissés sans avertissement comme sans ordres, ils ne savaient rien de ce qui s'y passait. M. de Morancy se retournant aperçoit dans l'obscurité une masse noire et remuante au milieu de la chaussée. Sont-ce des Français qui tireraient par méprise ? M. de Villeneuve le suppose comme lui. On ordonne de cesser le feu. Les soldats se rassemblent autour des deux capitaines et commencent à se replier vers la troupe qu'ils ont derrière eux. Un homme se tient seul, dans l'ombre, à dix pas de ceux que la légion va rejoindre. C'est un officier, sans doute, et il s'avance. Une voix s'élève, celle d'un Allemand : « Rendez-vous ! crie-t-il. — Nous rendre ! jamais, jamais ! » répond M. de Villeneuve, l'épée levée, au milieu des soldats silencieux et frémissants. « Arrivez tous ici ! » dit-il aux siens, et pendant que l'officier prussien se retire vers ses hommes, les Français se serrent autour de leurs chefs, les uns regardant l'ennemi au nord du faubourg, les autres au sud. Une décharge formidable porte la mort aux Allemands. C'est le dernier feu des derniers soldats. Les Allemands répondent. D'un côté tirent les Bavarois, de l'autre les Prussiens. Frappés de toutes parts, les Français tombent vaillamment. Cernés, ils se jettent dans les maisons : ils se battent aux portes, dans les chambres et dans les jardins. Tout était fini : Bavarois et Prussiens s'étaient rejoints et se donnaient la main au-dessus de ces cadavres. Nos soldats se dispersent alors dans mille petits combats, à droite et à gauche : le plus grand nombre tombèrent ; il y en eut que dix ennemis à la fois entouraient pour les prendre ; les habitants en cachèrent quelques-uns ; de tous ceux qui furent présents à ce dernier épisode de la bataille, fort peu réussirent soit à se frayer un chemin à travers les assaillants, soit à s'échapper par la campagne (1).

A sept heures et demie, les Prussiens avaient déjà

---

(1) Voici la liste et le sort des officiers du 5ᵉ bataillon de la légion étrangère, après le combat d'Orléans :

Arago, chef de bataillon ; tué. — De Villeneuve, adjudant-major ; a pu rejoindre l'armée. — Latapie, capitaine de la

un poste au pont de la Loire ; une compagnie bavaroise stationnait devant l'Hôtel-de-Ville. Mais pour y arriver, il avait encore fallu se battre : ils avaient rencontré, au coin de la rue d'Illiers et à l'entrée de la place du Martroi, des soldats isolés, fermes et tenaces, qui jetèrent sur nos pavés les cadavres de quelques Allemands.

Tel fut le combat d'Orléans. Y en a-t-il beaucoup qui soient plus glorieux ? Pendant près de huit heures, moins de six mille soldats, laissés sans ordres, avaient

1re compagnie ; fait prisonnier. — Zadgrowski, capitaine ; a rejoint l'armée. — Lacoste, sous-lieutenant ; fait prisonnier. — Prince Karageorgewitch, sous-lieutenant ; a pu rejoindre le régiment. — Charnaux, capitaine de la 2e compagnie ; tué. — Packowski, sous-lieutenant ; tué. — Yung, sous-lieutenant ; tué. — De Morancy, capitaine de la 3e compagnie ; prisonnier. — Bertrand, lieutenant ; a rejoint l'armée. — Brasseur, sous-lieutenant ; prisonnier. — Béchet, capitaine de la 4e compagnie ; blessé. — Jacob, lieutenant ; blessé. — Fay, sous-lieutenant ; blessé. — Verdun, capitaine de la 5e compagnie ; blessé. — De France, sous-lieutenant ; a rejoint l'armée. — Kurnewitch, sous-lieutenant de la 6e compagnie ; tué. — Potesta, capitaine de la 7e compagnie ; blessé. — Ladmirault, lieutenant ; blessé. — Swietorzeski, sous-lieutenant ; blessé. — De Venel, capitaine de la 8e compagnie ; blessé. — De Pierrefeu, lieutenant ; prisonnier. — Podtkowinski, sous-lieutenant ; prisonnier. — Aubert, adjudant sous-officier ; a rejoint l'armée.

Sur les 25 officiers du 5e bataillon qui assistèrent au combat, 5 furent tués ; 8 furent blessés ; 6 furent faits prisonniers ; 6 seulement purent rejoindre l'armée.

résisté à plus de quarante-cinq mille hommes. Et dans un temps où le drapeau de la France semblait abattu presque partout, on les avait vus, sans indiscipline, sans découragement, sans murmure, faire le sacrifice de leur vie à l'honneur de la patrie, de leurs officiers et de leur régiment. Ils avaient eu contre eux les puissants canons d'une grande artillerie ; ils avaient eu contre eux le nombre qui accable, l'ignorance des lieux qui trompe, la fatigue qui énerve, l'incendie qui épouvante ; ils s'étaient battus pourtant avec une énergie indomptable, à la lueur des flammes comme dans l'obscurité, et dans la nuit comme au soleil. Ils n'avaient pas retourné la tête pour mesurer l'espace et les moyens de la fuite ; ils étaient tombés où on les avait conduits. Ils avaient toujours été dociles à leurs chefs et à la mort ; et surpris à la fin dans un cercle d'ennemis et de murailles, ils ne s'étaient dispersés que pour lutter où ils le pouvaient encore. « Pas un soldat n'eut de défaillance, » disait le lendemain, dans son rapport, le lieutenant-colonel de Jouffroy.

« Pas un ne recula. Dormez, morts héroïques (1) ! »

Dormez, vous dont la France a reçu l'hommage d'un sang si généreux ! Dormez, vous, ses enfants ; et vous

(1) V. Hugo. *Les Châtiments ; Expiation.*

aussi, étrangers, qui tombiez pour la défense d'une terre qui n'avait porté ni votre berceau ni celui de vos mères. Dormez dans la confiance de son admiration et de sa pitié, vous tous à qui Orléans doit le souvenir de l'immortel combat auquel vous avez associé son nom !

Oui, s'il faut ne songer qu'à l'honneur, cette résistance fut un triomphe. M. de Tann a dit, le lendemain : « Si les Français s'étaient battus à Sedan comme ici, nous ne serions pas à Orléans. » Il y en a un témoignage éloquent dans les pertes faites de part et d'autre. Les Français eurent plus de deux mille hommes hors de combat : parmi eux, beaucoup d'officiers des bataillons de la Nièvre ; quinze zouaves furent tués ; les chasseurs du 5e (1) perdirent l'intrépide chef qui les commandait, M. de Boissieux ; comme eux, le 39e de ligne et les compagnies du 8e chasseurs furent très-éprouvés ; quant à la légion étrangère, elle eut près de 600 tués ou blessés, et environ 250 prisonniers. Le vainqueur captura près d'un millier d'hommes, le lendemain surtout, dans les jardins et les habitations où ils s'étaient abrités. Quant à l'ennemi, ceux qui ont visité les hôpitaux, ou le champ de bataille, ou creusé les fosses, ceux

(1) Dans la 1re et la 2e compagnie du 5e bataillon de marche, compagnies formées du 4e bataillon de chasseurs, on compta 2 officiers blessés sur 3, et 200 hommes mis hors de combat.

qui ont aussi recueilli ses aveux et ses plaintes, estiment qu'il eut près de 5,000 hommes hors de combat. Aux Aydes, on a vu jusqu'à 25 ou 30 Bavarois autour de telle ou telle maison ; c'est par centaines qu'ils gisaient devant les Bordes ; sur certains points de la route de Chartres et de la rue du faubourg, il fallait passer par-dessus les cadavres ; quelques jardins en furent couverts. Enlevés rapidement, les morts de l'armée allemande comblèrent d'immenses tranchées ; et malgré cette précaution, les paysans en trouvèrent partout, deux jours encore après, au milieu des vignes (1).

Le 13, le roi Guillaume envoyait à la reine Augusta le télégramme suivant :

« Une bataille victorieuse a été livrée hier par le
« général von der Tann, commandant la 22ᵉ division.
« L'armée de la Loire a été complètement battue.
« Nous avons fait plusieurs milliers de prisonniers.
« Nous avons pris Orléans dans l'obscurité ; l'en-
« nemi a été refoulé, avec de grandes pertes, au-delà
« de la Loire.
« Nos pertes sont proportionnellement peu consi-
« dérables. »

(1) A en croire les aveux de l'ennemi lui-même, le corps d'armée de M. de Tann, qui avait perdu 30 officiers à Woerth et 144 à Bazeilles, en perdit 100 le 10 et le 11 octobre, surtout à l'assaut de nos faubourgs.

Que l'ennemi tienne ce langage exagéré et se vante avec la vague déclamation des bulletins de victoire, soit; mais que dire du récit du général vaincu?

Le 12 octobre, le gouvernement de Tours reçut du général de Lamotterouge le rapport officiel suivant :

« La Ferté-Saint-Aubin, 12 octobre 1870. 11 h. 45 matin.

Général commandant le quinzième corps d'armée à guerre, Tours.

« Hier l'ennemi a continué à marcher sur Orléans. Nos troupes, qui étaient sur la route de Paris et qui avaient pris part la veille au combat d'Artenay, n'ont pas tenu. Une brigade de la 3e division, qui était à Saran-les-Ormes et Ingré, constamment débordée par un ennemi plus nombreux et plus fort en artillerie, s'est repliée sur Orléans en disputant le terrain pied à pied.

« J'ai dû, pour arrêter la marche de l'ennemi sur la route de Paris, porter moi-même en avant trois bataillons de réserve arrivés de la 2e division. Pendant trois heures l'ennemi a été maintenu; mais il nous a culbutés et débordés de ses obus. Après un combat très-vif et très-honorable pour notre armée, j'ai pris le parti d'évacuer Orléans et de nous replier sur la rive gauche de la Loire. Notre retraite n'a pas été inquiétée par l'ennemi et s'est faite avec calme et ordre. »

Ce rapport (1) annonce qu'on a livré un combat, et que, ne pouvant le soutenir, on a pris le parti d'évacuer Orléans. Rien n'est moins vrai. La retraite était décidée avant qu'aucun engagement eût lieu; et le combat commença devant les Aydes, pour couvrir la retraite, quand cette retraite commençait sur la Loire. On déclare que nos troupes n'ont pas tenu. Les seules qu'on ait envoyées au feu ont été aussi héroïques que malheureuses. C'est donc mentir à l'histoire de la France; c'est nous déshonorer lâchement. La bataille dont on semble peindre les mouvements et raconter les péripéties, elle n'a pas eu lieu. On confond tout à dessein. Le 11 octobre, le général de Lamotterouge ne s'est point porté en avant avec des bataillons de réserve ; c'est la veille, dans la journée

---

(1) Dans la lettre où il a voulu se justifier, le général de Lamotterouge aggrave le tort qu'il eut dans sa dépêche : « J'ai défendu, dit-il, le terrain pied à pied pendant plus de sept heures, conduisant moi-même mes réserves au combat; et ce n'est qu'après avoir reconnu qu'il m'était impossible de me maintenir à Orléans, que j'ai opéré ma retraite en bon ordre, restant à la tête du pont jusqu'à ce que les dernières colonnes fussent passées. » Ces colonnes, ce sont celles qui, dès onze heures et demie, quittèrent Orléans pour opérer la retraite. Qu'on ne les confonde point avec les troupes qui se battirent.

du 10, vers la fin du combat d'Artenay, qu'il s'est ainsi avancé sur la route de Paris. Au combat d'Orléans, il n'y eut plus devant la ville, dès deux heures, que les soldats intrépides que nous avons nommés ; tandis qu'à ce même moment, tout le reste du 15e corps, artillerie, cavalerie et infanterie, passait au-delà du fleuve. On a évacué Orléans (1), quand à Tours et à Bourges on avait assez d'hommes, en les concentrant, pour protéger et garder cette grande position. C'était une première faute. Mais si on n'a pu l'éviter, ne fallait-il pas au moins présider à la retraite avec toute la vigilance et l'énergie qui pouvaient la rendre moins désastreuse aux troupes chargées de ce soin périlleux ? Eh bien ! une poignée de soldats a lutté plus de sept heures, appuyée pendant quatre heures par six canons seulement, quand l'ennemi en amenait vingt-cinq fois plus. Or, le général de Lamotterouge en avait, le matin, trente-six à la gare d'Orléans, sur le Mail et sur la route du combat (2) ; quelques-uns de plus auraient permis d'épargner nos défenseurs, et, placés à la gauche, ils eussent du moins retardé

---

(1) S'il jugeait l'évacuation inévitable, le général de Lamotterouge eût au moins épargné ses troupes en battant en retraite pendant la nuit du 10 au 11, comme firent avant lui les généraux Peitavin et de Polhès.

(2) De plus, il y avait depuis le matin plusieurs batteries à La Ferté-Saint-Aubin.

l'ennemi dans son mouvement tournant ; on est en droit de le dire, quand on sait l'admirable usage que le commandant Tricoche fit des six pièces mises en ligne de bataille, auprès d'Ormes. C'est une triste vérité à déclarer : la retraite a été couverte, non seulement au mépris de la vie de six mille hommes, mais au mépris des lois habituelles de la guerre, au mépris des chances que la fortune offre dans ses hasards. Le matin, on n'avait point éclairé les routes par où venait l'ennemi; l'après-midi, on ne s'occupa que de faire défiler les troupes par-delà la Loire : quant à celles qui mouraient pour les autres au pied d'Orléans, on les abandonnait à leur courage : elles se battaient ! On ne s'inquiéta pas d'autre chose. A trois heures, le général de Lamotterouge, ayant vu passer les soldats qu'il envoyait (« à la rencontre de l'ennemi, sur la route de Paris »), avait quitté la grille du faubourg Bannier; à quatre heures, il avait quitté Orléans; à cinq heures, les combattants n'étaient pas avertis qu'il faisait sa retraite sur La Ferté, et cet avis ne leur vint pas davantage, dans la soirée; à cinq heures et demie, on voyait sur le Mail un bataillon de ligne, qui campait sans savoir pourquoi, et qui s'en alla, sans direction aucune, à l'aventure, par le pont de Vierzon; vers la même heure, M. de Jouffroy, alors au faubourg Bannier, entendit un jeune homme qui disait : « Comme ils sont en retard ! » Sommé de s'expliquer, celui qui avait prononcé ces mots raconta au colonel qu'à Orléans toutes les troupes avaient repassé la Loire. M. de Jouffroy, n'y croyant pas, accourut à l'hôtel du Loiret où devait se trouver l'état-major : il n'y avait plus personne. Qu'on lise ces mots de son rapport : « Ce n'est qu'en apprenant *par hasard* que l'armée passait sur la rive gauche de la Loire, que j'ai fait battre en retraite. » Il n'a tenu ces renseignements que d'un passant, que de l'aveugle fortune ! Enfin, à sept heures et demie, on rencontrait rue Saint-Euverte et sur le quai des chasseurs qui étaient revenus à leur campement, dans la ville, et qui ne savaient pas plus que les autres la route de la retraite. Ainsi ces malheureux se faisaient tuer encore, quand le reste du 15e corps était déjà en sûreté. Ils mouraient sans profit, même pour l'armée, sans profit que leur honneur. On les avait laissés s'attarder dans un massacre inutile... A quelles allégations ne réduit donc pas un général, si intrépide d'ailleurs, la nécessité de se disculper ! Quoi ! après tant de négligence et de désordre, après un tel abandon, une dépêche mensongère à l'histoire, calomnieuse aux soldats tombés ! La faute commise, n'était-il pas plus simple et plus noble de laisser au moins la gloire à ceux qui sont morts ?...

L'ennemi a été plus juste. A Orléans, il ne parlait de cette journée terrible qu'avec l'étonnement de l'admiration. En Bavière, on est encore ému des pertes éprouvées le 11 octobre; on attache au nom d'Orléans tout le respect d'un grand souvenir, et nous savons que les officiers français, faits prisonniers à ce combat, s'y sont vus considérés comme des héros. Les journaux de l'Allemagne, disons-le à notre honte, ont honoré les vertus de nos soldats plus dignement que nos dépêches officielles : témoin le récit qu'a publié, dans la *Gazette allemande* du 14 octobre, un aumônier bavarois, l'abbé Gross, qui assistait au combat.

« Au nord, dit-il, se réunit à Orléans un long faubourg appelé faubourg des Aydes. Dans ce faubourg, les Français s'arrêtèrent pour la dernière fois et firent une résistance désespérée. De deux heures à sept heures du soir, on se battit autour de ce faubourg, et cette bataille ne peut se comparer qu'à la prise d'assaut de Bazeilles... Ici, comme à Bazeilles, on tira sur nos troupes de toutes les maisons, du clocher de l'église et des toits; aussi mit-on, pour cette raison, le feu à plusieurs maisons. »

Ce témoignage est précieux; il constate l'énergie, la constance et la bravoure que les Français déployèrent dans la défense.

Remarquons en passant que l'aumônier Gross parle de l'incendie des maisons comme d'un procédé de guerre fort légitime. Des soldats victorieux viennent, après la bataille, quand l'ennemi n'est plus là et qu'il ne reste que de pauvres habitants sous ces toits, piller d'abord, puis, le vol accompli, amasser de la paille et du bois au pied de la porte, et incendier ces chaumières, ces maisons de campagne d'abord dévastées par leurs obus et leurs balles ! Cette inutile et froide vengeance semble un fait légitime de guerre très-ordinaire à ce prêtre catholique, à cet homme de Dieu ! Il l'explique et l'excuse, quand il faudrait se taire devant l'humanité, quand il devrait en gémir devant le ciel !

L'aumônier Gross mentionne ensuite les résultats de la victoire. Selon lui, « les Français ont fait des pertes affreuses. » A ce souvenir il ajoute ces paroles évangéliques : « Quand je suis entré hier dans une ambulance de Saint-Jean-de-la-Ruelle, j'ai rencontré deux Suisses, l'un de Zurich, l'autre de Saint-Gall. Je n'ai pu m'empêcher de leur dire que c'était bien fait qu'ils fussent blessés. » Voilà les consolations qu'entendaient de lui ces soldats mourants ! C'est avec cette piété qu'un aumônier et qu'un chrétien regardait leurs plaies et soulageait leurs souffrances ! Est-ce ainsi que Jésus assistait le Samaritain au bord de la route ? Le Christ parlerait-il ainsi s'il passait sur nos champs de bataille ?..

Le cruel narrateur termine son récit par ces mots : « Nos pertes sont beaucoup plus grandes qu'elles n'ont été connues jusqu'à présent : cinq officiers d'état-major ont été tués. La 4e brigade, sous le général de Tann, a gravement souffert. A cette brigade fut assigné l'ordre de prendre les hauteurs d'Orléans, et ce ne fut qu'appuyée par le 1er régiment d'infanterie qu'elle put réussir à prendre d'assaut ces hauteurs si dangereuses pour nos troupes. Ce fut l'action la plus sanglante et la plus décisive de cette fameuse journée où, même dans les rues d'Orléans, beaucoup de nos braves compatriotes sont tombés frappés par les Franncçais placés derrière les maisons. »

Ce récit de l'abbé Gross, les habitants d'Orléans se le passaient de main en main pendant leur captivité. Quelque passionné que parût l'ennemi qui l'avait écrit, ils y trouvaient cet hommage de la gloire qui ranime les blessés dans leurs souffrances, et qui console les peuples malheureux dans leurs défaites. C'était à qui l'aurait copié ; quelques-uns le lisaient avec des larmes ; tous le gardaient avec la fierté du patriotisme jaloux et satisfait. Dans le souvenir qu'ils ont voué à ce noble combat, il y a aujourd'hui comme une piété qui deviendra, nous en avons l'espérance, celle de la patrie entière. Aux Aydes, à Saran, à Ormes, à Fleury, dans le faubourg Bannier, comme dans la ville, on ne rencontrerait pas un homme qui ne parlât des soldats du 11 octobre avec une sorte d'enthousiasme et de commisération. Le peuple est bon juge, quand, unanime comme ici, il met dans son admiration tant d'émotion et de gravité. Ceux mêmes dont l'ennemi a brûlé les maisons, le soir du 11 octobre, oublient leur misère et leur ruine pour ne célébrer que le courage des soldats qui se battaient chez eux. Je les ai entendus : pas un reproche, pas une plainte ne se mêle à leurs éloges. C'est déjà pour eux comme une belle et pure légende : ces pauvres gens exaltent à l'envi ce grand souvenir, heureux de le consacrer à l'honneur de la France. A l'endroit où reposent la plupart des braves morts ce jour-là, on a mis d'abord une petite croix de bois; mais les paysans de toute la contrée veulent un plus durable monument : ils ont, sou par sou, réuni presque une centaine de francs; le propriétaire du champ donne son terrain; bientôt ils l'auront enclos d'une haie, et l'on dressera une large pierre sur la tombe où sont engloutis les immortels inconnus qui ont défendu Orléans... Simple et modeste comme il sera, un tel monument peut suffire à leur mémoire; car cette mémoire, qui n'est aujourd'hui qu'au cœur des Orléanais, l'histoire ne peut manquer de la recueillir pour l'orgueil de la France, pour l'exemple et l'encouragement des vengeurs qu'elle attend (1).

(1) On verra aux *Pièces justificatives* (n° 16) les noms des soldats, reconnus pendant l'inhumation, qu'on a enterrés sur le territoire de la commune de Fleury, à la Sablière.

Mardi 25 octobre.

Le soin, la sauvegarde ou l'enlèvement des blessés français ont donné lieu à des incidents et à des débats qu'il sera bon de ne pas oublier, car les vainqueurs y ont outragé l'humanité, en nous laissant l'honneur d'être les plus généreux et les plus justes.

Quelques jours après le combat d'Orléans, le docteur Arqué ramenait dans la ville deux blessés qu'on avait d'abord recueillis à Ormes. Un de ses amis, M. Lebreton, conduisait la voiture. Déjà on était arrivé à la place du Martroi, quand un individu s'élance, arrête le cheval et somme tout le monde de descendre. C'était le Suisse Richard, sorte d'interprète qui dirigeait aussi la police occulte de M. de Tann. Le docteur Arqué proteste : « Je suis médecin, dit-il ; le drapeau de Genève couvre cette voiture ; ces deux soldats, assis près de moi, sont des malheureux que je transporte dans une ambulance. Vous n'avez le droit de porter la main ni sur eux, ni sur moi, ni sur cette voiture. Retirez-vous !.. » Ces paroles auraient suffi, adressées à un ennemi respectueux des conventions ou capable de pitié. Loin de céder, Richard se montre violent, menace, ordonne, et contraint le médecin de déposer ses blessés à terre. En ce moment, arrive M. de Parseval. C'est pour lui qu'on a requis la voiture ;

c'est lui qui vient, pour un voyage aux environs de la ville, occuper la place des pauvres soldats ainsi expulsés malgré leurs souffrances. M. Arqué proteste encore une fois. Le gentilhomme bavarois répond d'un ton ironique, avec une froide moquerie ; et pour ajouter encore à cette brutale injustice, on enjoint à M. Lebreton, non seulement d'offrir sa voiture à M. de Parseval, mais de la conduire lui-même. Il a beau déclarer qu'il n'est pas cocher ; que cette calèche, il ne la menait que parce qu'il avait voulu participer lui-même à une œuvre de charité ; que sa famille a besoin de lui, et que, pour s'en aller à cette destination inconnue, il n'est ni vêtu, ni pourvu d'argent comme il devrait : on n'a rien écouté. M. Lebreton a dû partir, et, malgré les pressantes réclamations que le premier président de la Cour, M. Duboys (d'Angers), a sans retard adressées au commandant de place, M. Lebreton n'a pas encore reparu : ses parents alarmés n'ont reçu de l'autorité bavaroise ni un avis ni une consolation (1).

S'il y a du cynisme dans ce mépris des justes égards dus aux médecins et aux particuliers, que dire de la cruauté avec laquelle on traita les blessés de l'Hôtel-Dieu? Je ne rapporterai en détail que ce qui se passa,

(1) M. Lebreton erra près de quinze jours, de course en course, au service des Bavarois. Il fut conduit ainsi jusqu'aux environs de Chartres.

le 15 octobre, dans la salle Besnard : l'inhumanité fut la même dans toutes les autres.

L'ordre avait été donné d'évacuer les lits où gisaient les Français, pour y mettre des Allemands. On feignit de procéder d'abord à une inspection des malades. Devant eux passaient un major, un officier et un interprète. Dès qu'on lui avait indiqué la nature de la blessure, le major se hâtait de répondre : « Bon pour évacuer; » et cette réponse était invariable. Parmi les malades qu'ils examinèrent (si l'on peut appeler de ce mot un acte si rapide et si léger), se trouvait un sous-lieutenant du 65e de ligne, M. Schuster. Son état effrayait et faisait pitié : il avait une partie de la mâchoire emportée, et comme sa plaie ne cessait de couler, il était tout couvert d'une bave sanglante. Le major le regarda : puis, avec un air agréable, avec une gaie férocité : « Celui-ci, dit-il, bon à évacuer dans deux jours, pour cimetière (1) ! »

Le chirurgien de la salle, M. Bréchemier, prévenu de cette visite au moment où il achevait une amputation, était arrivé près du major, et le suivant de lit en lit, il essayait des observations que l'autre paraissait à peine entendre. Lorsqu'il vit déclarer « bon à éva-

(1) Le pauvre blessé eut le bonheur de ne pas entendre. De plus, il a trompé l'horoscope ; car, au moment où ce livre s'imprime, M. Schuster est parfaitement guéri et de retour à son régiment.

cuer » l'infortuné soldat dont il venait de couper la jambe, le docteur Bréchemier se récria; mais à cette protestation, le major ne répondit que par ces barbares paroles : « L'air de la campagne le remettra! » A ces mots, le docteur Bréchemier arracha son tablier et le jeta par terre en disant : « Vous voulez nous obliger à tuer nos malades! Eh bien! je ne soignerai plus aucun blessé, ni prussien, ni français : je ne suis plus médecin de l'Hôtel-Dieu! » Il partit alors, pâle de douleur et de colère, laissant la visite s'achever sans l'apparente sanction qu'il y aurait donnée par sa présence. Au reste, ce fut vite fait : tous les blessés, amputés ou non, furent reconnus bons à évacuer, et le major prescrivit de les tenir prêts pour le lendemain matin, à onze heures.

La plus amère affliction s'était répandue dans tous les cœurs à l'Hôtel-Dieu : médecins, administrateurs, sœurs de charité, ressentaient autant d'indignation que de tristesse à la vue de ces mourants qu'on dérobait de force à leurs soins, les uns dans l'agonie, les autres dans la plus vive souffrance ou dans le premier sommeil du mal. Vers le soir pourtant, on apprit que l'évêque d'Orléans faisait en leur faveur d'actives démarches près de M. de Tann. On en conçut quelque espoir. Le lendemain, à neuf heures, vint la bonne nouvelle : on donnait la permission de garder ceux que le médecin français ne jugeait pas transportables; quant aux autres, on les pourrait évacuer en ville. Quelle joie chez tous ces malheureux ! On aurait dit qu'ils étaient sûrs de guérir maintenant. Une foule de personnes, avec des brancards improvisés, assiégèrent aussitôt les portes de l'Hôtel-Dieu ; on se disputait les blessés à mesure qu'ils paraissaient sur le seuil, et on se hâtait de les emporter comme une proie, tant on avait peur pour eux de telle ou telle cruauté nouvelle ! Douze Français restèrent dans la salle Besnard. Les lits vacants furent immédiatement occupés par des Bavarois, malades du typhus et de la dyssenterie, quelques-uns même des deux maladies à la fois. C'est dans cette atmosphère trois fois empestée qu'on a consenti à laisser nos douze compatriotes (1).

Quelques jours après, un officier bavarois, tout vêtu de bleu céleste et l'air angélique, faisait à nos blessés une visite d'hypocrite compassion. Il s'arrêtait près de chacun d'eux et s'apitoyait sur ses souffrances, en versant son blâme le plus onctueux sur ceux dont la volonté prolongeait la guerre. « Comme je voudrais, disait ce séraphin à épaulettes, que votre M. Gambetta fût lié pendant vingt-quatre heures à

---

(1) Cinq ont survécu ; les sept autres moururent bientôt, et ce dut être à la grande satisfaction du major bavarois, charmé sans doute des sept places qu'il trouvait ainsi pour les siens.

l'une de colonnes de cette salle! Il entendrait les gémissements des soldats qu'il sacrifie; il comprendrait combien il est coupable de refuser la paix que l'Allemagne vous offre! » Mais nos blessés trouvaient, dans leur bon sens comme dans le sentiment de l'honneur, la force de la dignité; pas un ne se trompait à cette fausse pitié; pas un ne laissa échapper une plainte; et, le lendemain, on les entendait dire : « Ils nous ont battus : 40,000 contre 6,000! C'est bon; qu'ils en soient fiers tant qu'ils voudront, mais au moins qu'ils ne viennent pas se moquer de nous! » Le Bavarois fut donc dupe de sa propre finesse : loin d'émouvoir personne, cette tendresse cauteleuse et intéressée parut bien ce qu'elle était réellement, c'est-à-dire niaise et perfide...

L'évêque d'Orléans et M. Duboys (d'Angers) ont enfin gagné leur cause dans l'affaire des soldats convalescents.

Un ordre venu de Versailles a prescrit « d'obéir à Mgr Dupanloup. » C'est la parole même dont s'est servi le commandant de place; et l'évêque d'Orléans, y sentant bien le mécontentement de la vanité, n'a pas manqué de répondre : « Vous avez du dépit, mais peu m'importe! » Il faut regarder comme une victoire remportée par l'humanité sur la guerre l'avantage qu'ont eu dans cette question les présidents orléanais de la Société internationale. Après la paix,

12.

on pourra invoquer les faits d'aujourd'hui pour rendre générale la pratique de l'article 5 additionnel. Dès ce moment, on obtient à Orléans, pour les blessés, des égards et une justice auxquels cet exemple, quand on le connaîtra, leur donnera droit dans tous les pays envahis. Mgr Dupanloup et M. Duboys (d'Angers) auront donc bien mérité dans l'histoire de la convention de Genève.

La permission à peine obtenue, on a rassemblé quarante-cinq convalescents, qui ont donné leur parole de ne plus prendre part à la guerre, soit directement, soit indirectement ; toutefois, ils pourront servir en Algérie. Ce matin, dès le point du jour, ils allaient se mettre en route sous la conduite de M. Auguste de la Touanne, membre de la Société internationale, quand survient le major du général de Tann, M. de Parseval : « Vous ne partirez pas, dit-il. L'armée française a gardé prisonniers quarante de nos blessés. Nous serions les dindons de la farce. » Le fait allégué était malheureusement vrai (1). Mais ces pauvres gens, déjà prêts au départ, qui tenaient leur sauf-conduit, et que l'espoir de revoir leurs

---

(1) Ce fait s'était produit à Pithiviers. Toutefois, sur les quarante prisonniers, deux médecins et quatre infirmiers avaient été relâchés immédiatement. J'ajoute que, le mercredi 26 octobre, M. Gambetta donna l'ordre de mettre en liberté les trente-quatre blessés allemands dont M. de Parseval signalait la détention.

foyers transportait de joie tout à l'heure, allaient-ils rentrer en prison et prendre le chemin de la Prusse au lieu de celui de la patrie? M. de la Touanne supplia qu'on les épargnât, par humanité, dans un moment où ils éprouvaient une émotion si vive de plaisir et de consolation; ne devait-on pas quelque pitié aux souffrances de ces blessés, à la bravoure de ces soldats, au bonheur de ces prisonniers délivrés? Au surplus, n'avaient-ils pas engagé leur honneur? Ces bonnes raisons ont touché M. de Tann. On a promis, au nom du gouvernement de Tours, de rendre les quarante Allemands captifs dans les mêmes conditions, et le convoi a pu se mettre en marche. Au dernier moment, le commandant de place, M. de Graevenitz, a opposé encore mille petites difficultés : il exigeait surtout qu'on habillât les prisonniers en civils. Obligé de recourir à M. de Parseval, M. de la Touanne a fini par triompher du mauvais vouloir où s'acharnait le commandant. Après une attente de quatre heures, nos blessés ont quitté Orléans, en recevant chacun trois francs de l'évêque. Trois grandes voitures les ont emmenés à Blois. Les pauvres garçons paraissaient bien heureux de s'en aller!

Hier soir, vers huit heures, le ciel a paru tout à coup refléter les lueurs d'un vaste incendie. Nos ennemis ont contemplé d'abord avec inquiétude ce firmament empourpré de feu : la nuit en est éclairée;

partout, sur nos têtes, une voûte ardente et rouge. Ils s'imaginent qu'Orléans brûle tout autour d'eux. Par quel accident se trouvent-ils donc enfermés dans un cercle de flammes? Le général de Tann monte au dernier étage de l'hôtel de la Boule d'Or et regarde à l'horizon avec effroi. « C'est une aurore boréale, s'écrie-t-il; je n'en avais vu qu'en Norwége. » Ce matin, des gens du peuple se demandaient si ce ciel embrasé n'annonçait pas quelque volonté d'en haut... Aujourd'hui, il a plu presque sans interruption; le vent a soufflé avec violence. Par un vœu fort naturel, chacun se disait à soi-même ou aux autres : « Ah! si la pluie pouvait anéantir les Prussiens! »

Le nom de M. Thiers était aujourd'hui sur toutes les lèvres. On le prétendait fort occupé à préparer la paix. Les uns annonçaient qu'on l'avait vu dimanche dans notre ville : il aurait eu ici un entretien secret avec M. de Tann et Mgr Dupanloup. Nouvelle tout à fait erronée. Les autres l'envoyaient à Versailles porter au roi Guillaume des propositions qu'appuieraient l'Angleterre, l'Autriche et la Russie. La chose est possible, mais qui le sait? Qu'il soit à Tours ou ailleurs, tout le monde semble assuré que M. Thiers considère la paix comme prochaine et qu'il va négocier un armistice, avec l'aide de l'ambassadeur anglais. Heureuse paix, si elle n'est pas humiliante!

Tandis que ces espérances s'élevaient dans les cœurs, une dépêche qui consolait notre fierté française courait de main en main dans la ville. Apportée ce matin de Montargis, elle annonçait une de ces surprises victorieuses que l'audace de Bazaine ménage de temps en temps à l'ennemi. Voici le texte, tel qu'on nous l'a communiqué :

Dépêche de Neufchâteau.

« 21 octobre, 6 h. 1/2 du soir.

« Bazaine a fait une sortie avec 80,000 hommes. Il a écrasé vingt-six bataillons d'infanterie et deux régiments de cavalerie. Il a détruit les forges et l'église d'Ars-sur-Moselle qui protégeaient l'ennemi, et pris 193 wagons de munitions et de vivres.

« L'armée de blocus a été renouvelée plusieurs fois. Les soldats prussiens sont promptement exténués par les fausses sorties dirigées par Bazaine, qui fait sonner deux fois la charge par nuit. »

Quelques personnes se montraient très-sceptiques à l'endroit de ce dernier paragraphe. Il semble qu'il y a dans ces renseignements une certaine exagération mêlée de naïveté. Mais on accordait toute créance à la nouvelle même qui commence la dépêche. C'est qu'on juge Bazaine capable de pareils exploits : dans nos malheurs, lui seul n'a pas plié devant la fortune, lui seul a gardé debout le drapeau de la France.

La défense de Châteaudun reste l'un de nos principaux sujets de conversation; on en parle avec ce plaisir austère qui vient de l'honneur satisfait. Elle a glorieusement dépassé son devoir, cette petite ville, ouverte de toutes parts, qui, pendant plus de neuf heures, s'est défendue contre des ennemis si puissants et si nombreux. Elle a subi les hideux ravages de la guerre; mais elle s'y est offerte, et c'est ce sentiment généreux qui mérite nos applaudissements, autant que ses malheurs méritent notre pitié. Aux environs d'Orléans, dans nos faubourgs et à Châteaudun, les Prussiens ont trouvé une résistance qu'ils n'attendaient pas. Les prudents ont beau dire que ce patriotisme est une folie. Même insensés, ces sacrifices ont leur noblesse : comme c'est la passion du pays qui les inspire, ils importent singulièrement à notre dignité nationale.

Douze mille Prussiens ont occupé Chartres avec quarante pièces de canon. Il paraît qu'un autre corps se dirige sur Dreux. Eux-mêmes répandaient ces bruits dans les maisons où ils logent. L'énergique défense de Paris les étonne et les inquiète : ils essayaient de nous faire croire aujourd'hui que les assiégés venaient d'être battus dans une sortie où nos troupes auraient perdu deux pièces de canon. Nous connaissons la véracité prussienne : continuons à avoir confiance dans la bravoure de nos Parisiens ; en attendant la fin, nous les remercions de l'exemple, inattendu d'abord, qu'ils donnent à la France et au monde.

Quelques voyageurs sont entrés à Orléans. Nous apprenons ainsi que les Prussiens ont fait sauter le pont de Cléry. Le 20, ils ont occupé Jargeau ; ils vont de temps en temps rançonner Châteauneuf. Quant à l'armée de la Loire, on dit qu'elle s'avance en bon ordre, conduite par un général qui l'a sévèrement disciplinée. Le bruit court même qu'elle vient de battre les Bavarois.

Nos ennemis se fortifient à Ormes. Ils ont aussi commencé sur la Loire, vis-à-vis de l'Entrepôt, la construction d'un pont de chevalets. Tous nos stratégistes orléanais sont en émoi ; mais personne ne devine les raisons auxquelles M. de Tann obéit pour prendre cette précaution : les moins subtils d'entre nous croient tout bonnement qu'il veut occuper les loisirs de ses soldats en les exerçant à ce travail. L'ouvrage ne lui coûte rien d'ailleurs : on l'exécute avec des matériaux requis à la ville.

La cherté des vivres n'a guère diminué, dit-on dans nos cuisines. On raconte qu'à Pithiviers abonde tout ce qui devient rare ici. Les Prussiens s'en étant allés, le marché s'y est tenu samedi comme autrefois, et l'on nous en fait des récits qui émeuvent tous les estomacs : œufs, beurre et volailles se seraient vendus presque pour rien. Cette bonne nouvelle alléchant la gourmandise, on était tenté de prendre Pithiviers pour un paradis terrestre. Mais si Pithiviers est un lieu de délices, n'est-ce pas tout simplement parce qu'on n'y voit plus de Prussiens?

Mercredi 26 octobre.

Je vais bien souvent revisiter le champ de bataille du 11 octobre. C'est presque un pèlerinage que je fais à la gloire des héros ignorés qui nous défendirent ce jour-là. Chaque fois les gens du faubourg et les blessés me racontent quelque trait de bravoure inconnu, ou bien quelqu'une de ces histoires touchantes de soldats malheureux, qui n'intéressent pas l'esprit, mais où se complaît avec une sorte de tendresse la pitié du cœur humain. Je les écoute, et je me les redis à moi-même, comme si ces histoires vraies étaient de poétiques légendes, et comme si ces légendes avaient, en ce temps de tristesse, le charme secret d'une consolation.

Oui, dans le sort des soldats qui, le soir du 11 octobre, échappèrent à l'ennemi, il y a pour moi quelque chose de douloureux qui émeut à la fois la fierté et la commisération : quels maux, en effet, ces pauvres gens n'ont-ils pas stoïquement supportés, pour se soustraire à la honte d'être prisonniers !

Un d'entre eux, Michel Kintzlé, caporal au premier bataillon (deuxième compagnie) du 39e de ligne, s'était débarrassé de ses vêtements militaires et n'avait gardé que sa chemise et un pantalon de toile. Il se cacha dans un chantier de bois, derrière la niche d'un dogue féroce, redoutable à tout le monde, dangereux même à ses maîtres. Kintzlé s'en était approché en suppliant, d'un air si timide, avec tant de lenteur, que le chien, comme s'il comprenait sa misère et qu'il en fût touché, le reçut sans aboiements et bientôt lui lécha les mains. Plus d'une fois les Prussiens vinrent s'approvisionner de bois dans le chantier. Dès qu'ils approchaient, le chien furieux bondissait avec des hurlements menaçants, comme pour les écarter de son ami. C'est sous cette protection que Kintzlé vécut cinq jours d'un seul biscuit. Quand le boucher Blain le trouva là, Kintzlé embrassa avec des larmes de reconnaissance les mains bienfaisantes qui lui apportaient du pain et du vin.

Un autre s'était réfugié derrière un puits, dans la cour d'une maison abandonnée. Comment s'y nourrit-il pendant dix jours? De riz cru, trempé dans de l'eau de lessive qu'un égoût avait amenée jusqu'à lui...

Dans une terre que les habitants des Aydes appellent le Cormier, on en rencontra un étendu sur le sol, inanimé, les deux mains enfoncées dans la terre qu'il avait grattée dans une étreinte convulsive. Il était nu, sauf une chemise : les Bavarois, le voyant blessé et déjà expirant, l'avaient dépouillé. N'est-ce pas encore une bien inhumaine destinée pour un vaillant soldat? Guéri maintenant, il nous a raconté qu'il était seulement très-affaibli quand on lui ôta ses vêtements l'un après l'autre, et que, pour n'être ni pris ni achevé, il avait feint d'être mort.

Un soldat de la légion étrangère tomba, le même soir, atteint par deux balles au-dessus et au-dessous du genou, et se traîna dans l'ombre, en rampant, jusqu'à une grange où il resta deux jours sans boire ni manger. Pour laver sa blessure, l'infortuné déchirait sa chemise et se pansait avec ce lambeau de linge, en l'humectant d'urine. Ô charité humaine! ô compassion du Christ! ô miséricorde de la patrie! comme ces soldats ont dû vous invoquer dans leur abandon!

Quant à ceux de nos blessés qu'on avait recueillis dans les ambulances des Aydes, l'ennemi les pilla sans pitié; leurs sacs furent vidés sous leurs yeux (1); on leur emporta même leurs chemises. Les pauvres

(1) Tandis qu'un officier de la légion étrangère, M. de Venel, reposait sur un lit, aveuglé par le sang qui lui inondait les yeux, un Bavarois vint fouiller son pantalon et lui enleva son porte-monnaie.

morts, eux, ne furent pas non plus épargnés : les Bavarois les dépouillèrent et les laissèrent à nu. A peine les habitants les avaient-ils recouverts, que d'autres pillards, d'autres sauvages les mettaient de nouveau dans le même état : dans la cour de l'école, leurs cadavres furent cent fois retournés en tous sens, pendant les deux jours qu'on dut les y laisser, sans qu'il fût permis de procéder à l'enterrement.

Beaucoup de soldats furent cachés par les habitants et s'échappèrent sous des vêtements d'ouvriers. Un d'entre eux demeura trois jours dans un grenier qu'une mince cloison séparait d'une chambre occupée par des Bavarois. Il les entendait, m'a-t-il dit, respirer la nuit dans leur repos ; lui, il n'osait pas dormir alors : il craignait même de remuer ; sa vie n'était que terreur. Quand il se sentait succomber à la fatigue, il s'ensevelissait, pendant leur absence, sous la paille, comme pour y étouffer le bruit de son sommeil. Enfin, on lui procura de quoi se déguiser : il réussit à traverser les lignes de l'armée ennemie et à rejoindre son régiment.

D'autres, sachant qu'on visitait minutieusement les maisons dans le faubourg, aimèrent mieux se livrer eux-mêmes, afin de ne pas exposer leurs hôtes à la vindicte prussienne.

Quelques-uns vécurent, on ne sait comment dans des retraites connues d'eux seuls, ainsi qu'il arriva dans la mystérieuse aventure qu'on me rapportait ainsi ce matin.

Le domestique d'un de nos négociants s'en allait à la campagne chez son père, vieux soldat qui ne parlait que de vengeance et qui voulait tuer des Prussiens. Comme il arrivait à la rue Basse-d'Ingré, il aperçut une femme qui, sans l'avoir vu, cheminait devant lui, tenant sous chaque bras un pain de huit livres et d'autres provisions. Tout à coup elle se baisse et passe sous une haie ce qu'elle portait. On chuchote. Puis la femme s'éloigne. Notre passant s'approche alors d'un pas rapide et distingue derrière la haie deux mobiles de la Nièvre. « Que faites-vous là? leur dit-il. C'est une grande imprudence : les Prussiens vous prendront... » Il se hâte d'ajouter qu'il est prêt à les sauver, et il leur offre des vêtements. « Laissez-nous tranquilles, répondent-ils d'un ton irrité; ça ne vous regarde pas... » Il s'éloignait donc, en songeant à leur caprice et à leur sort probable, quand, au détour du chemin voisin, se montre un soldat bavarois avec deux pots à la main. Le Bavarois s'avance, le nez au vent, gai et sifflant un air. Qu'arrivera-t-il tout à l'heure? Celui à qui le hasard offrait le spectacle de cette scène soupçonna, dans sa curiosité, quelque incident digne d'attention. Il se cache et observe. Voici que se fait entendre le bruit sourd et soudain de deux hommes qui bondissaient sur la route. Ce sont les deux Nivernais qui se sont élancés du fourré, l'un devant, l'autre derrière le Bavarois : le malheureux les aperçoit menaçants, leurs fusils tournés vers lui; d'étonnement et d'effroi, il a laissé tomber les deux pots. On lui parle; d'un signe on lui montre l'ouverture de la haie; il y passe, précédé par l'un et suivi par l'autre... La route est maintenant vide et silencieuse sous le rayon du soleil qui l'éclaire. Tout est tranquille, comme si rien n'était survenu en cet endroit. Personne même n'a su ce qu'il advint du Bavarois et des Nivernais; car, effaré de ce qu'il voyait, le témoin de cet acte audacieux s'empressa de s'en aller, et par prudence il ne revint pas...

La guerre prend, ce semble, un caractère d'atrocité horrible. On raconte que des hulans ont écartelé deux francs-tireurs; on dit que l'ennemi, à Vienne-en-Val, aurait coupé les deux poignets à l'un d'entre eux, et à un autre fendu les doigts avec un sabre. De leur côté, les francs-tireurs auraient, par vengeance, pendu un hulan. On n'a aucune preuve que ces assertions soient vraies. Mais, même exagérées ou fausses, ces sinistres histoires permettent de deviner tout ce qu'il y a de haine patriotique et de fureur fiévreuse dans les cœurs. Que les Allemands modèrent leurs exigences! Dans nos environs, les paysans s'exaspèrent, menacent, et déjà quelques-uns ont frappé.

Il y a cinq jours, peu s'en est fallu qu'une émeute

n'éclatât sur nos quais. Des soldats bavarois s'étaient jetés dans les divers bateaux, grands et petits, qui flottaient sur la Loire. En quelques heures, ils les avaient tous entaillés, percés et coulés. L'eau n'était couverte que de débris; des barques chavirées semblaient ici se dresser dans le fleuve; là elles s'échouaient ou s'en allaient lentement à travers le courant. Les bains Laurenceau avaient été détachés de la rive : des pontonniers, qui les avaient menés au milieu de la Loire, les frappaient vigoureusement de la hache. Cependant, une foule nombreuse et indignée allait et venait sur le quai, poussant des cris de colère, insultant les soldats et proférant des paroles de mort. Les mariniers et leurs femmes s'adressaient à eux avec des prières ou des imprécations de rage. N'était-ce pas anéantir à plaisir les seules ressources de ces pauvres gens? Était-il raisonnable de supposer que ces batelets pussent suffire au passage d'une armée, si les Français tentaient jamais une attaque au sud d'Orléans?... On courut porter ces plaintes au commandant, qui feignit naïvement de ne point savoir ce qui se passait. L'ordre arriva d'épargner les bains et les lavoirs; mais c'était déjà trop que d'avoir détruit le reste. Le soir, il y avait encore là une multitude courroucée, et elle regardait la Loire en maudissant tout haut l'ennemi barbare qui venait d'y commettre ces inutiles ravages.

Pourquoi ces précautions?... Nos Bavarois continuent leur pont de bateaux. Ils se disposent aussi à établir des batteries au faubourg Bourgogne et au faubourg Madeleine, sur les éminences de terrain qui dominent la rive. D'autre part, on a remarqué qu'ils accordent difficilement des sauf-conduits. Le mouvement de leurs troupes est continuel : ils changent de positions autour d'Orléans. On croit qu'ils attendent un corps d'armée français du côté de Gien. De Saint-Jean-de-Braye jusqu'aux abords de la ville, les habitants ont reçu l'avis de déménager, ce qui commence à se faire dans un émoi et avec un tumulte où la crainte précipite trop vite les résolutions. Quoi qu'il en soit, nos nouvellistes paraissent plus affairés que de coutume : celui-ci vous dira combien on fabrique par semaine de canons qui se chargent par la culasse; celui-là vous énumère avec emphase les forces de l'armée de la Loire. On en voit même qui, parce que la France a pris le nom de République, déclarent la victoire certaine en définitive, et qui prêchent pacifiquement dans nos murs la guerre à outrance. Plusieurs personnes, dignes de foi, racontaient ce matin que l'armée française occupe la forêt de Marchenoir. D'autres ajoutent que des troupes nombreuses se dirigent vers Sully pour y passer le fleuve. Presque tout le monde présume qu'une grande bataille aura lieu prochainement.

En attendant, le joug de la conquête pèse sur nous plus lourdement que jamais. Le commandant de place, dans une lettre menaçante, s'est plaint aujourd'hui qu'il y ait, dans la livraison des denrées exigées quotidiennement pour l'armée de M. de Tann, « un retard de 82,918 kilog. de pain, 116,375 kilog. de viande et 972,829 kilog. d'avoine. » Il n'admet aucune excuse, et, afin d'intimider la ville, il rappelle les diverses mesures « dont la force armée peut se servir, dit-il, pour faire respecter ses ordres et réquisitions :

« 1° Occupation des magasins pour empêcher les habitants de diminuer les valeurs qui peuvent servir de caution ;

« 2° Recherches au domicile pour réunir les valeurs nécessaires ;

« 3° Emprisonnement des personnages les plus riches en otages (1). »

A cette lettre, le commandant de place joint une note qui requiert la commune d'Orléans « de payer immédiatement ; » à celle de Cléry, la somme de 5,053 fr. 60 c., « pour fourrages que la commune de Cléry a fournis aux troupes en garnison à Orléans (2). » Voilà dans les réquisitions un ingénieux perfectionnement : vous ne pouvez pas satisfaire aux

---

(1) Voir aux *Pièces justificatives*, n° 17.
(2) Voir aux *Pièces justificatives*, n° 18.

demandes de l'ennemi ; il va se pourvoir chez votre voisin et vous contraint à le payer. Cléry donne le foin, le Prussien le prend, Orléans le solde !... Si M. de Tann prétend faire d'Orléans le ministère ou la banque de ses réquisitions, je ne vois pas pourquoi il n'irait pas chercher à Berlin ou à Munich, aussi bien qu'à Cléry, ce qu'il lui plaît d'échanger contre le numéraire d'Orléans... Le Conseil municipal, sommé de répondre, a déclaré qu'il lui était impossible de subvenir à la livraison des denrées qu'on réclame ; mais il a autorisé le paiement des 5,053 fr. 60 c. de Cléry ; il a cru devoir céder à l'une des deux injonctions, pour résister à l'autre (1).

Jeudi 27 octobre.

Nous l'apprenons avec une stupeur douloureuse : pendant que les Allemands l'occupent, Orléans est en butte à des accusations non moins mensongères qu'odieuses. Des ennemis qui nous insultent, les uns, accoutumés à faire du journal un pamphlet impudent et frivole, accueillent ces propos calomnieux comme

(1) Le commandant de place fit apposer le même jour une affiche où il indiquait la valeur des monnaies allemandes comparées aux monnaies françaises. — Voir aux *Pièces justificatives*, n° 12.

une nouvelle propre à intéresser le public; les autres, tout occupés à enfler des phrases avec de gros mots et des sons retentissants, exercent leur déclamation à diffamer une ville d'où personne ne peut leur répondre.

Que nous reprochent-ils tous ensemble?

« Vous n'avez pas défendu Orléans! » crient du fond de leur cabinet les grands docteurs en héroïsme, qui, tranquilles dans leur douce quiétude, nous donnent à Tours ces leçons de courage.

Si nous n'avions peur d'être stratégistes comme nos accusateurs sont soldats, nous leur ferions voir qu'une ville dominée, comme l'était la nôtre, par le feu des canons prussiens ne se défend pas sans artillerie; nous leur dirions qu'avec les immenses rues de ses faubourgs, Orléans a un périmètre considérable qu'on ne saurait protéger avec quelques milliers de gardes nationaux; nous prouverions qu'une ville ouverte, placée dans une plaine, ne se fortifie point aisément comme une petite; nous rappellerions enfin qu'un général, consulté sur la possibilité de barricader Orléans, déclara ce projet impraticable, à cause des longs murs dont se trouve bordé le Mail qui nous entoure, murs où quelques bombes auraient fait brèche de toutes parts en peu d'instants.

Admettons pourtant que ces difficultés, réelles comme elles sont, ne nous excusent point : les faits eux-mêmes ne nous justifient-ils pas?

La défense d'Orléans a été confiée deux fois à des hommes de guerre expérimentés. Deux fois, dans les derniers jours de septembre, nos concitoyens ont vu, dès le matin, leur ville dépeuplée des soldats qui la remplissaient la veille. Qui donc fut en proie à la panique pendant les nuits, fameuses chez nous, où s'évanouirent dans la campagne ou derrière la Loire les troupes établies ici pour la protection d'Orléans? Qui? L'histoire le sait déjà; elle dira que cette fausse terreur n'était pas due aux habitans d'Orléans...

Le temps viendra où la France saura comme nous ce qui se passa le 11 octobre. Ce jour-là, on ne se battit, dans nos vignes et dans nos faubourgs, que pour couvrir la retraite. Or, cette retraite commença avant midi, et ce fut à sept heures que se termina le combat soutenu, sous nos murs, par des régiments dont l'obstination fut vraiment héroïque. Les Orléanais virent se retirer, au-delà de leurs ponts, plus de 25,000 hommes, avec plus de quarante canons. Que pouvions-nous faire, nous citoyens d'Orléans, quand une armée se montrait, sous nos propres yeux, impuissante à combattre, incapable de défendre la ville qu'elle avait à protéger? Notre garde nationale s'organisait encore; à peine nommés, les officiers n'étaient pas même connus du grand nombre; peu d'entre nous avaient reçu des armes; beaucoup de ceux qu'on avait pourvus de fusils n'en connaissaient pas le maniement ; personne, enfin, n'avait de cartouches. Dans ces conditions, quel homme sensé nous accuserait de n'avoir pas tenté la défense d'Orléans?

Orléans eut au moins, ce jour-là, tout l'héroïsme qui restait possible : il supporta dignement, pour l'honneur de la France, les maux qui l'accablaient tout à coup. Dans ses faubourgs, il laissa sans se plaindre ses maisons devenir des forteresses d'où nos soldats décimèrent l'ennemi ; il les vit brûler par les vainqueurs, sans leur demander grâce par des larmes ou des prières. Onze de ses citoyens méritèrent la menace d'être fusillés pour avoir été trouvés dans la mêlée. Trois heures, on dévasta les faubourgs; toute la nuit on les pilla, ainsi que l'entrée de la ville; on se battit dans nos rues jusqu'à la place du Martroi; cent trente-deux bombes éclatèrent dans Orléans, en y tuant et blessant dix ou douze personnes; et pourtant, au milieu de ces horreurs et de ces dangers, Orléans garda sa fierté; il eut la résignation bien française d'une ville qui aime mieux souffrir pour la patrie que de l'humilier par des supplications. Le Conseil municipal tout entier était à son poste, et quand le colonel prussien chargé de l'intimider le trouva devant lui silencieux et tranquille, il le félicita d'avoir cette courageuse attitude. Ni le maire, ni l'évêque d'Orléans, comme on l'a dit par une calomnie infâme, n'allèrent prier l'ennemi de suspendre son feu et ses ravages. Aucun parlementaire ne leur porta l'expression de nos frayeurs. En un mot, l'invasion qu'il n'a pu repousser, Orléans l'a subie sans se laisser déshonorer par elle. Il a mérité des Prussiens l'éloge que lui refusent certains Français de la Touraine : « Orléans a été pris d'assaut, a dit M. de Tann ; c'est, en France, la première ville ouverte où l'on ait résisté à l'entrée de nos troupes. »

Les mêmes insulteurs nous reprochent encore d'avoir manqué de patriotisme pendant l'occupation. On a osé écrire que les dames d'Orléans avaient jeté des fleurs aux pieds de l'ennemi ; on a prétendu que deux d'entre elles avaient porté sur un plateau la somme de deux millions gracieusement offerts aux Prussiens. Absurde mensonge! Diffamation ignoble qui livrait au mépris de la France des noms justement honorés dans notre cité! Tout le monde sait que le million qu'Orléans a payé comme contribution de guerre n'a été amassé que grâce à un emprunt forcé, quatre jours après l'occupation ; quant à nos fleurs, nous les gardons pour les soldats de l'armée de la Loire, si jamais la fortune les ramène victorieux dans nos murs.

Non, la ville d'Orléans n'a point perdu cette grande vertu du patriotisme qui fut sa gloire au moyen âge.

Nulle ville n'a été plus généreuse pour les blessés; nulle part on n'a plus participé aux secours en argent réclamés par la patrie; nulle part on n'a eu une conduite plus digne sous la domination de l'ennemi. Nos magasins fermés, les rues muettes et désertes; les femmes en deuil, occupées de soins charitables et se pressant aux ambulances; les manifestations d'une foule immense et souvent en larmes derrière les cercueils des soldats français qui meurent parmi nous; le vide où on laisse les musiciens allemands quand ils jouent sur nos places; les mille actes de courage par lesquels on a résisté à l'insolence des vainqueurs; la douleur avec laquelle nous supportons la vue de l'ennemi; l'élan de nos âmes vers la patrie absente; cette vie de souffrances que nous endurons sans faiblesse : voilà plus de preuves qu'il n'en faut pour confondre nos lâches accusateurs. Malheureuse, notre cité trouve dans ces insultes une tristesse de plus; elle s'en indigne d'autant plus qu'elle n'y peut répondre. Libre, un jour elle protestera énergiquement contre ces indignes calomnies.

Déjà M. de Lacombe, membre du Conseil municipal d'Orléans, a, dans un voyage à Tours, réfuté victorieusement ces détestables accusations (1). Il a rappelé les événements; il a invoqué le témoignage

(1) Journal *La France*, du 21 octobre.

des généraux ennemis; il a raconté comment Orléans avait supporté le bombardement. Comme on nous reprochait d'avoir livré nos chevaux aux Prussiens, M. de Lacombe a demandé à nos détracteurs quel moyen ils emploieraient eux-mêmes, dans une ville désarmée, pour résister aux réquisitions du conquérant. Au reste, comme sa lettre le fait remarquer, beaucoup des chevaux que l'ennemi paraissait avoir saisis à Orléans avaient été amenés de la Sologne par les hulans.

Cette lettre, publiée dans le journal la *France* du 23 octobre, est suivie de quelques lignes où le rédacteur reconnaît l'injustice des griefs qu'on prétendait avoir contre Orléans

Ces calomnies se sont répandues le long de la Loire, et de là dans toute la France, dit-on. Tel en a été l'effet, en ces moments de confusion morale et de fièvre patriotique, qu'on a osé troubler de ces outrages l'hospitalité, si amère déjà, de ceux des nôtres, femmes et enfants, qui s'étaient réfugiés dans les provinces lointaines. On a insulté et même inquiété quelqus-uns de nos concitoyens, en avilissant devant eux la dignité de leur pauvre ville. Plaise à Dieu que vienne bientôt le jour de la vérité !

Dans leurs mouvements, les troupes bavaroises se reportent de plus en plus vers l'ouest. Orléans semble donc respirer un peu librement. Plusieurs même réparent déjà le désordre que l'invasion a jeté sous leurs toits et dans leur vie. Quelques doux rayons de soleil luisent encore, et alors, à ne voir que les maisons que le mal a le plus épargnées, on croirait que la guerre n'a point passé ici, furieuse comme on l'a vue : ce n'est plus que comme le souvenir d'une tempête sous un ciel où de nouveau la nature a souri. Ah! combien le cœur de l'homme est fait pour la paix et pour l'oubli! Comme ces beaux jours vous invitent à jouir en repos des biens de la terre et de l'automne, à s'en aller par les champs ou les bois insouciant de l'humanité, à livrer un front tranquille à cette tiède et pure lumière! On voudrait ne plus penser à tant d'horreurs et de calamités. Mais quittez un instant la maison : tout vous rappelle et les armées et les combats, et les blessés et la patrie : voici les faubourgs, tout entiers infestés et infectés d'ennemis; ici, sur le Mail, un pauvre ouvrier mange un peu de pain, tandis que les vainqueurs dépècent un bœuf devant lui; là, des cercueils sortent d'une ambulance; ailleurs passe une patrouille bavaroise; plus loin des soldats amènent de la campagne du bétail pris au paysan même qui conduit cette charrette. Non, vous n'échapperez pas à vous-même : l'invasion ne laisse à personne ni le loisir ni le goût de l'égoïsme; de toutes parts, elle multiplie autour de vous les signes de la souffrance et la nécessité de la tristesse...

Ce matin, on a trouvé dans plusieurs rues des placards écrits à la main, qu'on avait affichés pendant la nuit. Les patriotes à qui l'on doit ces proclamations populaires nous excitent à prendre une attitude énergique. Comment, à quel jour, en quel endroit? S'ils ne peuvent pas le dire, mieux vaudrait n'en pas parler. Les imprécations sont plus faciles que la vengeance; et, d'ailleurs, quand le discours annonce l'action, il la dénonce en réalité, il la rend aussi dangereuse qu'inutile.

La police de M. de Tann s'est hâtée de déchirer ces affiches. Peu de personnes ont pu les lire, et l'émotion n'en a pas été vive.

Est-ce pour empêcher qu'on en appose désormais le soir? Est-ce parce qu'on leur tue des sentinelles, comme ils le prétendent? Cette après-midi, le tambour a battu : par ordre du commandant de place, on nous a fait savoir que « dès le crépuscule jusqu'à l'aube » nul n'aurait le droit de sortir sans porter une lanterne allumée. Si les Allemands connaissaient bien le caractère de ceux que leur victoire opprime, mais n'écrase pas encore, ils auraient dû savoir qu'en France, personne ne prendra jamais au sérieux des ordonnances comme celles-là. Le Français plaisante volontiers de ses lois, même des plus graves : pour peu qu'elle lui paraissent légères et badines, il rit et n'obéit pas. Sans doute, les Russes ont pu contraindre les habitants de Varsovie à faire ce que M. de Tann exige de nous; mais, malgré nos malheurs, la France n'est pas la Pologne; Orléans n'a pas vu tomber dans ses rues, comme Varsovie, ces grandes foules de martyrs qui chantaient sous les balles des Russes les hymnes de Dieu et de la patrie, en se prosternant dans la prière et dans la mort; nous ne sommes pas encore dans l'état d'héroïsme et de douleur où la plaisanterie devient impossible.

Dès « le crépuscule, » les Orléanais ont manifesté leur obéissance avec une ostentation qui a fort égayé tout le monde, sauf les Bavarois. Personne n'a voulu satisfaire à l'ordonnance qu'en s'en moquant. Sans besoin ni prétexte réel, les voisins se rendaient visite avec des flambeaux ou des bougies à la main. Les passants criaient qu'on vînt voir leur lumière; et quelques-uns couraient droit aux soldats pour éclairer leurs pas avec tout le zèle de la plus bienveillante politesse. Tel se promenait avec une chandelle; les uns la soufflaient; les autres entreprenaient de lui démontrer que sa chandelle n'était pas le luminaire agréable au commandant de place. Celui-ci portait la lanterne à son chapeau, celui-là au bout de sa canne, qu'il fait tournoyer. Ici, c'est un chien qui sort avec son maître, tous deux illuminés selon le réglement. Dans la rue Royale, il y a démonstration de lumières; une soixantaine de personnes s'avancent silencieusement, lentement, solennellement, munies chacune de sa lanterne. Ailleurs, de plus hardis rencontrent un officier bavarois qui va promenant dans l'ombre une fille d'on ne sait quelle nation et par lui conquise on ne sait où ; on arrête le vainqueur : « Cette femme est française, lui dit l'un des gais compères ; donc il lui faut une lanterne : c'est M. le commandant de place qui le veut. » Et voilà que, balançant autour de ce couple d'ennemis leurs lanternes vengeresses, les plaisants escortent et poursuivent de ces lueurs désagréables les deux délinquants, qui se sauvent...

Soirée de carnaval après une journée sans nouvelles.

Vendredi 28 octobre.

Jour d'angoisses et de honte! Une nouvelle sinistre nous a surpris au réveil : « *Metz a capitulé !* »

On raconte qu'hier soir une dépêche est arrivée au général de Tann, pendant qu'il dînait avec son état-major. Il s'est levé, et, d'une voix forte, il a prononcé ces mots : « Metz a capitulé. » De longs hurrahs ont alors retenti, et les passants, dont ces cris de joie frappaient les oreilles, se sont arrêtés sur le seuil de la Boule-d'Or, où bientôt ils ont appris la nouvelle maudite.

Nous avons passé la journée à nous répéter ces mots affreux. Quel désespoir ! On allait de l'un à l'autre, effrayé, consterné, muet de tristesse, cherchant dans le regard ou sur les lèvres de ses amis un signe de doute qui vous rassurât. Car la capitulation de Metz, c'est la perte de notre unique armée, la ruine prochaine de la France, l'évanouissement de sa dernière force, la dernière calamité et le dernier déshonneur ! Hier encore nous avions l'âme haletante d'une attente secrète et patriotique, et nos yeux se tournaient vers l'Est, où Bazaine, disait-on, anéantissait l'armée prussienne dans mille combats de nuit et de jour. Nous l'apercevions prêt à descendre vers nous, vers Paris, au secours de notre France malheureuse et bien-aimée... Non, on ne saurait croire à cette trahison de Dieu et des hommes...

Cette après-midi, M. de Tann a fait afficher la dépêche dont on parlait (1). Metz a capitulé ; toute l'armée du Rhin est prisonnière !

Mille émotions ont bouleversé nos cœurs. Croire Bazaine traître à la France ; s'étonner et ne plus croire ; être incrédule, puis pleurer de ce désastre comme si on en était assuré ; s'indigner et se reprocher son injustice ; voir les conséquences fatales d'une telle infortune, et bientôt refuser de les juger

(1) Voir aux *Pièces justificatives*, n° 22.

réelles ou même possibles; pourrais-je dire à quels flots de pensées et de sentiments contraires on s'abandonnait tout entier?

Quelques-uns persistent à nier la véracité de cette fatale nouvelle. Ah! comme il est triste, à la fin de cette journée, quand on voudrait jeter un dernier regard d'amour et de confiance sur notre pauvre patrie, comme il est triste de s'endormir en n'ayant pour toute consolation qu'un doute que l'esprit repousse!

Samedi 29 octobre.

Arrivé hier soir, à la grande surprise du public, M. Thiers a, ce matin même, quitté Orléans; il va, dit-on, négocier un armistice à Versailles. Vers neuf heures et demie, une voiture à quatre chevaux, montée par deux soldats bavarois, l'a conduit devant l'hôtel de la Boule-d'Or; M. de Tann s'est approché de la portière pour échanger quelques mots avec lui; et le voyage, où vont se préparer les nouvelles destinées de cette guerre, a commencé. M. Thiers emmène avec lui M. de Rémusat, son secrétaire, et M. Cochery, ancien député du Loiret.

Orléans est un des points où se seront nouées les négociations de l'armistice. Voici comment.

Ceux qui connaissent ici M. de Tann assurent qu'il aime la France. Tous les ans, il avait l'habitude de passer quelques semaines à Paris; et, s'il faut en croire une de ses paroles, c'est avec une tristesse sincère qu'il avait observé, à travers les splendeurs de notre civilisation, les indices d'une décadence prochaine. Le luxe, l'amour des plaisirs, le besoin des richesses l'étonnaient dans la société française; il pressentait que nous y perdions de plus en plus la virilité de l'âme, c'est-à-dire le sentiment du devoir. « Dans mon pays, disait-il, la simplicité de la vie est encore pure et générale. Pour ma part, ma table n'a jamais porté les mets nombreux et délicats qu'un de nos hôtes s'excusait, dernièrement, de me servir si mal, sous les murs assiégés de Paris. Je suis l'un des serviteurs principaux du gouvernement bavarois. Eh bien! pour ne pas compter ce que rapporte mon titre de général, je ne suis riche que de quatre mille francs de rente; voilà tout ce que je léguerai à mes enfants. » Avec ses goûts et dans cette situation, on comprend que M. de Tann jugeât sévèrement la cour impériale et le peuple parisien. Mais, malgré cette sévérité, il craignait plus qu'il ne souhaitait les malheurs dont il voyait la France menacée : il en admirait la vieille gloire, et cette gloire de la France, il la croyait nécessaire au monde autant que sa force à l'Europe.

M. de Tann qui, dit-on encore, a de l'élévation dans l'esprit et dans le caractère, désire la paix. Il gémit des coups cruels dont la mort a frappé son armée, et des deuils qui attristent son pays; il est effrayé des victoires de ses alliés, victoires qui doivent assurer à la Prusse l'ascendant du triomphe sur la Bavière et sur l'Allemagne; il est enfin ému, par humanité, des maux effroyables que la guerre le force lui-même à répandre. L'évêque d'Orléans discerna, dans les paroles contenues du général de Tann, les sentiments divers dont il est agité. Il crut qu'on en pourrait profiter pour la France, et il pria un ami intime de M. Thiers, M. de Lacombe, d'aller le chercher là où il serait, et de lui décrire cette situation étrange. Muni d'un laisser-passer que le général signa lui-même, M. de Lacombe se rendit à Tours, le 20 octobre; il trouva M. Thiers heureux de ces communications et déjà prêt lui-même à tenter une démarche en faveur de la paix. Car M. Thiers ne croyait pas que, dans les conditions actuelles de la lutte, la France, en proie à l'anarchie comme au trouble de la défaite, réussît à se délivrer et à se venger. Il venait de parcourir l'Europe. Ambassadeur d'une grande nation malheureuse, où avait-il trouvé un accueil digne de notre infortune et de notre gloire? A Vienne, on eût voulu unir les drapeaux de l'Autriche aux nôtres, mais on n'était ni prêt ni assez hardi pour l'oser; on eût même craint de se compromettre par une intervention diplomatique. A Saint-Pétersbourg, on était surpris des succès de la Prusse; on s'était attendu, disait le prince Gortschakoff, à voir l'armée française entrer à Berlin; mais cet étonnement ne rendait pas la Russie plus bienveillante : elle espérait profiter de nos malheurs. Toutefois, le cabinet de Saint-Pétersbourg avait promis de favoriser le projet d'un armistice à la première occasion; il se chargerait même de demander un sauf-conduit pour M. Thiers. A Londres, on avait été froid et même dur pour la France : par un égoïsme non moins impolitique que lâche, on avait refusé toute espèce d'assistance. Victor-Emmanuel seul s'était montré généreux et attendri. Sans doute, la personne de l'ambassadeur lui déplaisait un peu. « Vous avez dit beaucoup de mal de moi, » s'écrie-t-il dès le premier entretien. « Sire, lui avait répondu M. Thiers, je ne suis jamais convaincu à demi. » Mot terriblement méchant pour le roi d'Italie, excuse singulièrement aggravante, si M. Thiers n'avait voulu faire entendre ainsi qu'il est toujours sincère et passionné, comme le savent ceux qui le connaissent bien. Mais Victor-Emmanuel se rappelait que le sang de la France avait coulé pour lui. « Si mon Parlement ne m'en empêchait pas, dit-il à M. Thiers, je vous donnerais cent mille hommes. » Telles étaient les dispositions de l'Europe. En réfléchissant à notre isolement et à nos désastres, M. Thiers jugeait la paix déjà nécessaire. Aussi accepta-t-il avec plaisir le sauf-conduit que lui offrait M. de Tann; il fut convenu qu'il pourrait se rendre par Versailles à Paris, et de là à Versailles, si on l'investissait des pouvoirs nécessaires.

M. Thiers avait d'abord demandé un sauf-conduit qui lui permît de se rendre directement à Paris, afin d'y faire confirmer ses pouvoirs, après avoir soumis au gouvernement les propositions des puissances neutres. On lui envoya, contrairement à son désir, un sauf-conduit pour Versailles. L'évêque d'Orléans réclama en son nom auprès du général de Tann, qui répondit par la note suivante :

« C'est à Versailles que M. Thiers aura le sauf-conduit pour passer nos lignes et entrer dans Paris, aussitôt qu'il y arrivera avec l'autorisation déjà donnée.

« L'entrée dans Paris par un autre chemin est militairement impossible, vu que c'est à Versailles seulement qu'on peut juger du lieu et de l'heure du passage.

« Il est impossible de faire accompagner M. Thiers par un officier français. »

Revenu le 23 ici, M. de Lacombe reçut le sauf-conduit, et, de compagnie avec M. Cochery, il le porta le 27 à M. Thiers. Sans retard on s'est mis en route. Mais M. Thiers n'a pu retenir ses larmes en s'éloignant de sa famille et de ses amis, au moment où il partait « pour ces gouffres, » comme il disait de ce Paris et de ce Versailles, où s'agitera demain le sort de sa malheureuse patrie. C'est que M. Thiers est doué d'une vive sensibilité, lui que la plupart des gens se représentent comme un homme d'État si roué; loin de n'avoir que de l'esprit, comme on le suppose trop dans le public, il a un cœur tendre, et, ce qui peut paraître invraisemblable à certains psychologues prétentieux, beaucoup de passion unie à beaucoup de bon sens.

Quand on rencontra les premiers soldats allemands, aux environs de Beaugency, M. Thiers eut des tressaillements de douleur et d'indignation; et ce fut encore plus par un effet de ces sentiments que par politique que, sa voiture s'étant arrêtée devant l'hôtel de la Boule-d'Or où loge M. de Tann, il cria ces mots au cocher : « Continuez votre route! » Une heure après, Mgr Dupanloup vint avec un certain apparat faire une visite à M. de Tann, et, presque sans délai, le général bavarois se rendit à l'Évêché, où il trouva M. Thiers.

Leur entrevue eut lieu devant de nombreux témoins; aussi la conversation resta-t-elle générale. M. de Tann se montra fort courtois; mais, dans la déférence qu'il avait pour M. Thiers, on remarquait parfois certaine raideur; évidemment, il éprouvait du dépit de n'avoir pas reçu l'hommage qu'il se croyait dû peut-être; amené à M. Thiers, parce que le diplomate français n'avait pas voulu aller à lui, M. de Tann sentait sa dignité un peu blessée. Il exprima plus d'une fois l'amour et le désir de la paix, et comme un des assistants, M. Cochery, rejetait sur Napoléon III toute la responsabilité de la guerre, pour en rendre la France innocente : « Quel langage auriez-vous tenu si vous aviez été vainqueurs ? répondit M. de Tann. Auriez-vous attribué à l'Empereur seul tout l'honneur du triomphe ?... Laissez-moi vous le rappeler, Monsieur :

Quidquid delirant reges, plectuntur Achivi.

La citation n'a rien de rare ni de délicat; mais, je l'imagine, le général a dû se réjouir, au fond de sa conscience allemande, de cette citation latine. On a beaucoup blâmé devant lui les rigueurs barbares dont la Prusse s'est rendue coupable dans la guerre. M. de Tann a cru les excuser en prétendant qu'on ne peut maîtriser en tout la fureur du soldat. « Général, a dit alors M. Thiers, à la guerre comme ailleurs, il faut se mettre au-dessus des passions de la foule. »

Le hasard a voulu qu'on parlât d'évasions et du général Ducrot, accusé par les Prussiens, comme on sait, d'avoir manqué à sa parole en s'enfuyant. M. de Tann a pris le parti de Ducrot. Sa conduite lui paraît fort loyale. « J'ai vu le général Ducrot à Pont-à-Mousson, a dit M. de Tann : il m'a déclaré à moi-même, ce jour-là, que jamais il ne prendrait l'engagement de ne plus porter les armes contre la Prusse. Nous n'avons donc aucun reproche à lui adresser. »

Ce matin, M. de Tann est revenu à l'Évêché, et, pendant que M. Thiers déjeûnait, il s'est encore entretenu avec lui. On n'a rien pu savoir des sentiments véritables avec lesquels l'un et l'autre envisagent les négociations qu'on va tenter. En général, la population d'Orléans en souhaite le succès, moins encore parce qu'elle a tant souffert de l'invasion que parce qu'elle a vu, dans des circonstances dont le souvenir est un enseignement, la désorganisation de nos dernières forces militaires. On peut encore espérer à Tours ou à Bordeaux : les généreuses illusions de l'honneur national peuvent encore s'y jouer des cœurs; mais pour nous, il faut l'avouer, l'expérience a découragé un peu notre patriotisme ; nous ne nous sentons plus dans cet état d'enthousiasme où la confiance est de plus en plus ardente, où le doute est impossible; nous avons toujours la haine de l'ennemi, et la moindre nouvelle de succès ranime en nous la foi éteinte de notre orgueil français ; mais nos pensées sont comme à la merci des événements : un jour, on juge la délivrance possible ; le lendemain, on la déclare irréalisable ; la vie de l'âme n'est plus pour nous qu'une suite d'impressions contraires. Les plus sages et les plus constants, ceux qui croient la paix le plus nécessaire, changeraient eux-mêmes d'avis si, par un bonheur inespéré, l'armée de la Loire chassait d'ici les Bavarois.

Au nom du Conseil municipal, le maire d'Orléans est allé féliciter M. Thiers de l'abnégation patriotique avec laquelle il s'est chargé de ces pénibles et délicates négociations. « Le corps municipal d'Orléans ne peut que souhaiter ardemment un terme aux calamités qui accablent la patrie ; mais, avant tout, que l'honneur soit sauf. Il n'en saurait être autrement, lorsque notre cause est remise au grand citoyen qui a qualité pour la défendre. » Telles sont les paroles de l'adresse que le maire a portée à M. Thiers, et que le Conseil a fait inscrire aujourd'hui au procès-verbal de sa séance.

Dans la gravité des événements qui nous inquiètent depuis deux jours, à peine a-t-on remarqué l'affiche assez plaisante où le commandant de place explique et précise l'ordre déjà donné de porter des lanternes « du crépuscule jusqu'à l'aube. » Cette lettre dit, d'une part, qu'on devra porter une lan-

14.

terne avec soi, dans les rues « non suffisamment éclairées; » mais, d'autre part, elle exige que toutes les rues soient « suffisamment éclairées. » En bonne logique, cette naïveté permet de conclure que toute lanterne est inutile (1).

Dimanche 30 octobre.

La guerre crée, pour ainsi dire, des souvenirs et une chronique au moindre des hameaux qu'elle envahit. Dans ces campagnes où la vie s'écoulait tranquille et comme silencieuse; dans ces villages qu'à peine animait en passant le cri d'un charretier, le bêlement d'un troupeau, le tintement de la cloche de l'église ou le bruit de la fête célébrée dans le bourg, voilà que pénètrent les armées et l'effroyable tumulte de la bataille; voilà surtout, pour le paysan alarmé, l'ennemi qui pille et qui incendie! Nouveauté terrible qui devient l'unique entretien de ces pauvres gens. Le récit de ces faits inouïs, c'est désormais pour eux comme une Histoire de France; et souvent le plus lettré de l'endroit, l'instituteur ou le curé, a pris soin de rapporter, jour par jour, les grands événements dont le pays a été le théâtre : aujourd'hui,

(1) Voir aux *Pièces justificatives*, n° 21.

c'est un hulan qui a paru dans la contrée ; le lendemain, l'ennemi a requis tant de sacs de blé ou d'avoine dans la commune ; une autre fois, c'est le meurtre d'un habitant, c'est une ferme où les Prussiens mettent le feu ; on a entendu le canon près du village ; on s'y est battu ; et, quel que soit l'accident survenu, l'étonnement en reste extraordinaire dans l'imagination du paysan troublé.

Que devient, pendant la guerre, la vie à la campagne ? Je viens de lire, pour le savoir, l'histoire d'un de nos villages, celui de Huisseau-sur-Mauves. L'instituteur de l'endroit (1) l'a retracée dans le journal suivant :

« 1ᵉʳ *octobre*. — A huit heures du matin, le maire a convoqué la garde nationale. On a marché dans la direction de Rozières, où l'on a rencontré les hulans, qui avaient coupé les fils du télégraphe. Il ont pris la fuite.

« 10 *octobre*. — Le maire et les deux capitaines étant absents, l'instituteur, lieutenant en premier, prévenu de l'approche des éclaireurs ennemis, fait sonner le tocsin : selon les ordres qu'il a reçus de M. le marquis de Bizemont, il réunit la garde nationale. Des patrouilles sont organisées, et l'une d'elles,

---

(1) M. Masson, instituteur à Ingré.

commandée par le sergent-major Boissonnet, va jusqu'à Saint-Péravy, pour observer la marche des Prussiens.

« 11 *octobre*. — A neuf heures du matin, des lanciers français viennent annoncer l'approche de l'ennemi ; l'armée prussienne paraît se diriger vers Meung. Une compagnie de la garde nationale reste à la mairie, afin de protéger le bourg ; l'autre se dirige vers Baccon, et rencontre les hulans aux environs de la Renardière. L'avant-garde, composée de vingt hommes, ouvre le feu sur l'ennemi, et, de la première décharge, elle tue un cheval ; on fait prisonnier le cavalier. Une deuxième décharge dégage les gens de l'avant-garde qui s'étaient trop avancés, tue un homme en même temps que son cheval, et blesse un certain nombre de hulans. On retourne au bourg à deux heures du soir, avec les armes du prisonnier qu'on dirige sur Meung. Les selles des chevaux tués sont enterrées, ainsi que la lance et le reste de l'équipement.

« 13 *octobre*. — Quatre-vingt-deux hulans arrivent dans le bourg et y font une réquisition de trente sacs d'avoine, de cent kilogrammes de pain et de dix bouteilles de liqueurs. Ils en volent le double et pillent les magasins d'épicerie. Impatientés des lenteurs que l'on met à leur livrer ce qu'ils demandent, ils menacent de brûler le bourg.

« 14 *octobre*. — Vingt-cinq hulans arrivent à onze heures du matin, demandant nos armes. Grâce aux précautions prises par le maire, dix-neuf fusils seulement, sur cent trente-six, sont livrés et brisés immédiatement. Nouvelle réquisition de douze sacs d'avoine, d'une pièce de vin, de seize bouteilles de liqueurs et de viande. Sur le refus de M. de Bizemont, les boutiques sont pillées, ainsi que les cafés. Les hulans emportent toutes les liqueurs et le sucre qu'ils peuvent trouver, mais ils ne réclament plus d'avoine. En s'en allant, ils pillent les fermes de Deure, la Leu et Villards.

« 15 *octobre*. — Arrive dans la commune la division de cavalerie prussienne du général comte de Stolberg, composée de deux régiments de hulans, de deux régiments de hussards (verts et marrons), d'un régiment de cuirassiers blancs, d'un régiment de cuirassiers bavarois, de deux batteries d'artillerie et d'un bataillon de chasseurs bavarois. Au château on loge l'état-major (soixante hommes et quatre-vingts chevaux); le bourg reçoit tout le bataillon, fort d'onze cents hommes. La cavalerie se répand dans les fermes et dans les hameaux. L'artillerie s'installe au Rondeau et au Cas-Rouge. L'instituteur a, pour sa part, le capitaine-commandant, ses deux domestiques et sept soldats. Ces derniers commencent par lui arracher toutes ses pommes de terre et lui volent quinze kilogrammes de viande salée. A huit heures du soir, le bataillon part pour Charsonville.

« 16 *octobre*. — A midi, retour du bataillon bavarois. La classe continue comme à l'ordinaire.

« A sept heures du soir, tous les officiers supérieurs sont convoqués en conseil de guerre. L'instituteur est prévenu par la cuisinière allemande du maire qu'il va être arrêté; on le fusillera pour avoir commandé le feu dans les rencontres de la garde nationale et des Prussiens. Le conseil de guerre dure jusqu'à dix heures. Le capitaine, logé à l'école, annonce que, faute de preuves bien certaines, on ne donnera pas de suite à l'accusation. Mais que chacun se tienne sur ses gardes; bien que les mobiles soient accusés, en notre lieu et place, d'avoir tué un officier, blessé dix-neuf hommes, fait un prisonnier et tué deux chevaux, on a l'œil sur les francs-tireurs de la commune.

« Ce qui nous a sauvés, c'est le plaidoyer de la cuisinière allemande qui sert le château; elle a soutenu que ses maîtres n'étaient pas à Huisseau le jour où nous avons pris le hulan; qu'elle n'avait pas vu de prisonnier, et que l'instituteur n'avait jamais commandé que des patrouilles pour veiller à l'ordre dans la commune.

« 17 *octobre*. — On arrête le marquis de Bizemont, maire, et son frère, le comte de Bizemont, capitaine en second de la garde nationale : on a trouvé des armes chez eux ; de plus, on les soupçonne d'avoir entretenu des intelligences avec l'armée française, à Blois. Ils sont gardés à vue dans leurs chambres, et le château est livré au pillage.

« *Du 16 au 25.* — Réquisitions pour la nourriture du bataillon bavarois. Il faut journellement deux vaches, six moutons, deux cent cinquante kilogrammes de pain et des pommes de terre. L'instituteur est chargé d'opérer cette livraison tous les jours à huit heures, dans sa classe. Lorsqu'il est obligé de sortir du bourg pour satisfaire à ces exigences, on lui délivre un laisser-passer spécial, et on lui donne un soldat pour l'accompagner.

« *26 octobre.* — Les Prussiens arrêtent Mallet et Griveau, pour un mauvais fusil de chasse trouvé dans la vigne du second. On les enferme au poste, après les avoir roués de coups. »

La garde nationale de Huisseau-sur-Mauves a vraiment dans cette histoire l'allure militaire d'une petite et sérieuse armée : les anciens soldats de Solférino, qu'elle avait dans ses rangs, n'avaient peur ni d'un fusil ni d'un Prussien ; et certes, il ne déplaît pas de voir que la commune de Huisseau ait envoyé ses troupes au-devant des hulans : ses deux victoires ne l'ont pas plus sauvée que la France, il est vrai ; mais je suis sûr que les braves paysans de Huisseau ont quelque fierté d'avoir fait de leur devoir tout ce qu'ils ont pu.

A Bricy, l'histoire du village est lugubre ; c'est celle d'un martyre, celle d'un des actes les plus inhumains que les Prussiens aient commis sur la terre de France : en un jour, l'ennemi a dépeuplé Bricy de toute sa population mâle !...

L'avant-garde des Prussiens commandés par von Wittich était entrée à Bricy dans la matinée du 11 octobre. Là, comme partout, ils avaient manifesté au sujet des corps francs une défiance et une crainte excessives. Comme les soldats furetaient dans le village, ils surprirent un ouvrier qui cachait son fusil dans une haie : immédiatement on le mit à mort. Les hussards qui investissaient Bricy se répandirent aussitôt dans toutes les maisons, et, bien qu'on n'y découvrît point d'armes, ils saisirent tous les hommes qu'ils rencontrèrent. La population de Bricy est d'environ 350 âmes. Soixante habitants furent rassemblés à la Mairie. Invalides, vieillards ou jeunes gens, on les emmena tous prisonniers, en les déclarant coupables de complicité. La plupart n'avaient voulu sortir de leurs demeures que poussés par la baïonnette ou le sabre des soldats. Beaucoup n'y devaient jamais rentrer...

Cette triste journée fut pour eux un premier supplice. Presque à chaque instant, on venait leur annoncer qu'ils seraient fusillés. En vain l'instituteur, G. Fautras, qui se trouvait, lui aussi, parmi les prisonniers, réclama-t-il le droit d'invoquer la justice du général en chef ; en vain protesta-t-il contre l'odieuse arrestation qu'on leur faisait subir : à ses demandes les plus raisonnables comme à tous les cris de son cœur indigné, comment répondait-on ? Un officier, par des menaces ; un soldat, par des coups de crosse. Quand on s'approcha d'Ormes, c'est-à-dire de la bataille qui tonnait des Aydes jusqu'à cet endroit, on les conduisit en avant des lignes pour les offrir aux boulets des canons français. Les Prussiens voulaient s'amuser de leurs prisonniers à cet indigne jeu de la mort ; mais comme l'embarras était grand dans le combat et que le plaisir tardait, on les ramena en arrière. Au moins les Prussiens contentèrent-ils leur haine par d'autres brutalités : on les maltraita, on les battit, on leur cracha au visage, on les laissa deux jours sans nourriture, et le soir du 12 octobre, une escorte de soldats commença sans pitié à chasser ce troupeau de prisonniers vers les frontières de la Prusse.

Ils allèrent, pour première étape, d'Ormes à Toury. Dans cette course à travers l'obscurité, un vieillard que ses soixante-dix-sept ans retardaient dans la marche tomba plusieurs fois aux pieds des soldats : ils le frappèrent si cruellement, pour le contraindre à se relever, qu'en arrivant à Toury, il avait le front percé de plusieurs coups de baïonnette. Un jour encore il se traîna sur la route. Mais à Étampes, le voyant incapable de faire un pas de plus, un officier permit qu'il restât pour y recevoir quelques soins charitables.

Arrivés à Nogent-l'Artaud, on entassa ces infortunés comme un bétail dans un wagon à bœufs, rempli de fumier, qui les emporta dans l'exil. Ils y demeurèrent cinq jours, serrés l'un contre l'autre, sans pouvoir se coucher, c'est-à-dire sans sommeil et sans repos. Ils traversèrent ainsi la France, effrayés, éperdus, abêtis par la douleur, muets, mornes et quelquefois en larmes, voyant fuir des deux côtés les campagnes de la patrie et ne sachant pas où ils iraient mourir !

Tel fut l'effet des privations et des mauvais traitements endurés par eux que, dans le trajet de Mayence à Berlin, deux des prisonniers semblèrent devenir fous. L'un d'eux, dans le délire de la fièvre, mordit au doigt un des Prussiens qui les gardaient. On voulut que la punition fût exemplaire. Avec fureur on dépouille les deux malades de leurs casquettes et de leurs souliers ; on leur lie les mains sur le dos, on les attache l'un à l'autre par les pieds : ainsi garottés, on les bat par devant et à la face; on les frappe de la crosse et de la baïonnette. O malheureux ! Le mal leur rendait alors l'usage de la raison ; ils se plaignaient, et leurs gémissements excitaient les gardiens à frapper de nouveau : spectacle affreux pour leurs compagnons impuissants à les soulager, spectacle qui les faisait songer plus amèrement encore à leurs vignes, à leur maison, à leur famille, à leur lointain et petit village de Bricy... Pendant deux jours, les deux pauvres suppliciés restèrent sans nourriture : à peine pouvaient-ils se tenir debout ; ils étaient là, les cheveux arrachés, la figure déchirée, la tête appuyée sur les planches du wagon, tandis qu'ils avaient la bouche, les narines et les plaies garnies du fumier qui s'était attaché au sang de leurs blessures. Ils arrivèrent vivants à Stettin, où on devait les interner tous ; mais ils y moururent le lendemain (1).

(1) A ces renseignements, qui me vinrent de l'étranger par une correspondance, et qu'une lettre d'une des victimes, G. Fautras, alors instituteur de Bricy, m'a confirmés plus tard, j'ajoute, pendant l'impression de ce livre, les détails qui complètent cette douloureuse histoire.

Au mois de mars, Orléans a vu revenir pâles, amaigris, affublés de mauvais vêtements prussiens, les malheureux prisonniers de Bricy. Dix-huit avaient succombé en Prusse au régime de la captivité ; quelques-uns y étaient encore dans les ambulances.

Une surveillance rigoureuse, un froid excessif, un séjour de deux semaines dans une cabane creusée en terre et mal recouverte, où ils n'avaient pour lit qu'un peu de paille humide et pourrie ; dix heures consacrées, chaque jour, à casser des cailloux sous les forts de Stettin ; cinq mois d'exil : voilà les maux qu'ils ont soufferts en Prusse, et cela pour un fusil caché dans une des haies de leur village !

Mon Dieu, laissez-moi le crier au ciel, dans la prière que l'indignation fait monter de mon cœur vers vous. Vous pouvez ne plus aimer la France, votre « soldat sur la terre (1) » en des siècles meilleurs ; vous pouvez l'avoir condamnée parmi les nations. Peut-être avez-vous jugé l'heure venue de la laisser déchoir, après tant de gloire et tant de services rendus à l'humanité. Mais si vous voulez que notre patrie cesse d'être pour nos enfants une patrie forte et grande, vous voudrez toujours, sans doute, que le soleil de votre justice éternelle luise sur la terre, au-dessus de nous comme des autres hommes. Vous nous aurez retiré votre bonté ; mais vous nous garderez la protection de vos sévères vengeances, quand nos vainqueurs oseront outrager si violemment en nous l'innocence, la faiblesse et la misère des vaincus. Au moment où vous punissez la France par des défaites, faudra-t-il croire encore que vous donniez à nos ennemis, outre la faveur du triomphe, l'impunité des crimes inutiles qu'ils ajoutent aux fléaux des batailles ? Ne nous restera-t-il pas, dans l'abaissement et la douleur, le droit de dire, en votre nom, à ces bourreaux plus cruels que le châtiment dont vous nous réserviez la souffrance, que vous n'oublierez, ni pour l'avenir de

---

(1) C'est ainsi que Shakespeare appelle la France dans un de ses drames.

la Prusse, ni pour le dernier jour des hommes, leur abominable cruauté envers les prisonniers de Bricy, martyrisés sur le chemin et sous les murs de Stettin!...

Lundi 31 octobre.

Les armées, commes les peuples, ont leur tempérament. Sur les routes de la guerre, que dit-on à nos soldats pour les faire avancer de bataille en bataille? On leur promet des victoires. Les généraux allemands ne se servent pas des mêmes exhortations : afin d'encourager leurs troupes à la patience militaire, que leurs promettent-ils? La paix... Il est curieux d'observer combien nos officiers bavarois prennent de peines ingénieuses à cet égard. Il semble, en effet, que l'armée de M. de Tann se résigne difficilement à ses labeurs, à ses périls et même à ses succès. Il y a dix jours déjà, on rencontrait de toutes parts, dans les rues, des soldats qui s'en allaient, le pas vif et l'air gai, annonçant que la paix était près de se conclure. Quelques-uns sautaient de joie : « Bientôt nous reverrons nos femmes et nos enfants! » s'écriait l'un d'eux. Tous rentraient dans nos maisons (je devrais dire nos casernes) plus accommodants que d'habitude. Ce rayon de paix qu'ils croyaient apercevoir au ciel de notre malheureuse patrie semblait reluire dans leurs yeux : ils paraissaient meilleurs. C'est qu'à l'appel, leurs officiers avaient déclaré presque certaine la conclusion d'un armistice... Les jours se sont écoulés dans cette illusion. Aujourd'hui encore, on les a leurrés de la même espérance.

Il est évident, à voir la persistance et la multiplicité de ces fausses nouvelles, que M. de Tann et ses officiers usent avec intention de ce mensonge; ils comptent ainsi donner à leurs soldats la force d'attendre. Au reste, ils ont recours à la même politique dans les rapports qu'ils ont avec nous; pour incliner nos esprits à la paix, pour amollir nos haines, pour nous inspirer le désir de finir la lutte, on les entendait sans cesse parler de négociations et de traité, dès les 18 octobre et même dès les premiers jours de l'occupation. Maintenant que M. Thiers est, en effet, en train de discuter à Versailles les conditions d'un armistice, nos Bavarois se montrent assurés de reprendre bientôt les chemins de l'Allemagne.

Les bruits de bataille ne s'en répandent pas moins dans la ville. Hier, nos ennemis racontaient que leurs troupes venaient de nous vaincre à Marchenoir; les Français y auraient perdu cent cinquante canons; 2,800 prisonniers allaient être amenés à Orléans. C'est encore une nouvelle rapportée par les soldats de leur appel du soir. La plupart d'entre nous n'y ont pas ajouté foi. Au contraire, on prétendait que c'étaient eux qui avaient sujet de se plaindre, car l'armée de la Loire les aurait battus à Josne et leur aurait pris vingt-quatre canons. Nous commençons à résister à la jactance de nos hôtes, comme si la fortune commençait à nous rendre le droit d'un peu de confiance. Pourquoi? En vérité, il serait difficile se l'expliquer.

On s'est égayé à leurs dépens aujourd'hui. Après avoir achevé le pont de bateaux qu'ils construisaient devant le quai Saint-Laurent, ils avaient essayé d'en élever un semblable vis-à-vis la rue de la Poterne. La Loire capricieuse,

. . . . La Loire dans son lit
Incertaine. . . . . (1)

a, pendant la nuit, grossi et soulevé ses eaux ; et ce matin, quand les pionniers bavarois sont arrivés pour se mettre à l'œuvre, ils ont vu leurs chevalets renversés par la crue, et leurs planches emportées au loin par le courant. Les panégyristes de Jeanne d'Arc et nos historiens disent de la Loire que c'est le plus français de nos fleuves : en verront-ils une preuve de plus dans la méchanceté qu'elle vient de faire à M. de Tann?...

L'affaire des lanternes a comme remis en joyeuse

(1) André CHÉNIER, *Hymne à la France.*

humeur la malice naturelle des Orléanais. On devient moqueur pour l'ennemi. Je ne sais par combien d'histoires amusantes et satiriques on se venge de leur coûteuse gourmandise. L'appétit des Allemands ressemble, il est vrai, à leur métaphysique : c'est l'infini qu'il lui faut pour s'en repaître et s'y noyer. Un de mes amis loge trois musiciens bavarois. Les drôles ont découvert une cave dans le voisinage, où tous les jours ils vont dénicher vingt-sept ou trente bouteilles de vin blanc. Et tous les jours ils renouvellent cette réserve ; tous les jours ils vident les vingt-sept ou trente bouteilles, sans souffler moins fort dans leurs instruments. Nous les avons surpris une fois à l'heure de l'absorption : ils étaient muets, graves, sérieux et rêveurs comme les docteurs de leurs universités ; chacun tenait sa bouteille à la main, en guise de verre, et se délectait à part ; ces ivrognes avaient, ma foi, un air religieux, et nous, l'envie de leur rire au nez. Les officiers ont généralement plus de sobriété ; mais beaucoup sont gloutons, et leurs hôtes s'en plaignent. Ce n'est pas le seul inconvénient pour ceux qui les reçoivent à leur table. Comment les avoir près de soi sans discuter avec eux ? L'Allemand est querelleur par nature ; nous, Français, nous avons toutes les raisons possibles pour leur chercher querelle : qu'on juge de l'agrément que vous causent ces repas où l'on ne fait que discuter en mangeant, et où malgré la politesse contrainte qu'il faut garder, on a plus envie de les étouffer que de les nourrir! Un de nos conseillers à la cour, M. de Loture, à qui le prince Léopold de Bavière s'était donné pour commensal forcé, s'est plu si volontiers, dans une de ces discussions de table, à rabaisser l'orgueil du vainqueur, que le prince a voulu quitter une maison où l'on dîne si mal, c'est-à-dire avec des patriotes si francs et si rudes. Après divers incidents assez burlesques, où le cousin du roi de Bavière ne s'est guère honoré, M. de Loture a dû faire servir le prince dans la chambre où il s'était installé. M. de Loture y gagnait l'avantage de sa liberté personnelle.

Pour désennuyer les troupes, le commandant de place a requis le directeur des concerts du Châlet de rouvrir son établissement. Les soldats s'y pressent en foule ; de Français, point. Il paraît que ces fins connaisseurs écoutent à peine la musique et les chants dont on leur régale les oreilles. Une seule chose les ravit : c'est la vue des acrobates et des chiens savants. Voilà l'art français bien jugé aux concerts du Châlet!

On se passe de main en main la proclamation où Gambetta accuse le maréchal Bazaine d'avoir trahi. On en discute avec passion. Seuls, ceux qui aiment la justice et qui connaissent les jugements variables de l'histoire réclament des preuves et veulent attendre

15.

pour condamner. Ils sont en très-petit nombre. Bien rares aussi sont les patriotes qui, se souvenant de l'admiration avec laquelle la France entière applaudissait il y a peu de jours aux exploits de Bazaine, hésitent à la répudier si vite et n'ont pas encore la force de le maudire. En général, on croit à l'accusation. Il y a tant de honte dans la capitulation d'une si glorieuse et si grande armée! Il y a tant de fatalité dans cette épouvantable infortune! La défaite de la France devient si prochaine et si terrible, après cet irrémédiable désastre! On comprend donc la colère qu'excite une telle douleur à Orléans et sans doute dans toute notre patrie. L'avenir jugera Bazaine. Fondée ou non, la pensée de son crime aura pour effet de troubler les courages et les espérances; elle augmente le désordre dans les âmes; le fantôme de la trahison va se dresser désormais devant l'imagination de la foule et le regard effrayé des armées : ce sera, hélas! une faiblesse de plus pour nos généraux et pour la France.

Mardi 1er novembre.

Cette nuit, alerte des Bavarois. Tout à coup les habitants ont entendu, vers une heure, des coups sourdement appliqués aux volets. Dans certains quartiers, toutes les sonnettes carillonnaient. C'étaient les fourriers qui passaient de maison en maison, donnant aux soldats l'ordre de se tenir prêts à partir au premier signal. Des bruits de chevaux au galop ont longtemps retenti dans les rues. Chacun de nous avait le cœur qui battait, dans l'attente, d'espoir, de joie et d'impatience. Partout ils se tenaient le sac au dos et le fusil à la main. Les sergents sont venus faire leurs visites pour constater où en étaient les choses et les hommes. Mais les heures ont sonné l'une après l'autre ; l'aube a lui : Orléans n'était pas évacué.

Pourtant on a pu croire, ce matin, que l'ennemi nous quitterait dans la journée. Pièces d'artillerie, fourgons, voitures de postes ou d'ambulances, tout sur le mail était prêt au départ : les cavaliers sont restés à cheval et les conducteurs sur leur siège jusqu'à midi. Un instant, le convoi s'est ébranlé ; une longue file se formait déjà sur la route. Nous regardions, l'âme vivement agitée : « Ils s'en vont ! Bon voyage ! » nous disions-nous l'un à l'autre. Arrive un aide-de-camp avec un ordre : tout s'est arrêté. Ce n'était encore qu'une alerte...

On dit que les Bavarois ont été battus à sept ou huit lieues d'Orléans, au-delà d'Huisseau-sur-Mauves. On dit aussi que l'armée de la Loire se compose de plus de cent mille soldats. On observe enfin certains signes d'inquiétude chez nos ennemis, maintenant occupés plus que jamais à multiplier les reconnaissances sur le chemin de Blois et celui de Châteaudun. Illusion ou non, on s'attend à des événements prochains, et sans savoir pourquoi, on espère une fortune meilleure.

Aujourd'hui c'était la Toussaint. J'ai remarqué que peu de gens allaient au cimetière : on n'y a pas vu, comme d'habitude, tous ces visiteurs qui viennent, les uns regarder les tombes, les autres y prier. Les morts ont été moins honorés que d'ordinaire... C'est qu'on ose à peine quitter sa maison envahie et que la foule ne se promène plus. La guerre crée tant d'obstacles partout où elle pénètre, qu'elle détourne et change le cours de la vie la plus paisible.

Mercredi 2 novembre.

C'est une situation (1) étrange que la nôtre ; la menace de la faim commence à terrifier Orléans, et

(1) Sur la situation où se trouvait Orléans dans les derniers jours d'octobre, M. de Lacombe, conseiller municipal, avait préparé un très-important rapport, tableau fidèle de nos calamités, qui devait être mis sous les yeux du roi de Prusse. Diverses circonstances empêchèrent d'abord qu'on l'envoyât à Versailles, et les événements le rendirent plus tard inutile. Nous avons été heureux de comprendre ce remarquable document parmi nos pièces justificatives. (Voir n° 24.)

pourtant la campagne semble ouverte, l'horizon paraît libre à quelques lieues autour de nous, la ville est sans murailles, aucune armée ne l'assiége : un étranger, passant ici, pourrait se croire dans une cité en paix. Eh bien! Orléans se trouve enfermé dans cette campagne comme une place de guerre qu'on bloque à certaine distance; à cet horizon, les soldats de la France et ceux de l'ennemi font également sentinelle, et les vivres n'arrivent plus : Orléans va manquer de viande et de pain, plus vite encore que Paris!...

Que de calamités ont préparé celle-là ! Le printemps avait été semblable à un été sans pluie ; les feuilles, les herbes et les épis avaient dû verdoyer sans eau ; puis on n'avait plus vu que des champs brûlés par le ciel, où tout se fanait et mourait; jamais sécheresse plus intense et plus persistante. Outre qu'avec la guerre s'étaient produits l'inquiétude, la perturbation et les désastres, on avait le chagrin d'apprendre que la récolte, recueillie à la hâte, était insuffisante en blé, presque nulle en avoine et en fourrages. Les fermiers, qui ne pouvaient nourrir leurs bestiaux et qui d'ailleurs craignaient l'ennemi, en avaient exporté ou tué une partie. Toute alimentation était devenue rare et chère. Les troupes de l'armée de la Loire avaient accru du tiers ou de moitié le chiffre de notre population, et nos embarras s'étaient ainsi augmentés.

Ému du danger prochain qu'il entrevoyait, le Conseil municipal avait, en engageant la garantie de la ville, décidé les boulangers à se pourvoir d'une réserve de farine pour un mois à l'avance ; mais cette sage prévoyance ne nous aura pas sauvés : le pillage, l'état de guerre et la voracité allemande ont dissipé ou englouti nos provisions ; nous voici à notre dernier malheur.

La crainte de la famine augmente donc de plus en plus, et, pour se rendre compte des approvisionnements qui nous restent, le maire d'Orléans a fait faire une enquête. Il en résulte qu'à la date du 31 octobre, il n'y a plus de farine en ville que pour douze à treize jours. Les blés ont été battus à la hâte et vendus aux commerçants du Midi avant l'invasion ; ceux que l'ennemi a trouvés en gerbes, il les a gaspillés, emportés ou donnés à ses chevaux ; on n'espère pas que la campagne voisine puisse nous pourvoir de grains nouveaux pour plus de cinq à six jours. Le 5 novembre, nous n'aurons plus de viande ; tout au plus nos bouchers se procureront-ils assez de bétail pour nous alimenter jusqu'au 10. Sous nos yeux, cependant, les Bavarois ont le superflu et n'épargnent rien. Journellement, leurs intendants exigent de la ville vingt mille rations de pois, haricots, lentilles et café. Nous, nous ne savons plus où en acheter ; la municipalité s'en était approvisionnée pour satisfaire aux réquisitions ; voilà ses provisions presque épuisées.

Plus de sel chez les épiciers ni chez les négociants. Il y en avait sept cent soixante sacs à la gare; mais les Bavarois s'en sont emparés, et ils prodiguent, au point de le perdre, ce sel dont nous avons besoin. Plus de porcs dans nos environs; très-peu de lard à Orléans. L'eau-de-vie est rare. Quant au sucre, l'ennemi nous aura bientôt enlevé la faible quantité qu'on en garde, car il en réclame tous les jours des centaines de kilogrammes.

On a constaté enfin qu'il n'y a plus une goutte d'huile à brûler dans les magasins; et, comme s'ils voulaient que le luminaire nous fît défaut prochainement, les Bavarois se sont mis à exiger tous les jours, par réquisitions, quatre cents livres de bougies au minimum. Est-ce pour éclairer toute la garnison? Le Conseil municipal songe à proposer modestement de la chandelle; encore n'y en a-t-il plus pour longtemps (1)...

Le Conseil a informé aujourd'hui le général de Tann de l'état de choses auquel cette rigoureuse occupation nous aura bientôt réduits. Pour donner du travail et du pain aux ouvriers, on a décidé « l'achèvement du cavalier du quai Tudelle, » ouvrage com-

---

(1) Tous ces détails sont consignés dans le rapport officiel que la Commission des subsistances adressa au Maire d'Orléans. (Séance du Conseil municipal du 2 novembre.)

pris parmi ceux qui ont pour objet de prévenir les inondations de la Loire.

Cette situation inquiétante, nous la devons aux exigences et aux caprices immodérés de l'ennemi. Autre raison pour le détester.

La journée s'est passée sans nouvelles. Quel ennui !

On rencontre sur le Mail des curieux qui viennent voir si les canons des Bavarois sont toujours là. Hélas ! cette inspection nous convainc tous les jours que rien ne change dans la situation d'Orléans. Ces canons immobiles ont l'air de vous dire qu'ils sont bien ici et qu'on ne les chassera pas. J'en ai compté vingt-deux à leur place habituelle ; deux autres se promenaient le long de la route, sans leurs fourgons. Les Prussiens, nous ne l'ignorons pas, excellent dans la stratégie de ces va-et-vient inutiles qui semblent, pour les naïfs et les badauds, multiplier le nombre de leurs soldats et de leurs pièces.

La Loire a, depuis deux jours, une crue qui les étonne et qui déconcerte un peu leurs pontonniers. Ses eaux ont couvert « le duit (1) » et s'étendent d'une rive à l'autre ; elle roule des vagues agitées et boueuses. Avertis par un premier accident, les Prussiens s'occupent à consolider vigoureusement le pont qu'ils ont jeté, la semaine dernière, devant le quai Saint-Laurent.

(1) Digue revêtue de pierres qui sert à canaliser la Loire devant Orléans.

Ils avaient arrêté, il y a quatre ou cinq jours, le maire de Saint-Privé, M. Michot. Son crime principal, c'était d'avoir refusé des réquisitions impossibles ; le grief prétexté, c'était la découverte de deux fusils qu'on avait déterrés dans un des champs de la commune. On vient de le relâcher. Qu'il rende grâces au ciel, c'est-à-dire à Mgr Dupanloup qui a plaidé sa cause auprès du général de Tann !

On m'a fait lire, à la dérobée, cinq ou six *Petit Moniteur* de la semaine dernière, frauduleusement introduits chez nous par un de nos concitoyens qu'on avait laissé sortir. Beaucoup de décrets, des détails vagues, des nouvelles incertaines, des on-dit presque aussi nombreux que les nôtres, voilà tout ce qu'on y rencontre : rien qui annonce la résurrection de la pauvre France !...

Jeudi 3 novembre.

On n'entend guère parler que d'escarmouches ; et ces petits faits de guerre deviennent de trop importants combats dans l'imagination des historiens qui des environs nous apportent en secret tous ces récits recueillis dans la campagne. Entre autres épisodes, voici les mieux connus, ceux dont la vérité est tout à fait certaine.

Le 31 octobre se sont glissés, comme à pas de loup, dans les bois du village de Dry, les francs-tireurs de Cathelineau (un bataillon des mobiles de la Dordogne et un bataillon de volontaires vendéens). Avec eux marchaient une douzaine d'éclaireurs à cheval, tireurs et cavaliers hors ligne, qui connaissaient à merveille tous ces pays de la Sologne où ils avaient chassé à courre. Grâce à eux, ce sont les Prussiens, et non les Français, qui ont été surpris cette fois.

Dès le premier jour, les patrouilles de hussards rouges sont tombées dans une embuscade. Confiants dans la tranquillité des semaines précédentes, ils s'avançaient en toute sécurité sur la route silencieuse. Comme ils étaient arrivés devant les sapins qui entourent le château du Bouchet, une vive fusillade éclate sur eux. Les francs-tireurs de Cathelineau s'étaient postés là, les uns couverts par des piles de cotrets, les autres abrités dans une sablière. Trois hussards sont jetés par terre. Les autres se sauvent à travers champs; surpris et vraiment éperdus, ils s'enfuient au hasard dans les bois de la Sologne, où de nouvelles décharges les assaillent. Sur vingt et un, un seul est rentré à Orléans. Le soir, une centaine vinrent explorer le pays d'un pas lent et l'œil inquiet, mais sans dépasser le village de Dry; et depuis ce jour, pas une réquisition n'a été faite dans la commune.

On m'apporte également le récit, aujourd'hui épique au village de Briou, de ce qu'on appelle dans le pays « le combat du moulin de Lorges. » C'est une bataille livrée, non sans stratégie, par cinq gardes nationaux à six cuirassiers blancs; et vraiment les braves gens de Briou ont mérité la victoire qu'ils ont obtenue.

Depuis le 10 octobre, la limite de la France, selon le mot de nos paysans, était aux communes de Létiou, Séris, Josnes et Lorges. Les hulans entraient tantôt dans un village, tantôt dans un autre; ils imposaient des réquisitions et se retiraient précipitamment. Or, les gardes nationales de la contrée voulurent prévenir ces honteuses vexations; les officiers s'assemblèrent, et l'on convint d'un plan pour résister tous ensemble à ces pillards. Dès qu'approcherait l'ennemi, on devait mettre en croix les moulins à vent de la commune en danger : aussitôt on accourrait de toutes parts à son secours. Plusieurs fois la menace se prépara; les fidèles moulins donnèrent le signal à Lorges, à Villermain ou à Ouzouer-le-Marché; à chaque appel il n'y eut jamais un homme qui manquât : ceux qui n'avaient pas de fusils emportaient soit une fourche, soit une faux emmanchée au bout d'un bâton : tout le monde voulait être brave. Mais on ne put jamais atteindre les hulans, qui toujours se hâtaient de s'enfuir.

Enfin, le 22 octobre, vers neuf heures du matin, les factionnaires qui guettaient le signal l'aperçoivent à Josnes : l'aile du moulin était tournée vers Beaugency. Les gens de Briou prennent donc leurs armes, se rendent à Lorges, se réunissent aux gardes nationaux de l'endroit, et tous s'avancent du même pas sur Josnes. Tout à coup, quelqu'un regardant en arrière remarque que le moulin de Lorges en détresse annonce de son côté l'arrivée de l'ennemi. A cette vue les courages s'émeuvent : des volontaires réclament l'honneur de composer l'avant-garde et d'aller voir au moulin de Lorges si les Prussiens viennent et où ils sont. Un sous-lieutenant des gardes de Briou, Ferdinand Bourgois, s'offre avec quatre hommes de son village : ceux-ci s'appelaient Théodore Ferret, Narcisse Séjourné, Émile Henry et Alzire Marette. Arrivés à Lorges, le patron du moulin, maître Camu, leur dit que vingt hulans ont paru; mais des mobiles, épars dans la campagne, leur ont envoyé quelques balles, et les hulans se sont envolés sur leurs chevaux. Ces récits les rassurent; nos volontaires font signe à la colonne qui les suivait de retourner sans émoi à Josnes. Le moulin de Josnes à son tour les avertit que le pays est libre : chacun peut rentrer chez soi. Le danger semblait conjuré et la journée finie.

Comme les cinq volontaires de Briou cheminaient à travers champs par un assez large sentier qui conduit chez eux, un des habitants du hameau voisin passe en criant : « Méfiez-vous ; il y a quatre hulans à Villecoulon ! » — La ferme de Villecoulon est à mille mètres environ du moulin ; et déjà on avait parcouru la moitié de cet espace. Le lieutenant jette aux siens un regard de belliqueuse provocation : « Si nous ne sommes pas des lâches, dit-il, c'est d'y aller... » A ce bref discours, les soldats répondent gaillardement et d'une même voix : « Allons-y. » — Et aussitôt l'agreste armée déploie ses lignes et marche ; les cinq hommes se disposent en tirailleurs, à douze pas l'un de l'autre.

Un des cavaliers s'est montré : il semble rôder autour des bâtiments de la ferme. On se couche, et on attend qu'il approche. Mais bientôt apparaissent cinq autres Prussiens qui se dirigent vers le moulin, en se dispersant dans la campagne, comme pour former un cercle et cerner les Français alors à l'affût. Considérant que ses compagnons avaient pour armes de vieux fusils à piston, et que « ce n'était guère expédiant, » comme on dit à Briou, le lieutenant réfléchit un peu ; il change son plan de bataille : « Nous ne sommes pas en forces ; il faut gagner le moulin pour nous garantir, » et, ces mots prononcés, il crie à sa petite troupe : « En retraite, les amis ! » La garde nationale de Briou n'avait jamais fait l'exercice : la retraite fut un sauve-qui-peut.....

Les cuirassiers blancs s'élancent au galop. Ils ont bientôt rattrapé le lieutenant, que ses cinquante-trois ans rendaient moins leste que les autres. Entouré par trois d'entre eux, il est sommé de se rendre. Son fusil de chasse, fusil prêté au brave homme par la châtelaine du manoir d'Autry, n'avait pas de baïonnette : il le décharge en l'air, et, près de le tendre à l'ennemi. « Tirailleurs, feu ! » crie-t-il pour dernier ordre à ses gardes nationaux en fuite. Ceux-ci se retournent et le voient pris et retenu. Les étincelantes cuirasses, les rapides et grands chevaux de l'ennemi ne leur font point peur ; et tous de se dire : « Ils ne l'emmèneront pas. » Séjourné tire le premier : un cheval tombe ; mais le cavalier démonté saisit le lieutenant par le bras et se met en devoir de l'emmener. Alors les gars valeureux de Briou courent en avant, droit à l'ennemi : leur audace s'est éveillée ; le paysan devient soldat. Quand ils sont à quarante mètres des Prussiens, Ferret tire sur l'homme qui tenait le lieutenant : sa balle touche le cuirassier au défaut de son armure ; le sang monte à la bouche du blessé et couvre son prisonnier. Émile Henry tire en même temps sur le cavalier voisin ; le cheval s'abat, et celui qu'il portait se trouvant pris et engagé sous sa monture, le cuirassier tout à l'heure blessé abandonne le lieutenant Bourgois et vient aider son camarade à se débarrasser. Le cheval ne leur parut pas, sans doute, gravement atteint; car tous deux s'y placèrent comme ils purent et s'éloignèrent dans la direction de Cravant.

La lutte était maintenant moins inégale. Mais les gardes de Briou n'avaient pas encore rechargé leurs fusils : les quatre cuirassiers les jugent donc incapables de se défendre, et choisissant chacun leur adversaire, ils fondent sur eux, le pistolet au poing. Les quatre Français attendent, immobiles, le pied ferme; la baïonnette est solide en leurs mains robustes; ils ne céderont pas à la menace. Les Prussiens tirent en accourant; mais leurs balles maladroites n'ont frappé personne. Voici que les groupes de combattants se sont formés dans la plaine : des paysans en blouse, mal armés, sans expérience, font face à ces cuirassiers vigoureux, exercés, bardés de fer à la poitrine, hautement assis sur leurs chevaux, et brandissant de longs sabres qui brillent au soleil devant les yeux des quatre villageois. Ceux-ci leur présentent la pointe aiguë des baïonnettes. L'ennemi, qui se précipitait au galop sur A. Marette, lui crie d'abord en français : « Rendez-vous! » — « Je vas te rendre des balles, » répond Marette avec une assez gaie colère, et il essaie de charger son fusil. Mais déjà le Prussien le serre de près : Marette, pour le tenir à distance, pique vivement le cheval à la tête. A côté de lui, Émile Henry a profondément enfoncé sa baïonnette au cou du cheval qui se ruait sur lui. Les deux autres opposent la même résistance. Cependant, le prisonnier délivré est venu retrouver les siens; un peu plus loin arrive à grands pas l'un des fermiers du pays, armé de son fusil de chasse. Les cuirassiers, impuissants dans leur première attaque, songèrent-ils avec frayeur au sort de leurs compagnons? L'attitude résolue de leurs ennemis les intimida-t-elle? Comme leurs chevaux se cabraient sous l'aiguillon des baïonnettes, craignirent-ils d'être démontés? Tout à coup, ils tournèrent bride et s'enfuirent, poursuivis par les cris des vainqueurs et par les balles d'un d'entre eux.....

Dans la ville, aucun incident qui soit digne de mention. Des Prussiens qui vont et qui viennent, avec des billets de logement ; trois voitures qui leur apportent, d'on ne sait quel champ de bataille, des sacs entassés l'un sur l'autre, où l'on reconnaît ceux de nos soldats et des leurs ; le convoi d'un pauvre fantassin français, dont le cercueil est suivi d'amis qu'il n'a pas connus, et qui, s'émouvant à ce spectacle, se joignent sur la route aux hôtes qui l'avaient recueilli : voilà les seuls faits qu'on ait observés dans les rues. Le calme est profond à Orléans.

Toutes les nouvelles viennent du dehors aujourd'hui. M. Thiers a écrit, dit-on, un petit billet à l'évêque d'Orléans : il lui fait savoir qu'il s'est rendu à

Versailles, auprès de M. de Bismark, et que, malgré les difficultés, il a un peu d'espoir. On en conclut qu'à Paris on envisage la situation autrement qu'à Tours : on n'y déclame pas tant, et l'on juge nécessaire de tenter la négociation d'un armistice, c'est-à-dire de la paix.

On parle beaucoup des mouvements de l'armée de la Loire et de l'armée ennemie. Malheureusement, la même nouvelle s'annonce et s'interprète d'une manière très-différente, selon les gens. Dans un groupe de trois personnes, quelqu'un dit tout à coup : « Les Français ont repris Chartres. » Les deux autres de s'écrier : « Bravo ! »

— Oui, reprend le premier ; mais on assure que derrière la Loire nos troupes se replient : elles ont quitté Gien et se dirigent vers Argent.

— Tant pis !

— Tant mieux !

— Comment ! dit l'homme qui s'afflige, ne voyez vous pas que les Français reculent ?

— Vous vous trompez, dit l'homme qui se réjouit. Ils avancent. Remarquez-le bien. Ils sont entrés à Chartres : c'est le mouvement qui se dessine. Toute l'armée s'ébranle dans la Sologne et sur la Loire : de proche en proche elle va gagner Mer ou Blois ; par une marche de flanc, elle devancera les Prussiens campés ici. Pour moi, je les vois s'avancer sur la route de Paris....

Ainsi s'entendent nos stratégistes. Qui sait ce que deviendront demain toutes ces nouvelles et tous ces plans ?

Ce soir arrive une dépêche qui nous vient du ciel : un ballon l'aurait apportée aux environs d'Étampes ; on l'aurait affichée sur les murs d'Aschères et d'Artenay : c'est de là qu'on nous l'envoie ainsi conçue :

« Le 26 octobre, les Parisiens ont tué, dans une sortie, 6,000 Prussiens ; ils en ont blessé 1,800 ; ils ont fait 800 prisonniers ; ils ont enlevé 19 canons. Le 28, ils ont mis 15,000 Prussiens hors de combat ; ils en ont pris 26,000 ; ils se sont emparés de 26 mitrailleuses et de 19 canons. Les Bavarois refusent de marcher. »

Ces victoires sont bien extraordinaires pour qu'on y croie. On soupçonnerait volontiers M. de Bismark d'avoir imaginé cette merveilleuse nouvelle pour se jouer de notre crédulité ; et l'on ne voit guère de gens qui n'aient reçu comme un conte une dépêche qui, en deux jours et si lestement, tue, blesse ou prend près de cinquante mille Prussiens. Je remarque, pour ma part, qu'elle nous parvient de localités maintenant occupées par l'ennemi...

Vendredi 4 novembre.

Prévoyants à l'excès, les Prussiens administrent pour ainsi dire la guerre, en gens d'affaires et en savants pour qui tout est uniforme et ponctuel. Des réglements, étudiés à l'avance et partout appliqués sans pitié, donnent à leurs généraux les moyens de procéder à l'occupation avec cette méthode qu'ont tant de fois remarquée leurs victimes. En pénétrant en France, ils avaient pour la conquête un formulaire dont les prescriptions ont été sévèrement pratiquées de Nancy à Orléans. Ils s'étaient fait pour l'invasion un code propre à maintenir les populations dans la terreur, et dont l'unique pénalité, c'est la mort pour les individus, l'amende pour les communes.

Ce code, nous commençons à le connaître. Déjà les menaces de M. de Tann nous ont avertis sur deux affiches qu'on fusillera quiconque aura mis obstacle soit au service du télégraphe (1) exploité par les Allemands, soit à celui du chemin de fer (2) ; quant au pays où l'on aura renversé un poteau ou endommagé la voie, on le rend responsable du méfait, comme si tous les

(1) Voir aux *Pièces justificatives*, n° 11.
(2) Voir aux *Pièces justificatives*, n° 23.

habitants en étaient complices : on leur imposera une contribution de guerre. L'abus de l'argent et de la vie humaine semble si facile à nos ennemis !

Quelque rigoureuses que paraissent ces menaces, un militaire les excuserait peut-être, parce qu'il les jugerait nécessaires à la conduite de la guerre. Mais je ne crois pas qu'on puisse absoudre de cruauté le général von Wittich qui publie l'édit suivant partout où il passe :

« Les personnes qui, n'étant pas militaires, seront saisies portant les armes contre les troupes allemandes, ou commettant d'autres actes d'hostilité ou de trahison, seront irrévocablement mises à mort (1).

« On ne considérera comme militaires que ceux qui porteront l'uniforme ou qui seront reconnaissables à portée de fusil par des distinctions inséparables de leurs habits (2). »

Je le sais, ces précautions ne sont pas une nouveauté dans l'histoire des guerres faites par la Prusse. Quand, en 1792, les Prussiens envahirent si injustement et si violemment la France, Brunswick annonça dans son manifeste des mesures semblables à celles que M. de Tann et von Wittich prennent aujourd'hui :

(1) Les Allemands aiment à rédiger eux-mêmes leurs proclamations en langue française. *Mettre à mort irrévocablement* est une jolie expression dont von Wittich nous aura laissé le souvenir.
(2) Voir aux *Pièces justificatives*, n° 25.

« 6° Les membres des départements, des districts et des municipalités, seront également responsables, sur leurs têtes et sur leurs biens, de tous les délits, incendies, assassinats, pillages et voies de fait qu'ils laisseront commettre ou qu'ils ne se seront pas notoirement efforcés d'empêcher dans leurs territoires.

« 7° Les habitants des villes, bourgs et villages, qui oseraient se défendre contre les troupes de Leurs Majestés Impériale et Royale, et tirer sur elles, soit en rase campagne, soit par les fenêtres, portes et ouvertures de leurs maisons, seront punis sur-le-champ suivant la rigueur du droit de la guerre, et leurs maisons démolies ou brûlées. » (25 juillet 1792.)

Quant à nous, nous trouvons ces prescriptions iniques. Qu'un général garantisse ses soldats de la vengeance des vaincus, en prévenant le meurtre ou l'empoisonnement, par la terreur des châtiments qu'il prépare, on le conçoit. Mais la différence est grande entre l'assassin qui tue le vainqueur au détour d'une rue ou dans les champs, près du sillon qu'on paraîtrait tracer paisiblement, et l'homme de cœur qui, dans l'assaut de son village, ou de sa cité, ou de sa maison, devant sa femme ou sa fille outragée, ou bien dans une bataille désespérée où l'a jeté tout à coup l'amour de sa patrie, a pris un fusil et se bat pour le salut de son pays. Quoi! vous le passerez par les armes, parce qu'il n'aura pas d'uniforme, cet homme qui, dans un combat, aura loyalement offert sa poitrine à vos boulets et à vos balles ! Vous menacez de mort, vous, Brunswick, « l'habitant des villes, bourgs et villages qui oserait se défendre ! » Vous nous faites la guerre, et vous nous regardez comme des brigands, si nous essayons, par la guerre aussi, de protéger la terre que vous dévastez ! Vous menacez de mort, vous, von Wittich, celui qui, « n'étant pas militaire, » essaie en plein jour, au soleil de feu d'une bataille ou dans un siége, d'écarter de son foyer et de repousser de la terre natale le conquérant qui vient en violer l'asile et en profaner la dignité ! Changez alors les noms dont l'histoire appelle les héros qui sont tombés, sous les vêtements de leur vie ordinaire, pour l'indépendance et la liberté de leur nation ; changez les éloges qu'elle donne à la résistance de tant de vaillantes cités, antiques ou modernes, défendues par leurs seuls habitants ; n'applaudissez plus à ces femmes et à ces prêtres qui mouraient sur les brèches de Saragosse : pour être fidèle à vos lois militaires, il faudrait les exécuter comme des traîtres au pied de leurs murailles. Et surtout ne parlez plus, pour les honorer par vos souvenirs, de ces paysans et de ces bourgeois allemands qui, sans être soldats, dans les années de 1813, de 1814 et de 1815, se ruèrent si souvent sur les

Français, soit à la prise de leurs bourgs, soit dans la retraite de nos armées : vos patriotes, nous aurions le droit de les flétrir et de les fusiller comme des criminels, selon le droit que vous vous arrogez vous-même...

Les Allemands ne souffrent pas de discussion sur ce point : les usages qu'ils ont établis dans cette guerre leur paraissent imprescriptibles. M. de Tann voudra-t-il bien déroger, en faveur des pauvres laboureurs que l'Évêque d'Orléans lui recommande aujourd'hui dans ces termes ?

« J'insiste en particulier pour qu'il soit absolument défendu aux soldats de rien faire qui empêche ces paysans de labourer et ensemencer leurs terres. Or, c'est les en empêcher absolument que de leur enlever soit l'animal qui est le dernier instrument de leur travail, soit leur dernière provision de grains (1). »

Involontairement, en lisant ces lignes, je pensais à notre Colbert, ce probe et dur financier qui décréta que la justice du roi ne saisirait plus désormais les instruments de labour du manant. Je me souvenais de cette belle parole de Fénelon : « Le droit de conquête est un droit moins fort que celui de l'humanité (2) ; » et je me disais qu'après la guerre il y

(1) Voir aux *Pièces justificatives*, nº 26.
(2) Fénelon, *Dialogues des Morts*, 1ʳᵉ partie : *Socrate et Alcibiade*.

aurait pour les peuples une noble et généreuse convention à signer : j'entends celle qui, dans les hostilités des nations, assurerait ses semences et sa bête de somme à celui qui jette son blé au sillon pour la nourriture des hommes, pour la faim du monde entier.

On parlait beaucoup aujourd'hui de la défaite extraordinaire que les Prussiens auraient éprouvée sous les murs de Paris.

La dépêche d'hier soir a ses croyants : la jugeant vraisemblable, ils la déclarent vraie en tous points. Plaise à Dieu que les sceptiques d'entre nous soient prochainement confondus! Il serait si agréable de savoir déconfits une cinquantaine de mille de Prussiens !

Toutes les nouvelles qui ont fait l'intérêt de la journée étaient répandues par nos ennemis. Un instant, une foule nombreuse s'est rassemblée devant la boutique d'un marchand, dans la rue Bourgogne. De quoi s'agit-il? De la paix. Un officier bavarois a crié qu'elle était signée; et ce cri, il le répète plusieurs fois devant les gens qui l'interrogent. Ailleurs je rencontre un ami consterné qui m'annonce la prise de Dijon ; de plus, une armée, commandée par on ne sait quel prince allemand, se dirigerait vers nous : elle serait forte de soixante mille hommes, et comme elle aurait la Loire pour objectif, les troupes françaises se trouveraient entre deux feux. D'où vient cette rumeur ? C'est encore un officier bavarois qui la sème parmi nous. Un autre enfin racontait tout à l'heure à ses hôtes que Gambetta s'était donné ou avait reçu la mort.

Il y a de la lassitude dans les esprits; on est fatigué de ne rien savoir ou de savoir sans certitude. La ville semble morte; les Bavarois eux-mêmes ne remuent point : depuis trois jours les choses sont immobiles; l'ennui se change en tristesse, et, à part ceux en qui l'illusion anime encore l'énergie, les cœurs sont découragés.

Un beau soleil a pourtant lui toute la journée, tandis qu'une bise légère soufflait du nord depuis la nuit. Mais les promeneurs manquaient au Mail et sur les quais, tant la présence des Prussiens empêche d'apercevoir et de goûter ces derniers bienfaits de l'automne !

Samedi 5 novembre.

Autant que celle de la paix, la question des subsistances nous inquiète de plus en plus. Amis et ennemis, tous ceux qui règnent à l'horizon du pays qu'explorent nos fournisseurs, font également obstacle au ravitaillement d'Orléans. Les Prussiens ont épuisé les campagnes par le vol et le pillage : bestiaux, farine ou blé, ils ont tout pris, au point qu'eux-mêmes commencent à prévoir et appréhender la rareté des vivres ; déjà ils ont diminué la ration de viande qu'ils donnaient chaque jour à leurs soldats, et ceux qu'on envoie loger chez nous doivent être désormais nourris par nos soins, sous le prétexte qu'on nous les envoie relevant de maladie. Plaisante exigence ! Quand ils n'auront plus rien, que nous restera-t-il donc ? Ils sont les maîtres de la contrée ; ils étendent librement au loin leurs recherches et leurs relations ; et nous qu'ils ont appauvris, nous qu'ils renferment rigoureusement dans leurs lignes, nous aurons à trouver pour eux et pour nous ce qu'ils ne trouvent plus eux-mêmes !... Les Français, de leur côté, empêchent toute nourriture d'arriver à nous. Est-ce une raison militaire qui les y détermine ? Sont-ils sous l'empire des infâmes calomnies qui ont mis en doute le patriotisme d'Orléans, et veulent-ils nous affamer par vengeance ? Peut-être leurs généraux cèdent-ils tout à la fois à ces deux motifs.

Quelle que soit la cause réelle, l'effet produit, c'est l'épouvante et la souffrance. Chez un ouvrier qui pouvait à peine se procurer les aliments nécessaires, deux soldats prussiens réclamaient ce matin une de ses deux chambres et la subsistance. Dans ces conditions qui gênent le riche lui-même, comment donc vivront les pauvres ? Hier, on a craint que la viande ne nous manquât dans deux jours. Ce soir, l'acquisition d'un troupeau fait espérer qu'on en aura pour une semaine. Les gens prévoyants se sont mis à saler le bœuf comme le porc. Les charcutiers sont presque au dépourvu. Tout le reste, sauf le beurre qu'on trouve encore à 1 fr. 15 c. la livre, devient rare et ne s'acquiert qu'à force d'argent. Les œufs se vendent 1 fr. 75 la douzaine. Quant au poulet et à la poule, ce seront bientôt des oiseaux merveilleux comme le phénix ; et ces phénix de basse-cour, hélas ! une fois morts, ne renaîtront pas. Les épiciers se disent aux abois : ils n'ont plus d'huile à brûler ; les bougies seront bientôt toutes consumées ; déjà les plus dédaigneux méprisent moins la chandelle, et se préparent à s'en contenter comme au bon temps de Mme de Sévigné. Le sucre s'achète 1 fr. 25 ; les gens bien avisés font des provisions de mélasse pour boire leur café, à la mode des paysans lorrains. Enfin, le sel coûte 40 c. la livre ; le pain, 1 fr. 80 ou 1 fr. 90 les huit livres. Encore, le mal s'aggravera-t-il, selon toute prévision. « Maudite guerre ! » disent ceux d'entre nous qui prêtent le plus volontiers l'oreille à ces plaintes de la bourse et de l'estomac. « Maudite guerre ! » disent les pauvres ouvriers qui vont mendier, faute de besogne, et qu'abat le poids de leur misère présente, d'une misère où ils ne sentent pas même l'allégement de l'espoir. « Maudite guerre ! » disent eux-mêmes les patriotes qui la voient, depuis le désastre de Metz, ruineuse sans honneur et sanglante sans profit.

Point de nouvelles militaires. On continue à dire que l'armée de la Loire a ses forces principales à Mer et qu'on signale des troupes à Sully et à Marcilly-en-Villette. Il y a presque un mois que cette armée fait des mouvements dans tous les sens : quand se fera le dernier ?.. Dans la direction de Beaugency, les hulans chevauchent sans cesse aux environs de cette ville ; ils y vont même, comme à Meung, prélever des réquisitions ; on les a vus en nombre à Saint-Péravy et au village d'Ormes. Mais c'est à Baccon que les Bavarois ont leur campement : ils en occupent la hauteur avec quarante canons, et de la tour qui se dresse là ils surveillent tout autour d'eux une étendue de cinq lieues. A quelques kilomètres de Meung, ils ont élevé des retranchements et crénelé le mur du château de Bel-Air. Hier, dans l'après-midi, un parlementaire prussien a pris, de ce même côté, le chemin qu'a suivi mardi passé le parlementaire chargé, croit-on, de conclure un armistice provisoire entre les deux armées. Sa mission a peu duré, car on l'a vu revenir avant le soir.

Les Allemands montrent toujours une cruauté sauvage partout où ils ont affaire à nos francs-tireurs. Ceux-ci leur avaient tué un homme et blessé plusieurs autres, à quelques centaines de mètres de Vienne-en-Val, sur la route de Sandillon, où ils les avaient surpris. Avant-hier, vers midi, cavaliers prussiens et fantassins bavarois sont arrivés pour se venger. Ils amassent des torches et des fagots pour l'incendie, et sans marque de colère, ils accomplissent le crime. Le feu s'allume à vingt-deux maisons à la fois. Dix sont bientôt consumées tout entières ; les autres le sont à demi ; les voilà noires, chancelantes, ruinées. Les deux fermes de la Maugerie et des Grands-Marais disparaissent avec leurs meules dans les flammes : il n'en reste plus que des cendres.

Un vieillard de soixante-quinze ans s'indigne et montre du désespoir devant sa maison qui brûle : on l'assomme pour punir cette douleur indécente. Il s'appelait le père Briais. Le voiturier Venon veut résister aux incendiaires : on le fusille à bout portant. On conduit dans une marnière cinq habitants et le maire du village, M. Le Prévost de la Blosserie, afin de leur infliger le même châtiment. Déjà leurs gardiens se disputent leurs dépouilles, surtout le couteau de M. Le Prévost. Mais on se ravise, et on les amène à Orléans, en les accablant de coups et d'insultes. On les a renfermés dans une chambre de l'Hôtel-de-Ville, sans nourriture, même sans chaise, réduits à se reposer sur le plancher.

Ces vengeances iniques méconnaissent tous les droits

de la guerre. Puissent-elles avoir un jour l'expiation dont parle le poëte !

> Chez vos voisins vous portez l'incendie ;
> L'aquilon souffle, et vos toits sont brûlés.

C'est à la Préfecture qu'ils ont hier exercé chez nous leur brutalité. Furieux de n'avoir pas reçu une dépêche télégraphique qu'ils attendaient avec impatience, ils avaient inspecté la ligne sans la trouver coupée : seulement une main fort habile avait ajouté un fil qui ramenait au sol toute l'électricité. Ce bon tour les avait exaspérés. Ils se sont imaginé qu'Orléans communiquait avec Tours par un fil souterrain. Naturellement, c'est le préfet qu'ils ont soupçonné d'une telle diablerie. Donc, pour découvrir la ruse soupçonnée, ils ont fouillé le bureau du télégraphe, et tandis qu'on tenait sous les verrous M. Pereira et sa famille, nos Prussiens ont profité de l'occasion pour visiter minutieusement tous les coins et recoins de la Préfecture. Ils n'ont pas trouvé le secret prétendu. Mais le cherchaient-ils ? Ne savaient-ils pas à l'avance qu'ils abusaient d'un faux prétexte ? Par malheur, la Préfecture recélait deux mille blouses de laine, qu'on destinait il y a un mois aux mobiles du Lot. Ils ont emporté cette proie, bénéfice dont on peut craindre qu'ils ne profitent contre nous, dans une de ces ruses de guerre qui plaisent tant à leurs généraux.

Ces deux faits eussent produit une vive émotion il y a quelques semaines. On les a jugés sans doute avec la sévérité d'une juste indignation ; on s'apitoie sur les pauvres gens dont la richesse disparaît dans ces barbares incendies. Mais il est aisé de voir que l'âme, sans s'être endurcie, s'habitue davantage à ces douleurs devenues de jour en jour plus communes et plus fréquentes : moins surprise, elle en est moins agitée. On n'est plus étonné : on connaît maintenant tous les excès dont les Prussiens sont capables. A des cœurs déjà rassasiés de haine et de tristesse, ces indignités n'arrachent plus d'ordinaire que de brèves exclamations, auxquelles succède le silence. « Quel malheur ! » s'écrient les uns. « Les brigands ! » s'écrient les autres.

Orléans a de plus en plus le mal de l'ennui. Depuis huit jours, rien ne change dans le spectacle que nous avons sous les yeux. De la Loire jusqu'au faubourg Saint-Jean, ce sont toujours les mêmes canons, les mêmes voitures qui stationnent sur le Mail. Si, hier et après midi, on y voyait en plus de nombreux pelotons de conscrits, à qui des caporaux bavarois enseignaient l'exercice, la vue de ces recrues n'était pas une nouveauté qui pût compenser la monotonie du reste, c'est-à-dire la fatigue d'une vie qui se traîne dans l'ignorance, l'incertitude ou la désillusion.

Dimanche 6 novembre.

Comme la carrière est libre à l'imagination du nouvelliste dans une ville que l'ennemi occupe et qu'il isole du reste du monde ! Pour débiter ses nouvelles, il trouve des gens d'autant plus crédules qu'ils ne savent plus rien, que toute contradiction est impossible, et que leur cœur se fait le complice de quiconque répand un bruit favorable. L'ennui que produit l'ignorance où nous sommes a de tels effets, qu'on entend des paroles comme celles-ci : « J'aimerais mieux apprendre un événement fâcheux que d'avoir ainsi l'esprit dans le vide. » C'est cette curiosité féroce que le nouvelliste nourrit de ses fables. Sa besogne, à vrai dire, n'est pas facile ici : l'Orléanais a du bon sens, et le « Guépin » s'entend à la critique. Mais on est tellement affamé de nouvelles, que malgré soi on finit souvent par les gober. Dans cette situation, j'ai remarqué surtout des nouvellistes dont l'espèce est assez rare. Ce sont ces gens qui doutent d'abord de tout ce qu'ils entendent ; vous pensiez leur apporter un renseignement intéressant ; les voilà qui hochent la tête, qui contestent et qui disputent. Vous partez, avec le dépit de n'avoir pu convaincre ces critiques sagaces, ces sceptiques entêtés. A peine avez-vous quitté votre contradicteur, que, jaloux de l'honneur d'apprendre quelque chose aux autres, il s'approprie la nouvelle qu'il rejetait tout à l'heure. Ah! si vous l'entendiez maintenant! Quel ton tranchant! quelle voix rapide! Comme il affirme orgueilleusement! Quelle n'est pas son indignation, quand on discute la vérité qu'il donne! Ceux qui vous prennent ainsi des mains la nouvelle qu'ils méprisaient sont peut-être les plus tenaces des nouvellistes : ils ne le sont point par manie, mais par vanité.

Ils étaient tous à l'œuvre aujourd'hui. Que de rumeurs ils répandaient! que de récits ils exagéraient! que de dépêches ils exhibaient! Pour moi, dût-on me prendre pour un esprit fort, j'ai regardé comme une chimère la régence que les historiens de la journée disaient confiée au maréchal Bazaine. A les en croire, l'aide-de-camp de Bazaine, le général Boyer, aurait négocié avec M. de Bismark cette scandaleuse affaire : la Prusse nous laisserait l'Alsace et la Lorraine, après en avoir démantelé les places fortes ; on fixerait une indemnité de guerre; Bazaine serait nommé régent et gouvernerait la France jusqu'au mois de mars, époque où le Prince impérial, devenu majeur, recevrait la couronne de son père. Je ne sais si le roi de Prusse a pu se livrer à cette rêverie. Mais quoi! cet enfant monterait sur un trône ainsi déshonoré ! On en ferait le maître d'une nation qui maudit son nom ! On le supposerait capable de braver nos souvenirs et de désarmer nos haines ! On nous croirait assez lâches pour accueillir ceux qui ont causé nos ruines et nos hontes ! M. de Bismark a pu former d'abord ce projet, dans l'espoir des guerres civiles qu'un tel régime nous réserverait. En y réfléchissant, peut-être aura-t-il douté des avantages qu'il s'en promettait; peut-être aura-t-il compris combien serait illusoire pour tous une restauration si peu durable. Quant à la France, avertie par ses désastres, elle n'ajoutera pas à ses maux, j'espère, cette dernière ignominie.

Metz et Bazaine ! ces mots sont dans toutes les bouches. L'un raconte que, près de capituler, Bazaine a été fusillé par ses soldats. A l'appui de cette nouvelle, on produit une dépêche, tombée à Nevers dans un ballon, et dont le préfet de Troyes confirmerait à son tour la véracité. La voici : « Canrobert, Lebœuf et Frossard ont été arrêtés par ordre du général Changarnier, qui a eu communication d'une capitulation signée par eux au nom de l'Empereur. Le général Changarnier et l'armée n'ont pas voulu d'une capitulation. L'armée prussienne, ayant connaissance de cela, a cherché à se rapprocher de Metz. Au même instant, un combat terrible a eu lieu, où le corps de l'armée prussienne a été repoussé; et nos troupes se sont pourvues de vivres et de munitions. *Signé :* Changarnier. » Un autre prétend que Metz résiste toujours : la nouvelle prussienne serait mensongère au point que plusieurs officiers bavarois auraient fini par en convenir; on n'aurait imaginé cette histoire que pour faire prendre patience aux soldats fatigués d'une guerre si longue et si meurtrière.

Je mentionne toutes ces nouvelles sans pouvoir ni vouloir en discuter la vraisemblance. N'est-ce pas assez d'en garder le fugitif souvenir? Un soldat français, à peine convalescent, se promenait tout à l'heure sur le Mail au bras d'un ouvrier qui le soutenait; ils s'entretenaient de ces bruits : « Savez-vous ce que je pense? disait le soldat. Eh bien! ce sont les Prussiens qui content eux-mêmes ces bêtises-là, pour nous fatiguer l'esprit et pour nous décourager! Tantôt ils disent une chose, tantôt une autre : à la fin on n'y reconnaît plus rien, on en est comme imbécile. » Pour être sommaire, cette opinion vaut bien qu'on la pèse : en vérité, elle n'est pas plus extraordinaire que nos dépêches...

Que sait-on de l'armée de la Loire? autre sujet de contradictions. Un diacre du séminaire d'Orléans a vu 40 canons et 30,000 hommes à Sully; un négociant rapporte que 15,000 soldats sont à Salbris ; un paysan assure que la Sologne n'a plus, pour la défendre, que les francs-tireurs dont la très-libre conduite tyrannise, dit-il, le village de Chaumont et les environs. D'autre part, quelqu'un m'explique que toutes les troupes, placées là en observation, servent à dissimuler certaines intentions : pendant que l'ennemi les guette, l'armée principale se glisse par Vendôme et le Mans dans la direction de Paris. Ah! si ces informations pouvaient se vérifier une bonne fois! on n'aurait pas à démentir le lendemain ce qu'on affirmait la veille. Si ces plans de campagne se réalisaient jamais! on n'aurait pas besoin de s'en refaire d'autres tous les matins...

De tout ce qu'on annonçait aujourd'hui, le seul fait certain, c'est que les Bavarois ont évacué Châteauneuf, où ils étaient depuis le 31 octobre. Ils se sont repliés sur Orléans cette après-midi.

Nos blessés se promènent dans les rues. On revoit avec émotion ces uniformes français; on regarde ces pauvres gens avec une vive compassion. Hier un turco, alerte et robuste soldat, dont l'œil luisant lançait des éclairs de haine aux Prussiens qui passaient, rencontre un officier de cuirassiers blancs sur le Marché-à-la-Chaîne. D'un bond, il vient se placer devant lui, se croise les bras et le regarde comme pour le défier. L'Allemand irrité veut le saisir par la main, et le secouer par châtiment. Mais le turco s'est déjà dégagé, et tirant un couteau, il s'avance sur son adversaire avec des cris de provocation. Celui-ci crut prudent de ne pas risquer le combat; et devant nos marchandes de légumes, les commères du quartier et l'Arabe triomphant, l'armée prussienne se replia dans la personne blonde et grasse du cuirassier blanc.

Voici un nouveau crime à inscrire encore au martyrologe de cette invasion.

La nuit dernière, un paysan d'Ingré, qui se nommait Vaillant, entend frapper à sa porte, pendant qu'on brise les volets de sa croisée. Il ouvre : deux Bavarois entrent, le sabre levé; mais tandis qu'enfants et femmes se sauvent par la grange, eux-mêmes se retirent brusquement, et Vaillant, sorti de sa maison, les aperçoit dans la cour de son voisin Augustin Dolbeau. « Retirez-vous, Messieurs, » s'écrie Dolbeau. Au même instant un des soldats le frappe de son sabre, et Dolbeau tombe presque mort. C'était un vieillard courbé par le travail et ses soixante-cinq ans. Vaillant, témoin épouvanté de ce meurtre, s'enfuit vers le village. Il voit les assassins, au clair de lune, s'élancer d'abord du même côté que lui, et bientôt retourner vers la scène du crime. Quand il revint avec les parents de son pauvre voisin, on trouva celui-ci horriblement mutilé : ses meurtriers ne s'étaient pas contentés de le tuer à coups de sabre; avec des échalas ils avaient battu leur victime.

A côté de lui sa femme gisait sans vie. Tous deux étaient étendus au pied de leur maison, et leur sang avait jailli jusque sur les murs derrière lesquels ils dormaient en paix tout à l'heure.

Hélas ! le nombre de ces violences s'accroît de jour en jour. A Chécy, c'est une vieille femme qu'un soldat tue d'un coup de pistolet, parce qu'elle défend contre lui son armoire. Dans une des communes de Châteauneuf-sur-Loire, à la Pavillère, c'est un fermier, Jules Rousseau, qu'on force à conduire à Orléans les animaux et les objets tout à l'heure pris chez lui ; et comme on se plaint qu'il aille d'un pas trop lent, on le stimule à coups de fouet tout le long de la route. Au marché de Jargeau, on voit un vigneron de Châteauneuf, nommé Brinon, poursuivi par un hussard de la mort qui le renverse sous son cheval. Dans sa fureur, le cavalier veut que sa monture marche sur ce malheureux, tandis qu'il est à terre ; mais le cheval est moins cruel que son maître : il s'y refuse, malgré les coups d'éperon. A Saint-Denis-de-l'Hôtel, les Bavarois arrêtent les passants, un jour qu'ils s'attendent à une attaque des Français : ils les contraignent à construire des barricades ; puis ils les mettent en avant, et, leur appuyant le fusil sur les épaules, ils leur disent : « Vous resterez là ; nous tirerons derrière vous, si les Français viennent. »

Des soldats se sont jetés hier soir sur un employé

de la poste qui revenait chez lui, la lanterne à la main. C'était dans la rue des Petits-Souliers. Ivres et sans doute intrépides par un effet de l'ivresse, ils l'ont assailli trois ou quatre à la fois. Ils l'eussent tué, si un boucher, entendant des cris, n'avait ouvert sa porte et recueilli la victime Les coups de sabre qu'il a reçus à la tête ne sont point, par bonheur, des blessures dangereuses. Mais nous vantera-t-on toujours l'austère respect que les Prussiens ont pour la discipline? Est-il donc vrai, comme le prétendent leurs officiers, qu'ils ne commettent d'excès que dans l'ivresse de la victoire?...

Ces délicats ont fait hier une réquisition dont on rirait, si elle n'était coûteuse : ils ont réclamé du maire six mille paires de gants pour officiers et soldats !... Comme il serait dommage que le froid rougît les mains élégantes de tous ces gentilshommes ! Ne faut-il pas garder bien douces les pattes si veloutées déjà dont ces vainqueurs caressent les vaincus ?

Lundi 7 novembre.

Un greffier qui vivait en 1635, aux environs de Metz, Jean Bouchez, écrivait dans son Journal :

« Le premier jour de septembre mil six cent trente et cinque, les gens tenant le parti de l'Empereur entrèrent par force aux chasteaulx de Cleumeri et Port sur Saille (1). Au bout de deux jours passé qu'ils y furent vindrent courir jusqu'à Fleuri et Pouli (2) : pillant, tuant, viollant et brullant où ils se rencontroient, cette nation de gens ne craignant Dieu ny homme.

« On croioit que c'estoit Turc ; je croy que pire estoient encore, veu le mal qu'ils faisoient. »

Cette nation « de gens ne craignant Dieu ny homme, » dont se plaint Jean Bouchez, a gardé le goût de la dévastation et du pillage. Ses pères, les Germains, se précipitaient, fauves et intrépides, aux pays du soleil et de la civilisation : ici, épuisant les vins, les plaisirs et les richesses de la Gaule ; là, s'enivrant aux délices de la vieille Rome ; partout, ravageant le monde sur leur passage et mêlant les grandes débauches aux grandes fureurs de la barbarie. Au moyen âge, leurs bandes affamées descendaient quatorze fois avec leurs empereurs dans les plaines de l'Italie, et pendant trois siècles et demi (962-1328), elles s'assouvirent de rapines immenses et d'orgies cruelles dans la Lombardie, à Rome et dans le beau royaume de Naples. Au XVIe siècle encore, les lansquenets de George Frondsberg saccageaient pendant neuf mois les

---

(1) Clémery et Port-sur-Seille.
(2) Fleury et Pouilly.

palais de Rome, ses maisons, ses autels même et ses tombeaux (1527). Et depuis que Jean Bouchez les a vus « pillant, tuant, viollant et brullant » dans sa province de Lorraine, leur avidité n'a pas cessé d'être moins brutale. En 1792, après avoir franchi nos frontières sans droits, ni raisons, ni prétextes, de nouveau ils épouvantaient de leurs excès la vaillante et pauvre Lorraine, provoquant ainsi ces vengeances de nos armées victorieuses dont ils prétendirent se venger à leur tour dans les représailles de 1815. Et depuis ce temps encore, on eût pu croire qu'un changement s'était opéré dans le cœur du monde et surtout dans l'âme de ces Germains. Jamais sur la terre on n'avait tant répété le mot d'humanité, et l'Allemagne en particulier paraissait n'être plus que le vaste et doux pays des rêves et de la poésie. Peuple de docteurs et de musiciens, amoureux de ballades et de livres et de longues pensées, on disait ici qu'ils étaient, sous leur ciel nuageux, une race candide et bonne, une blonde et mélancolique nation, née pour le repos, la patience et les joies du foyer. Comme nous nous étions trompés ! La science, ni la discipline, ni la paix n'ont vraiment rendu moins farouche et moins âpre le naturel des peuplades allemandes. Avec la guerre se réveillent dans leurs soldats la rage grossière et les convoitises violentes, et l'habitude des ravages qui faisaient tant redouter les irruptions et les conquêtes de leurs aïeux. Pieux dans leurs églises, philosophes au coin du feu, ce sont toujours, au XIX⁰ siècle comme au V⁰, les pillards les plus avides et les plus féroces de l'Europe.....

Nous les avons vus à l'œuvre à Orléans (1). Le pillage n'y a pas été général sans doute, mais il est peu de personnes qui n'aient été victimes de déprédations, peu de rues où on ne puisse indiquer quelque dévastation barbare. Tandis que les Aydes, le faubourg Bannier et le faubourg Saint-Jean étaient saccagés presque tout entiers, de nombreuses maisons étaient en proie, dans l'intérieur de la ville, à la rapacité ou à la licence des soldats : celles que leurs habitants avaient abandonnées subissaient principalement tous les dégâts et toutes les souillures imaginables. Quant aux villages d'alentour, il serait impossible de décrire tout le mal qu'y a fait l'ennemi : j'ai visité des fermes où on n'eût pas même découvert le débris d'un meuble, pas un verre pour donner un peu d'eau à un blessé : rien, sinon les murs.

(1) L'ennemi a pillé sans retenue chez le directeur du télégraphe, au café Choinet et au café de l'Europe ; chez M. de Mainvielle, M. R. d'Alès, M. de Pibrac, M. de Vauzelles, M. de Longuet ; dans les magasins d'épiceries et les cafés, au faubourg Saint-Marceau ; dans les rues des Gourdes, de la Bretonnerie ; aux environs de la gare, sur les boulevards et dans beaucoup d'autres endroits.

En vérité, c'est un spectacle qui laisse le dégoût, la douleur et l'étonnement, que celui d'une maison pillée, comme il y en a eu tant ici dès les premiers jours de l'invasion. Sur le plancher, on trouve épars des linges sales ou des vêtements mis en pièces; dans les coins se sont amoncelées les ordures; partout des bouteilles cassées et de la vaisselle détruite; ici ou là des vases de nuit pleins d'urine, au milieu des chambres. Voilà des lits boiteux ou renversés dont on a brûlé les traverses; des matelas couverts de taches, fangeux, ou bien lacérés de coups de sabre. Les pendules sont muettes : on en a volé les mouvements. Ces tableaux ont servi de table ou de cible; on en a frappé plus d'un avec la baïonnette. Des chaises coupées, des armoires enfoncées, des tiroirs vides, des portes trouées ou fendues, des serrures arrachées, des fenêtres béantes, des caves taries ou humides encore des liquides qu'on y a répandus : tel est l'aspect qu'ont après le vol et le ravage ces demeures, hier paisibles, où régnaient l'ordre, le goût, la propreté, où chacun avait arrangé sa vie comme il pouvait ou comme il voulait, et dont les mille objets, vieux ou nouveaux, beaux ou laids, étaient les souvenirs aimés et les témoins domestiques de nos âmes elles-mêmes.

Aucun scrupule n'a retenu les pillards. Je connais une ambulance où les Bavarois ont fouillé pendant trois jours tous les appartements : quand le lit d'un blessé s'appuyait à un meuble et le masquait, on dérangeait le lit et le blessé pour atteindre au meuble, et chacun venait y choisir sa part. Je connais une école où, malgré tout le respect pour l'enfance et pour les choses de l'enseignement dont on gratifiait cette armée de lettrés et de pédants, on a brisé les pupitres, déchiré les cahiers et les livres, volé les écoliers et semé jusque sur la route les fournitures classiques de l'instituteur (1).

De même, rien n'a échappé à leur avidité : tout est butin pour eux. Ce ne sont pas seulement les menus objets qu'ils emportent, et leur sac de soldat n'a pas suffi à contenir leurs vols. Soit qu'ils les destinent à leurs familles, soit qu'ils en trafiquent tout de suite avec des juifs, ils prennent des robes, des faux cheveux, des châles, des ombrelles, des pendules, des glaces et même de la batterie de cuisine. Sous nos yeux, on en a chargé des fourgons qu'on avait amenés à dessein devant les maisons pillées, des fourgons d'ambulance, des fourgons couverts de la croix sacrée de Genève, pour que le recel fût protégé avec le signe et le droit de l'humanité !

Les pauvres gens n'ont pas été plus épargnés que

---

(1) Ces faits ont eu lieu aux Aydes. On en cite de semblables dans un grand nombre de nos villages.

les riches. Que d'ouvriers à qui ces pillards enlevaient leur montre, ou leur linge, ou leurs provisions ! Ces soldats, enfants du peuple pour la plupart, volaient sans pitié des malheureux dont l'humble logis, dont la chambre étroite, dont le modique mobilier pouvaient rappeler à plus d'un d'entre eux la misérable chaumière où vivaient ses parents, en Bavière ou en Silésie. Un de nos charretiers me disait : « Ils nous ont fait lever de notre lit, ma femme et moi, pour s'y mettre... soit ; mais ils m'ont pris tous mes vêtement : je n'ai plus même une paire de bas. » Tel a été le sort d'un grand nombre de nos paysans. A Saint-Jean-de-la-Ruelle, l'un d'eux n'a pas seulement vu vider son armoire et sa commode : des Prussiens l'ont dépouillé de la chemise même qu'il avait sur le dos.

Les marchands ont eu à supporter le premier et le principal assaut de ces pillards. Dans un hôtel, les envahisseurs font disparaître instantanément linge, draps et couvertures ; plus loin, ils chassent d'un café la maîtresse qui résiste à leur brigandage ; elle absente, on boit, on casse, on brûle, on vole à loisir. Des cafetiers sont obligés de leur livrer toutes leurs boissons ; des épiciers, toutes leurs denrées. Les débitants de tabac n'ont bientôt plus ni un cigare ni une pipe : par surcroît, on pille leurs chambres comme leur boutique ; et, ce qui rend le méfait plus cynique encore, les soldats qui s'étaient emparés de tout ce tabac ont essayé de nous le revendre à prix réduit.

Les Allemands ont souvent la gaîté bouffonne ou la plaisanterie sauvage, quand ils essaient d'être spirituels. Quelques-uns ont fait du pillage une farce. A Saint-Jean-le-Blanc, ces lourds fantassins se promènent un jour dans un jardin, affublés de robes de bal, et ces rustauds affectent toutes sortes de grâces burlesques, en imitation ou plutôt en parodie de nos jeunes filles.

Dans certaines maisons, les intrus se donnent des bals : les voilà revêtus des toilettes de la maîtresse du logis et dansant en cadence avec leurs lourdes bottes et leur lourde galanterie ; puis essoufflés, à bout de grotesque et de plaisir, ils finissent par la plaisanterie où s'épanche le mieux leur tempérament, par un débordement d'ordures et d'immondices...

La saleté leur semble-t-elle donc un des agréments et des droits de la victoire ? Ils l'aiment surtout inutile et pour ainsi dire insultante. On les a vus tuer des moutons dans un boudoir, égorger des porcs dans un salon, essuyer les fusils sur des tentures, couper des rideaux pour nettoyer des armes. Quelques-uns se plaisent à faire de leur fumier un usage ingénieux et badin : ils ont l'esprit du bas-ventre. Chez un de nos juges, par exemple, ces Cambronnes du pillage laissent en témoignage d'eux-mêmes un excrément sur chaque chaise ou fauteuil, à leur départ. Certains remplissent ailleurs de la même matière le chapeau du cocher de la maison et le déposent dans le salon, sur la table ; d'autres enfin en garnissent des coupes qu'ils recouvrent de fleurs... Souvent, c'est la méchanceté qui s'est mêlée au pillage. On coupe en carrés minuscules les tapisseries et les broderies ; on déchire le linge ou bien on le jette au feu ; le vin qu'on ne peut boire, on le répand sur le sol ; on perce les tonneaux dans les grandes caves, pour les inonder. Un de mes voisins, homme doux et timide qui ne leur refusait rien, eut la douleur de trouver détruit le portrait de sa fille. Dans une ferme de Coulmiers, les soldats brisèrent tout, jusqu'aux sabots du fermier, ceux de son enfant et ceux de sa femme (1).

Peut-on excepter les officiers dans cette armée de violents et de pillards? Je le voudrais, car si ceux de l'armée prussienne ont, en général, une politesse arrogante, des façons raides et dures, l'âme froide, la parole sèche, la plupart des Bavarois ont laissé voir une certaine bienveillance : on en a trouvé beaucoup dont il fallait louer la délicatesse, la retenue et la courtoisie. Plus d'une fois, sans doute, excitée par

---

(1) Ces vols et ces sévices n'ont pas pour excuse la violence des premiers jours : ils ont duré pendant toute l'occupation.

des dépits de gourmandise ou bien échauffée par l'appétit du champagne, la brutalité a fait explosion chez des officiers d'abord très-réservés. On en a vu qui, chancelants d'ivresse, poursuivaient des domestiques l'épée à la main. L'un d'entre eux est entré à cheval, en se pavanant de cet exploit, dans la salle à manger d'un de nos hôtels. Il est juste d'avouer pourtant que le plus grand nombre se conduisent en gens bien élevés à l'égard des personnes.

Je ne dis pas qu'ils aient eu la même vertu à l'endroit de nos biens. Presque tous ont favorisé le pillage par leur tolérance ; quelques-uns l'ont ordonné ; la plupart en ont été les complices ; beaucoup ont égalé leurs méfaits à ceux des soldats. A Saran, un ingénieur dérobe les vases sacrés. Aux Aydes, un capitaine force à coups de sabre le bureau d'un négociant. Un officier est surpris, à Orléans, la main dans le secrétaire d'un magistrat qu'il venait voir pour une affaire d'ambulance : il lui volait son argent. Un colonel emporte d'une maison six matelas, douze couvertures et toutes les liqueurs ; un autre enlève furtivement d'une panoplie un couteau de chasse qui lui plaisait. Ailleurs, c'est un officier qui, malgré toute résistance, prend de force une carte et des livres. Ici, l'un d'eux va butiner à la cave avec ses soldats et s'enivre sur les bouteilles. Là, un jeune comte oublie, dans l'alerte d'un départ précipité, la lanterne sourde et les fausses clefs qu'il avait apportées chez son hôte, conseiller à la cour d'Orléans. Tel met dans ses malles la plus belle vaisselle du logis ; tel autre s'empare, pour toute proie, du linge le plus fin qu'il trouve. Dans cinq ou six maisons, les officiers s'en vont avec les couverts où ils ont mangé, et ceux qui leur succèdent sous le même toit se plaignent de ne pas voir d'argenterie sur la table. D'autres enfin choisissent dans la propriété du vaincu des meubles et même des livrées.

Je ne parle pas des petites vengeances qu'ils exerçaient chez les gens dont l'accueil leur avait déplu : quitter la maison pour installer quinze ou vingt soldats à leur place, c'est, hélas ! une peccadille, relativement à tant d'actes plus odieux et plus douloureux. Mais maintes fois des officiers se sont abaissés à d'inutiles et mesquines violences. Dans un village qu'ils étaient forcés d'évacuer, quelques-uns ont jeté à terre les pendules et brisé jusqu'aux vitres de la ferme où ils logeaient. Dans notre ville, plusieurs ont commis des dégradations volontaires dans les chambres qu'ils habitaient ; l'un même a laissé les couvertures de son lit coupées en quatre. De telles indignités, répréhensibles en un soldat, ne sont-elles pas honteuses pour un officier ?...

Nous nous étonnons et nous nous indignons de tout cela plus vivement sans doute que ne le faisaient nos pères, plus durs que nous dans ces souffrances. A ces émotions, il me semble reconnaître que la guerre paraît plus horrible à l'humanité d'aujourd'hui qu'à celle d'autrefois ; c'est la marque d'un adoucissement dans nos mœurs. Et si l'on considère d'un œil impartial la conduite de nos ennemis dans la plupart des villes occupées, il est évident qu'eux-mêmes, sans réprimer tous leurs instincts, osent pourtant moins encore qu'ils ne l'eussent voulu peut-être : à cet autre signe, reconnaissons aussi que les conquérants de ce siècle redoutent plus que leurs devanciers les jugements de l'opinion publique et de l'histoire. Hélas ! le cœur du patriote ne se remplit pas seulement de malédictions, à la vue de ces dévastations inhumaines : il forme des vœux de vengeance et conçoit l'affreux désir de représailles où l'Allemagne éprouve à son tour ce que la France endure maintenant. Mais l'âme du philosophe soupire et s'attriste. Je ne doute pas que, la guerre achevée, le récit de ces crimes et de ces maux n'invite les penseurs et les sages à étendre les limites de ce droit des gens qui déjà protége les blessés et qui, un jour, pourra, je l'espère, protéger d'autres victimes. Des questions se poseront parmi les hommes de bien de tous les pays. On se demandera par exemple si, dans l'assaut d'une ville que n'ont pas défendue ses gardes nationaux, on peut encore tolérer le pillage, comme dans les faubourgs d'Orléans ; s'il est permis d'incendier le séjour de tant d'innocents, comme à Lailly, à Vienne-en-Val, à Varize, à Civry ou à Châteaudun, parce que la localité a été le théâtre d'un combat ; s'il est loisible de livrer un village, comme Villeneuve-d'Ingré, à une dévastation régulière de plusieurs heures, sous le prétexte que des troupes s'y sont retranchées et défendues. Peut-être le philosophe qui proposera ces questions à la conscience humaine en Europe jettera-t-il dans les esprits les germes d'idées utiles pour les malheureux de l'avenir. Mais je crains que, les haines de races s'avivant dans les exemples d'aujourd'hui, la civilisation n'ait rien à gagner dans la guerre prochaine, dans celle que la juste colère de la France portera au sein de la Prusse, comme une torche vengeresse aux lueurs ardentes, aux flammes implacables, aux vastes incendies.

Certes, le roi de Prusse a bien menti à ses promesses, lui qui déclarait, dès son entrée en campagne, qu'il faisait la guerre, non au peuple de France, mais à son gouvernement. L'armée prussienne et ses généraux ont prouvé le contraire, par leur rapacité et leur cruauté. Il y a quelques jours, dans une lettre digne de Fénelon, l'évêque d'Orléans a pris la liberté de rappeler à Guillaume ses devoirs de prince devant Dieu et l'humanité ; il lui a placé sous les yeux l'exemple du souverain qui a sanctifié chez nous la royauté moderne, de ce saint Louis si équitable avec ses ennemis et si doux à la guerre, dans un siècle qui l'était si peu ; il l'a prié de préférer une paix honorable, qui satisfasse la France, à des conditions rigoureuses, qui l'exaspèrent dans toute la suite de ses générations. Le roi que M. de Bismarck conseille est-il capable d'entendre un tel langage (1)?

Mardi 8 novembre.

L'armée de la Loire est-elle à nos portes? La vigilance de M. de Tann semble inquiète. Hier matin, le boute-selle a sonné : les soldats sont sortis avec leurs armes ; les chevaux attelés aux canons n'attendaient qu'un coup d'éperon ou de fouet; la garnison aux aguets se croyait près de partir... Mais, malgré un assez long suspens, l'ordre n'est pas venu, et tous, batteries et régiments, ont repris leurs cantonnements habituels, au grand dépit de la population dont ces alertes commencent à exciter l'espoir.

(1) Cette lettre fut remise au roi par un neveu de l'archevêque de Malines, le comte de Frankenberg, qui avait déjà servi d'intermédiaire à l'évêque d'Orléans près de la cour de Versailles, pour les réclamations de notre malheureuse ville. On croit savoir aujourd'hui que cette sévère et libre lettre parut hardie et mécontenta le roi de Prusse.

L'après-midi, le commandant de place a fait minutieusement visiter les égouts. M. de Tann, paraît-il, persiste à soupçonner quelque télégraphe souterrain qui communique d'Orléans à Tours.

L'émotion du jour, c'est l'arrivée de M. Thiers (1) à Orléans. Hier soir, vers six heures, il descendait à l'Évêché, apportant la nouvelle que l'armistice n'avait pu se conclure : la guerre allait continuer, c'est-à-dire la ruine de la France. Aujourd'hui, à dix heures et demie, M. Thiers a repris le chemin de Tours.

La conversation qu'il a eue à l'Évêché était d'un douloureux intérêt. Je me hâte de la reproduire, telle que me l'ont rapportée quelques-uns de ses auditeurs les plus attentifs et les plus fidèles.

M. Thiers est revenu triste et presque sombre. Il n'a pas seulement le regret de n'avoir pu suspendre le cours sanglant de l'invasion : il a vu la France occupée par l'ennemi. D'Orléans à Versailles, il n'a eu sous les yeux qu'une campagne dévastée et muette, avec des fermes en ruines, des chaumières fermées, des villages déserts. En plus d'un endroit, il a trouvé les habitants des bourgs rassemblés sur son

(1) M. de Tann avait reçu le vendredi soir une dépêche de M. de Bismark, qu'il vint communiquer à l'Évêque le dimanche matin ; elle était ainsi conçue : « M. Thiers restera encore deux ou trois jours, pour en finir. Je l'attends aujourd'hui. Il va revenir. »

passage. Rien n'était plus lamentable que l'air farouche et désolé de ces paysans qui criaient autour de lui : « Vive la paix ! vive M. Thiers ! » Sa voiture le menait lentement sur des routes, ici encombrées, là défoncées. Souvent il fallait avancer à travers les champs et longer le chemin coupé, sur le sol boueux des terres voisines. « Depuis quarante jours, a dit M. Thiers, j'ai fait plus de trois mille lieues, sous des ciels bien différents : je n'ai pas eu de voyage plus pénible que celui-ci. »

A Versailles, il ne s'arrêta d'abord que quelques heures, pour se munir d'un nouveau sauf-conduit. A peine entrevit-il M. de Bismark à qui il adressa ces seules paroles, avec son leste et vif esprit : « Je ne puis vous dire qu'une chose : c'est que je ne veux pas vous parler. » Le soir, il était à Paris, et il y passa la nuit au conseil. Revenu à Versailles, il eut dès le lendemain des entrevues journalières avec M. de Bismark. Le 6, les négociations furent définitivement rompues.

C'est le mardi 1ᵉʳ novembre que M. Thiers eut son premier entretien avec M. de Bismark. L'armistice en fut l'objet principal; et comme la difficulté consistait surtout dans le ravitaillement de Paris, M. Thiers voulut régler cette question tout d'abord.

M. de Bismark se montrait désireux de la paix; il opposa peu de résistance, et laissa partir M. Thiers avec la persuasion que l'arrangement était convenu. Une commission devait être nommée pour déterminer le nombre de rations que Paris aurait à recevoir chaque jour.

Lors de l'entrevue suivante, M. Thiers était à peine dans le cabinet de M. de Bismark, que celui-ci lui demanda s'il avait encore les pouvoirs nécessaires pour traiter.

— Certes, oui, répondit M. Thiers.

— Les nouveaux maîtres de Paris vous ont donc accordé leur confiance? Vous n'ignorez pas sans doute qu'une émeute a eu lieu; la Commune règne à l'Hôtel-de-Ville; on a chassé le gouvernement de la Défense nationale...

— Impossible!

— Je suis parfaitement renseigné.

M. Thiers étonné pria M. de Bismark de laisser aller M. Cochery à Paris, afin de voir ce qui s'y passait. Les Prussiens ne connaissaient que le premier triomphe des démagogues; ils surent plus tard que la garde nationale avait comprimé cette insurrection, et que le gouvernement en appelait aux suffrages des Parisiens pour décider entre ces factieux et lui.

Dès qu'il fut sûrement informé des événements de Paris, M. Thiers eut un entretien avec M. de Bismark. Il s'attendait à des difficultés nouvelles, et ne se trompait pas dans ses fatales prévisions : on ne consentait plus au ravitaillement de Paris. D'abord M. de Bismark prétexta le refus de M. de Moltke : le général, consulté sur le ravitaillement, avait trouvé cette facilité dangereuse aux intérêts de l'armée allemande. M. Thiers eut beau se récrier; il s'aperçut bientôt que, sur ce point, le ministre prussien était décidé à ne rien céder.

Toutefois, M. de Bismark ne tarda pas à s'expliquer. Fut-il plus sincère, parce qu'il semblait parler avec passion?... On n'oserait le dire de ce grand acteur habitué à tous les rôles de l'histoire. M. Thiers l'écoutait avec une pénétrante attention; il le voyait agité, brusque, furieux en apparence, tandis que sa bouche maudissait les révolutionnaires et Gambetta. Telles étaient, en effet, les deux raisons qui paraissaient avoir changé la volonté de M. de Bismark : les troubles de Paris l'inquiétaient, disait-il, parce que cette populace, capable de faire la guerre civile dans un camp, ne laisserait au gouvernement ni le droit de conclure un armistice, ni le pouvoir de respecter un traité; quant à la proclamation où Gambetta dénonçait Bazaine à la France, il en était indigné au plus haut point : il niait la trahison; il prétendait qu'avec ce mot terrible et dangereux, Gambetta enflammait à dessein la colère de la multitude, aimant mieux expliquer les malheurs de son pays par l'indignité des chefs que par la fatalité de la guerre et de la fortune; il y apercevait le commencement d'une politique prête à provoquer toutes les révoltes, disposée à tromper la foule avec les illusions du patriotisme, au lieu de considérer sagement la réalité des choses. « Franchement, dit M. de Bismark en terminant, vous m'ôtez les moyens de faire la paix malgré de Moltke. Au bout d'un mois, votre gouvernement sera sans crédit et sans puissance : Tours voudra commander à Paris, et si vous essayez de résister, une révolution vous renversera. »

— Alors l'armistice n'aura pas lieu, répondit M. Thiers. Est-ce votre intention ?

— L'armistice se fera si vous voulez. Écoutez-moi. Le siège cesse, et Paris passe sans danger tout le temps dont vous aurez besoin pour élire une assemblée. Si j'ordonnais le bombardement, n'useriez-vous pas vos provisions tout en recevant nos bombes? Je l'empêche, et voilà toute la différence. Partout j'arrête la marche de nos armées : celles qui s'avancent sur le Mans et le Havre camperont où elles sont aujourd'hui... Vous nommerez vos députés, et quand vous aurez ainsi créé un gouvernement légal, je traiterai avec lui, quel qu'il soit, car je veux, moi, un gouvernement solvable.

M. Thiers sentit qu'à discuter plus longtemps cette question il ne vaincrait pas la résolution de son adversaire. Tout ce que son expérience diplomatique, son génie et son éloquence lui donnaient de forces, il l'employa pour faire fléchir l'arrogance de la Prusse, pour exciter ses craintes, pour lui arracher une paix que la France pût accepter. M. de Bismark souriait : il n'avait peur d'aucun péril; il ne découvrait aucun obstacle; il ne redoutait aucune de ces trahisons de la fortune que de plus fiers et de plus grands que lui ont subies naguère.

— Prenez garde, lui dit un moment M. Thiers, l'hiver approche. Tandis que la France, à l'abri de ses villes, va renouveler ses ressources et ranimer ses armées, vous verrez les vôtres dépérir sous le froid, la pluie et les influences funestes de la saison. Vos troupes...

— Nos troupes n'ont pas à craindre ces maux. Voulez-vous visiter nos campements et faire le tour de nos lignes? Vous verrez que nous cernons Paris sans inconvénients pour la santé de nos soldats. Partout ils habitent des baraques ou des maisons... Quant aux vivres, nous en avons assez ici pour attendre jusqu'au 15 janvier. A cette date, nous aviserons...

M. de Bismark ne s'effrayait pas non plus des mécontentements que son ambition cause en Europe. Comme M. Thiers assurait que la Russie s'alarmait et s'irritait, M. de Bismark se leva et sonna : « Apportez, dit-il à celui qui parut, le carton où sont renfermés les papiers de la Russie. » Le carton apporté : « Lisez, dit-il à M. Thiers ; voici trente lettres venues de Saint-Pétersbourg. »

M. Thiers se garda bien de ne pas lire. Il apprit ainsi, comme il le soupçonnait déjà, que la Russie n'intervenait pas sérieusement pour recommander l'armistice. L'empereur Alexandre déclarait qu'il se contentait d'une prière amicale : jamais il ne brûlerait une cartouche pour la France.

Après mille détours, M. de Bismark en revint aux conditions de la paix.

— Si Paris, dit-il, veut nous forcer à le prendre, nous resterons ici jusqu'à ce que la faim le réduise à capituler. Nous n'emploierons pas le bombardement. Mais nous serons plus exigeants : nous demanderons cinq milliards, toute la Lorraine et toute l'Alsace...

— Si nous traitions aujourd'hui...

— Nous ne réclamerions que deux milliards, dit M. de Bismark en s'approchant de M. Thiers comme pour lui parler à l'oreille. Nous vous laisserions Metz ; vous nous donneriez derrière cette ville la Lorraine allemande ; vous garderiez la partie supérieure du Haut-Rhin ; vous céderiez Strasbourg et le reste de l'Alsace... » M. de Bismark se leva et ne prononça plus que cette parole : « Voilà la paix que je vous offre ; j'aurai de la peine à décider le roi, mais je finirai par le convaincre. »

Quelle émotion ne devait pas ressentir M. Thiers !

Avoir raconté toute cette épopée de victoires et de conquêtes dont les soldats de la République et de Napoléon Ier furent vingt et un ans les héros en Europe ; et ce que n'avaient pu dix nations, ce qu'elles n'osaient point après Waterloo, l'entendre proposer par M. de Bismark comme une sorte de faveur, comme une concession généreuse ! Voilà bien l'insulte la plus outrageante qui pût être faite au cœur de M. Thiers, dans sa fière et glorieuse vieillesse. Mais il aime si vivement la France, il juge nos calamités si désespérantes, il a si peur pour elle d'infortunes plus graves, que, ces odieuses conditions, il les eût subies pour n'avoir pas, plus tard, à en subir de plus odieuses encore. Libre de régler le sort de la France, il eût accepté l'armistice, même sans la faculté de ravitailler Paris. Il présume, en effet, que pendant un mois on ne pourra rien tenter, dans l'état où se trouve la défense, pour rompre les lignes d'investissement : les grandes sorties seront impossibles. L'armistice n'ôtera donc à Paris aucun de ses moyens de salut. Quel avantage, au contraire, que d'avoir un gouvernement ! M. Thiers n'eût point, pour sa part, refusé le traité qu'offre M. de Bismark, tant il lui paraît impossible que la France relève sa fortune militaire, parmi toutes ces ruines de son administration et de ses armées. « Il faut, dit-il, faire en octobre une paix fâcheuse, pour n'en pas faire une détestable en février ; céder une province aujourd'hui pour n'en pas céder deux plus tard ; payer deux milliards pour n'avoir pas à en payer cinq. » Si dur qu'il soit, ce conseil est politique ; mais on ne veut l'entendre ni à Tours ni à Paris : par une illusion aussi vaine que noble, on espère encore dans le désespoir ; on se refuse à croire que M. Thiers ait vu nettement la situation de la France. De Paris, on ne peut apercevoir la vérité ; à Tours, on ne veut pas la regarder ; et par un malheur qui s'ajoute à nos autres maux, les deux gouvernements se renseignent l'un l'autre, comme s'ils voulaient s'abuser réciproquement : Tours trompe Paris, et Paris trompe Tours. Ses avis méprisés de part et d'autre ont fait dire à M. Thiers : « L'Empire nous a perdus ; la République nous empêche de nous sauver. »

M. Thiers a volontiers parlé de M. de Bismark. Il a observé cet étonnant personnage avec toute sa sagacité d'homme du monde et d'historien.

C'est en 1862 que M. Thiers avait vu pour la première fois M. de Bismark, alors ambassadeur à Paris. En ce temps-là, les ambassadeurs ne s'aventuraient point dans le salon de M. Thiers : ils eussent craint le déplaisir de l'Empereur. Un soir, comme il y avait beaucoup de monde à l'hôtel Saint-Georges, on annonça tout à coup M. de Bismark. M. Thiers n'en fut pas moins surpris que ses hôtes. Combien ne le fut-on pas davantage encore, quand M. de Bismark, avec cette cynique franchise qui paraissait alors une sorte de défi ironique adressé à la bonne foi des gens, développa le plan de sa politique future en Allemagne ! Une telle hardiesse parut aussi bizarre à M. Thiers qu'aux autres. Qui l'eût jamais soupçonné ? la fortune a changé en réalité le rêve de M. de Bismark, et c'est M. Thiers lui-même qu'elle a choisi pour aller voir à Versailles ce que veut faire aujourd'hui de la France l'imagination de l'audacieux Prussien... Quelques jours après, M. Thiers lui rendit visite. Au milieu de l'entretien, M. de Bismark lui dit tout à coup avec une certaine bonhomie caressante et captieuse : « Avouez-le, vous boudez avec vos amis et vos livres. — Quand on a des opinions, répondit M. Thiers, dont la conscience tressaillait, il faut les respecter. » L'esprit de M. de Bismark est tout entier dans sa réplique : « Vous avez raison : il faut avoir des idées, mais il faut les servir par le pouvoir ; » et cette maxime à peine émise : « Tenez, ajouta-t-il, j'arrange votre affaire avec l'Empereur.... » En prononçant ces paroles, il avait l'œil fixé sur M. Thiers, comme pour exprimer d'un regard cette pensée secrète : « Soyez ministre ; nous referons l'Europe. » M. Thiers comprit, et d'un geste, écartant pour ainsi dire l'offre et l'idée, il détourna la conservation vers d'autres pensées.

A Versailles, M. Thiers, qui n'a vu ni le roi ni M. de

Moltke, avait tous les soirs un entretien avec M. de Bismark. Un jour, il le trouva dans la maison particulière que le ministre prussien s'était choisie, travaillant devant deux bouteilles garnies de bougies à leur goulot : au milieu de ces splendeurs de Versailles dont la victoire lui donnait le droit de jouir, M. de Bismark ne se souciait pas davantage de luxe et d'élégance. « C'est un sauvage plein de génie, » a dit M. Thiers, jugeant d'un mot tout ce qu'il a vu en lui d'originalité, de brusquerie, d'astuce et de violence.

Ces conversations se prolongeaient bien avant dans la nuit. M. de Bismark aimait à parler de mille choses étrangères à la négociation du moment. Curieux, ayant lui-même beaucoup d'expérience et de souvenirs, il était charmé d'entendre un causeur aussi spirituel que M. Thiers, aussi riche en idées, aussi versé dans la connaissance de son temps. C'eût été, ce me semble, un plaisir singulièrement délicat pour un philosophe ou un historien, que d'assister à l'entretien familier de ces deux hommes d'État. M. de Bismark, moqueur cruel, dur et gai despote, amoureux des bons mots et du paradoxe, au langage libre et même trivial, sans scrupules dans ses jugements comme dans sa politique, contempteur des hommes et des choses, habitué à porter le goût de l'esprit jusque dans l'abus de la force ; M. Thiers, avec son intelligence si souple et si déliée, sa piquante sagacité, sa mémoire féconde, son savoir si vaste et si varié, son bon sens exquis, sa grâce malicieuse, sa verve et sa vivacité si française : c'étaient deux interlocuteurs qu'il eût été instructif d'entendre, au coin du feu, échangeant leurs remarques sur les contemporains et se racontant les événements, mieux connus d'eux que de la foule, où ils ont paru l'un et l'autre. J'imagine que plus d'un prince ou d'un grand personnage les eût écoutés avec quelque impatience, s'il avait été derrière la porte. Un soir, comme M. de Bismark laissait passer les heures dans un babil de médisance qui lui semblait délicieux, M. Thiers lui rappela les affaires sérieuses qu'il avait à traiter. Alors, avec un mouvement d'effusion singulière, M. de Bismark lui prit la main en s'écriant : « Laissez-moi, je vous en supplie, laissez-moi : il est si bon de se trouver un peu avec la civilisation !... » Le mot est flatteur, sans doute, pour M. Thiers ; l'est-il autant pour la cour de Prusse, dont on venait de parler ?

Étrange histoire surtout que celle-ci ! C'était après la bataille de Sedan. Quand le roi de Prusse se vit prié par l'Empereur de lui accorder une entrevue, il en fut si embarrassé qu'il envoya son tout-puissant ministre à sa place. M. de Bismark, qu'au contraire rien n'embarrasse, s'en va, portant deux pistolets à la ceinture et suivi de quelques cavaliers. Le voici arrivé. L'Empereur, qui l'aperçoit d'un petit jardin où il attend, fait quelques pas à sa rencontre. Mais au moment où M. de Bismark descend de cheval, le vent soulève son manteau : « L'Empereur, dit M. de Bismark, pâlit à la vue des pistolets. Il me croyait capable de ce crime de mauvais goût !... »

M. de Bismark a plusieurs fois affirmé que rien n'avait été concerté dans les fameuses conférences qu'il eut à Biarritz avec Napoléon III. Au reste, il parle des talents diplomatiques de l'Empereur avec un mépris que le succès sans doute rend plus insolent. « Le ciel vous a fait un joli cadeau en vous donnant votre esprit, lui disait à ce propos M. Thiers ; mais convenez qu'il vous a fait un plus beau présent encore en vous donnant Napoléon III pour adversaire. » Paroles auxquelles M. de Bismark répondit par un sourire, sourire d'acquiescement plus que de modestie.

On a interrogé M. Thiers sur la capitulation de Metz. Il ne croit pas encore à la trahison de Bazaine : il attend, avant de juger, des informations plus précises. Il raconte que M. de Moltke regarde Bazaine comme un grand général, et M. de Bismark aurait dit de lui : « C'est un fier homme de guerre. » M. Thiers ajoute que, pour sa part, il égale Bazaine aux plus habiles maréchaux du premier empire. Si Bazaine a un tel mérite et que sa trahison soit vraie, raison de plus pour que son crime envers la France soit abominable.

Ce matin, à neuf heures, M. Thiers est parti pour Tours avec M. de Rémusat et M. de Lacombe, l'âme assombrie par une noire tristesse. M. de Tann, qu'une dépêche avait informé hier de l'insuccès des négociations, et qui en est désolé lui-même, a fait accompagner la voiture de M. Thiers jusqu'aux avant-postes par un de ses aides-de-camps, le baron Unterrichter. On racontait ce soir, à Orléans, qu'arrivé à Beaugency, M. Thiers a rencontré l'armée du général d'Aurelle. Les habitants l'ont accueilli par les cris de : « Vive M. Thiers ! vive la France ! »

Oh ! oui, poussons vers Dieu comme à la face du monde ce grand cri : « Vive la France ! » Plus que jamais nous avons besoin qu'on l'entende au ciel et sur la terre, sur la terre de Turenne, de Hoche et de Napoléon Ier.

Hélas ! nos pensées étaient amères aujourd'hui, à la nouvelle que l'armistice n'avait pu se conclure. Découragés par la capitulation de Metz, n'appréhendant que trahison ou incapacité, ignorants de ce que fait la France que nous n'apercevons plus, pleins du sentiment de nos malheurs, nous considérons avec épouvante la guerre qui recommence. Est-il possible que nous nous relevions de l'abîme ? Ne vaudrait-il pas mieux ménager maintenant nos dernières forces, et travailler sans retard à la préparation d'un avenir meilleur ?... Ce soir, il y avait dans Orléans un désespoir presque général. Bien des femmes ont pleuré, quand on leur a dit que tout espoir de paix était perdu.

Mardi 9 novembre.

Six heures et demie du matin. — Au réveil, j'apprends qu'un mouvement extraordinaire a eu lieu, cette nuit, dans la garnison, et, sans doute, dans toute l'armée bavaroise. Peut-être, à l'heure où j'ouvre la porte à mon voisin, Orléans est-il libre de ses ennemis !

On me raconte qu'hier, dans l'après-midi, les dragons et les artilleurs, jusqu'à présent cantonnés à La Chapelle, sont partis au galop, dans tout le désordre de l'émoi, sans même prendre le temps de se former en escadrons. Un peu plus tard, soixante à quatre-vingts canonniers sont arrivés au faubourg Madeleine, par un chemin de traverse, tête baissée et l'air fatigué. On croit qu'ils venaient du côté d'Ormes. Ils menaient des charrettes chargées de fagots. Ce seraient, au dire des paysans, les conducteurs et les servants de plusieurs pièces enlevées par surprise aux Prussiens dans les environs de Coulmiers. On ne leur aurait fait amener ce bois que pour dissimuler la cause véritable de leur retour.

Les voitures d'ambulance des Bavarois ont presque toutes quitté la ville vers quatre heures et demie. On s'est à peine donné le temps de bien atteler les chevaux. De ces voitures, les unes ont suivi la route de Meung, les autres celle d'Ormes.

M. de Tann s'en est allé hier soir, vers dix heures. Dans l'après-midi, des estafettes, probablement alarmantes, étaient venues troubler le vieux général. Son état-major a fait à la hâte et furtivement ses préparatifs de départ. Les officiers cachaient mal l'inquiétude dont ils étaient agités, et, s'il faut en croire un témoin intelligent, un vif sentiment de douleur a contracté un instant les traits de M. de Parseval, sous l'empire de ces graves nouvelles. C'est donc un faux rayon de sérénité qu'ils affectaient de laisser luire sur leur visage. « Nous reviendrons dans quelques jours, disaient-ils d'un air indifférent ; nous nous absentons pour une petite affaire de guerre... »

Il est bien vrai que l'armée de la Loire a eu un succès, et ainsi s'explique le départ de M. de Tann. Avant-hier, nos soldats ont battu l'ennemi à Saint-Laurent-des-Bois. Les Prussiens, avec dix canons et 4,000 hommes, avaient attaqué à la faveur du brouillard ; mais enveloppées dans la brume, nos troupes avaient elles-mêmes opéré leurs mouvements, sans être aperçues. A trois heures, ils se sont repliés. Nos mitrailleuses avaient surtout fauché quelques rangées de hussards rouges. Les Allemands ont abandonné sur le champ de bataille leurs blessés avec leurs morts : c'est pour eux le signe évident de la déroute.

Sept heures et demie. — Oui, Orléans peut se croire libre. Plus de sentinelles aux postes ordinaires. Le pont de bateaux a été coupé. Seuls restent encore le commandant et les voitures du télégraphe. Quelques Bavarois errent isolément çà et là dans la ville; mais tous les régiments sont partis.

Les rues sont vides. On regarde avec étonnement autour de soi; chacun craint d'en croire trop vite ses yeux et son espérance; il y a de la timidité et comme une certaine peur dans le plaisir qu'on éprouve. L'évacuation est-elle réelle, ou seulement temporaire?

Midi. — A onze heures, un fourgon d'ambulance est revenu dans la rue Jeanne-d'Arc : il a repris place à sa remise habituelle. C'est avec un sentiment de consternation qu'on l'a vu rentrer ici. « Quoi! se disait-on, c'était encore une fausse retraite! »

Cependant une nouvelle importante nous a bientôt

rendu la confiance et la joie. Le commandant de place a tout à l'heure quitté Orléans. Lui aussi a feint d'annoncer une absence momentanée; il a déclaré qu'il ne s'éloignait que pour deux jours. Mais en partant il a recommandé au maire les blessés de l'armée allemande. Pourquoi cette précaution, s'il n'avait peur, en abandonnant Orléans, d'en perdre la possession ?

L'aspect de la ville est étrange. Un peu de pluie vient de tomber : la brume flotte en vapeurs grises et légères sur nos rues presque désertes. De rares habitants sortent et se questionnent. On a l'air comme stupéfait d'être ou de paraître libre. Il y a sur les visages et dans les cœurs une sorte d'effarement semblable à celui de gens longtemps plongés dans l'ombre, qui reviennent à la lumière du soleil. On se rassemble, on s'enhardit... Mais des Bavarois passent : on doute encore de son bonheur.

Midi et demi. — Le canon tonne!... On l'entend de la place du Martroi. L'armée de la Loire se bat donc pour notre délivrance!... Comme ils sont doux aujourd'hui à nos oreilles, avec leurs promesses d'honneur et de liberté, ces longs et grands bruits de la mort! Voici donc que le drapeau français a reparu près d'Orléans... Vous vaincrez; marchez à nous, soldats qu'Orléans attend et que Paris espère!...

Une heure. — Il y a eu comme un éclair d'espérance dans toutes les âmes, quand on a entendu les premiers coups de canon. Puis on a réfléchi; le cœur s'est oppressé; on craint, on est en proie à la curiosité; on voudrait deviner à l'écho lointain de la bataille les péripéties de la lutte. De toutes parts, on court dans la ville à la recherche d'une nouvelle. Déjà quelques boutiques se sont ouvertes; les maisons, closes sous leurs volets depuis un mois, se découvrent à la pleine lumière et semblent se ranimer. La foule commence, anxieuse et mobile, à remplir les rues; beaucoup se dirigent vers les faubourgs de l'ouest pour écouter : si le son du canon se rapproche, nous pouvons nous croire victorieux...

Trois heures. — Je suis allé sur la route de La Chapelle, et d'un tertre un peu élevé, au milieu des champs, j'ai tendu l'oreille au bruit de la bataille. Un groupe d'ouvriers et de paysans était là. Je ne puis dire comment, pendant deux heures, les impressions de la crainte et de la joie se marquaient sur nos fronts anxieux. C'était quelquefois un silence attentif où chacun interrogeait l'écho. « Le bruit s'éloigne ! » disait-on. Puis quinze ou vingt minutes s'écoulaient. Tout à coup le canon semblait pousser une clameur de menace et de victoire : « Ils avancent ! s'écriait-on ; les Français gagnent du terrain ! » Un malade bavarois, sorti du village, était venu écouter, lui aussi, et s'était mêlé à nous : il paraissait effrayé et il souriait quand on le regardait ; j'apercevais au fond de son cœur toutes les émotions contraires des nôtres : il était grave et souffrait.

Un instant, on a distingué les décharges de mousqueterie ; et quelques-uns pensaient que la bataille se livrait à deux ou trois lieues de nous à peine. C'était sans doute une illusion.

Vers deux heures, la canonnade s'affaiblit ; le son est sourd, on l'entend à peine. Tout est perdu ! Déjà plusieurs s'en vont découragés. Je reste pourtant. Un de nous a dit qu'il se pourrait bien que l'armée fût entrée dans les bois pour gagner Ormes : c'est pourquoi le bruit du combat, s'engouffrant sous les arbres, serait devenu moins clair et moins vif. Vaine explication peut-être ; mais elle console, et je m'attache à elle comme à la vérité...

Tout à l'heure l'écho s'est réveillé. Écoutez ! Ces canons qui grondent marchent triomphants de notre côté. On dirait qu'ils s'arrêtent pour mugir encore et qu'ils reprennent vers nous leur course. Allons ! l'armée française arrive : voilà son pas victorieux. Il ne faut plus douter : les Bavarois reculent, les Bavarois se retirent vers Paris..

Trois heures et demie. — J'ai couru au faubourg

Saint-Jean. C'était le même spectacle. A l'entrée d'Orléans, sur le seuil des maisons et tout le long de la route, les habitants étaient rassemblés, calculant sur les variations de l'écho les chances de la bataille. La ville entière écoute...

Quatre heures. — L'allégresse éclate déjà; le canon approche de plus en plus, et sans avoir de nouvelles, on est presque sûr de la victoire.

Un dernier Prussien passait, il y a quelques instants, dans le faubourg Saint-Jean. Un homme, enivré de l'esprit de vengeance, s'est jeté sur lui : le Prussien maltraité eût succombé sans doute, si un hulan, attardé comme lui, n'était venu au galop le délivrer à coups de sabre.

Quatre heures et demie. — Je suis revenu en ville, criant victoire aux passants sur la foi de nos présomptions et de l'espérance générale.

Que se passe-t-il à l'est d'Orléans? Des vignerons sont accourus raconter qu'un grand corps d'armée défile sur la route de Châteauneuf : les Français arrivent par là aussi; ils se dirigent au bruit du canon vers la forêt et Chevilly, comme pour prendre à revers les Bavarois par un mouvement tournant.

Cinq heures. — Deux chasseurs, chargés d'éclairer la marche du général Martin d'Espallières, se sont présentés à la porte Bourgogne. Ils annoncent que trente mille hommes sont derrière eux : à les en croire, on veut rejoindre en avant d'Orléans l'armée qui se bat avec les Bavarois.

La foule, exaltée par le plaisir de revoir des soldats français, les entoure en poussant des cris. L'un d'eux reçoit un bouquet ; l'autre, qui met pied à terre pour mieux seller son cheval, a bientôt la tête ceinte de laurier : en toute autre circonstance, le pauvre homme serait grotesque avec sa couronne verte sur son fez rouge et la pipe à la bouche...

Comment douter maintenant que la journée ne soit heureuse pour nos armes ? Les Bavarois vont se trouver entre deux feux.

Cinq heures et demie. — On a vu tous les bagages de l'ennemi à Ormes, trois cents voitures environ gardées par une quarantaine de chevau-légers. Depuis deux heures le matériel suivait la route de ce village, et la retraite paraissait commencée. Les Prussiens, il est vrai, ont d'abord établi leur parc derrière la vieille église d'Ormes. Ils se sont efforcés de se faire un retranchement avec les bancs de l'église et des abattis d'arbres ; ils ont essayé de mettre des pièces en batterie derrière les ouvrages de fortification qu'au mois d'octobre les Français avaient ébauchés en avant d'Ormes. Mais ces travaux d'installation n'ont pas duré. Tout à coup on a entendu des détonations furieuses d'artillerie. Nul doute qu'une nouvelle, fâcheuse pour l'ennemi, ne soit arrivée à Ormes. Tous les bagages courent maintenant sur la route d'Artenay, dans le pêle-mêle d'une fuite précipitée.

Six heures. — La tristesse règne au faubourg Saint-Jean. Des gens qui reviennent d'Ormes racontent qu'un renfort considérable a rendu l'avantage à l'ennemi. La campagne serait couverte de troupes allemandes qui marchent au secours de M. de Tann.

Plusieurs témoins, entre autres un officier français qu'une blessure, reçue le 11 octobre, avait retenu à Orléans, attestent que la bataille a recommencé et que les Français ont plié sous le nombre, à la dernière heure.

On n'entend plus que quelques coups de canon. Est-ce l'armée allemande qui poursuit la nôtre? Une foule immense s'est arrêtée sur le chemin d'Ormes, hésitante, affligée, désespérée même. Le cœur se resserre dans l'angoisse; c'est une torture affreuse...

Sept heures. — Victoire, joie, délivrance! Les Prussiens sont battus : ils fuient sur Artenay et Toury...

Le fait est mille fois sûr. M. Frot, l'heureux messager de cette noble et bonne nouvelle, arrive des lieux voisins du combat. Il organise déjà des convois d'ambulances, et tout à l'heure les élèves du séminaire sont partis chercher des blessés.

L'endroit où l'armée de la Loire a vaincu, où Dieu nous rend l'honneur, où la France se relève, s'appelle Coulmiers. C'est un village de Beauce, à cinq lieues d'ici. Nom désormais illustre dans notre histoire.

Les cloches des églises sonnent à grandes volées l'*Angelus* du soir. Muettes depuis un mois, elles parlent enfin au ciel et à la terre, elles chantent la liberté, elles célèbrent la patrie triomphante; elles annoncent la victoire aux malades et aux blessés du 11 octobre qui gisent encore sur leur lit de souffrance; elles crient maintenant à Orléans, et à la France demain, qu'il faut remercier Dieu et nos soldats!...

Huit heures. — Quatre officiers français: M. Jacquey, adjudant-major au 38e de ligne; M. P. Dehay et M. Tournier, lieutenants; M. Guichard, sous-lieutenant au même régiment, sont entrés à la Boule-d'Or. Sur la place, des dames leur ont offert des fleurs: on les a reçus avec un accueil enthousiaste. Ils annoncent que Martin d'Espallières est avec son corps d'armée au faubourg Bourgogne: on a marché au canon toute la journée. Par malheur, on arrive trop tard pour assaillir les Bavarois et les envelopper dans leur défaite.

Malgré la pluie, presque toute la population est dans les rues, jouissant de la liberté avec un véritable étonnement. On est tout surpris de se promener en foule, si tard et sans lanternes. Quel bonheur ! nous voici de nouveau en France...

Des gardes nationaux montent la garde à l'Hôtel-de-Ville, armés de fusils bavarois.

De toutes parts, on capture des Allemands. M. de Tillmann, l'aide-de-camp du commandant de place, est en nos mains. Tout le monde veut faire des prisonniers : on les voit passer par groupes, entourés de bourgeois et de gamins joyeux, qui portent en riant les fusils et les sabres livrés par l'ennemi. On les traite avec une généreuse douceur. Quelques cris ; point d'agression. On les prend, on les désarme, et on les conduit avec l'entrain de la gaîté française. Ils ont l'air un peu craintif et honteux ; aucun n'oppose de résistance. Pourtant il se trouve à la gare, dit-on, des cuirassiers blancs qui ne veulent pas se rendre à des civils : on parlemente, et tout à l'heure arriveront des soldats qui auront raison de ces obstinés.

Un incident burlesque nous égaie dans le tumulte de toute cette joie patriotique. Quatre de nos captifs se sont battus en entrant dans la prison : deux étaient Prussiens, les deux autres Bavarois ; ceux-ci se sont jetés sur leurs alliés et se sont mis à les rosser. Aimable effet de la défaite ! Touchante image de l'unité allemande !

Dix heures et demie. — Les volontaires de Cathelineau sont arrivés de Cléry par la rive gauche. Un bataillon des mobiles de la Dordogne les accompagne. Avec leur costume noir relevé par une ceinture bleue, avec leur feutre à plumes crânement campé sur l'oreille, les Vendéens étaient beaux à voir. Ils ont fait leur entrée, sous la pluie, au milieu d'une foule immense qui leur a prodigué les acclamations, les fleurs et tous les vivres qu'on pouvait leur offrir. Avant de se reposer, ils sont allés à la gare cerner les cuirassiers blancs dont ils se sont emparés.

Jeudi 10 novembre.

Au point du jour, un convoi d'ambulances quitte Orléans, et je prends avec lui le chemin de Coulmiers. Debout devant leurs maisons, les paysans nous regardent avec un air de compassion où la pitié se tourne à l'avance vers ceux que nous allons chercher. Cette longue file de voitures, qui courent au champ de bataille, a quelque chose de funèbre pour eux : elles reviendront pleines de gémissements ! Quant à nous, silencieux et mélancoliques, nous songeons avec une curiosité mêlée d'horreur au spectacle que nous aurons bientôt sous les yeux.

La campagne, bien qu'on l'aperçoive sous les premières lueurs d'un matin où les frissons de l'hiver passent déjà sur elle, la campagne n'a point l'aspect tranquille. Si loin qu'on soit de Coulmiers, on se sent dans le rayonnement d'un lieu troublé vingt-quatre heures par la mort et le désordre d'un grand combat. Tout le long de la route, on rencontre, isolés, embarrassés et fatigués, des soldats bavarois qui s'en vont où le hasard les fera prisonniers. Au détour d'un chemin, une trentaine se reposent sur leurs fusils : ils paraissent incertains ; il me semble qu'ils se demandent où l'on peut trouver sûrement la captivité. Je descends de voiture ; j'aborde le sergent qui les commande, et, lui montrant l'horizon au bout de la route, je lui crie : Orléans ! Docile, il se laisse diriger de ce côté ; je le conduis par le bras, je le pousse doucement en avant, puis je le laisse marcher seul, et tout de suite, derrière lui, la lourde troupe marche elle-même, muette et obéissante : une heure après, ils entraient à Orléans pour y livrer leurs armes et leurs personnes. En les voyant cheminer vers la ville, c'est-à-dire vers la prison, avec cette discipline machinale et cette résignation un peu niaise, je ne pus m'empêcher de rire de ces pauvres diables. Par delà Ormes, se présentent à nous des fourgons d'ambulance bavarois qui défilent, précédés et suivis de divers officiers à cheval. Ceux-là ne vont pas à l'aventure : ils s'échappent vers Artenay; mais c'est avec une tranquillité sereine qui nous étonne : comment, si près d'une armée victorieuse, voit-on des cavaliers ennemis qui s'enfuient avec cette majesté, lentement et paisiblement, au pas, sans même regarder en arrière? Ils emmenaient au milieu d'eux un dragon français. « Êtes-vous donc prisonnier? » lui dis-je en passant. Il répond d'un signe de tête, comme s'il n'avait plus le droit de parler. En vérité, c'était un fait étrange...

Les signes de la guerre se multiplient dans la campagne. Des fermes, ruinées par l'incendie, montrent çà et là leur murailles enfumées et chancelantes. Au bord des fossés, on distingue, de loin en loin, les traces des bivouacs : la terre noircie par le feu porte les pierres qui servaient de foyer et de la paille brûlée. Déjà des débris couvrent la route : ce sont des gamelles, des sacs, des bidons, des voitures brisées, des fourgons bavarois que les obus ont effondrés; mille objets abandonnés par les Allemands indiquent d'eux-mêmes de quel côté s'est mise la victoire. Nous approchons. On le devinerait à voir ces corbeaux, je me trompe, ces paysans qui, par tous les sentiers, à travers les champs, s'en vont en troupes butiner sur les cadavres. Le sac vide et pendant sur le dos, ils accourent, allègres et rapaces, hier pillés par l'ennemi, aujourd'hui pillards de ses morts et des nôtres...

Voilà les grands'gardes. Du coin d'un bois sortent quelques chasseurs, mouillés par la pluie qui tombe, couverts de boue, avec cet air sauvage que donne la guerre au moment où on la fait, l'œil étincelant de joie et de curiosité. Ils ne savent qu'une chose : c'est qu'on a vaincu. Nous leur apprenons qu'Orléans est libre. A mesure que nous leur parlons de leur succès, leur victoire grandit à leurs yeux. On se serre la main. Puis ils retournent, en gambadant de plaisir, reprendre leur poste sous les arbres.

Nous arrivons à la première maison du village. Sur les côtés de la route gisent, avec leurs habits bleus, des Bavarois qui ont succombé en fuyant derrière Coulmiers. La pluie avait lavé le sang de leurs blessures. La plupart semblaient dormir. La figure et les mains avaient la couleur de cette cire dont on compose les personnages qu'on montre aux musées des foires. Quelque chose de raide et de placide régnait sur le visage de ces soldats, et, quand on y cherchait l'impression qu'avait dû ressentir leur âme à l'instant où ils expiraient, tout au plus remarquait-on sur leurs traits l'empreinte d'une solennelle et grave tristesse. Beaucoup étaient étendus sur la terre, le front tourné vers le ciel, les pieds et la tête nus. On les avait déjà dépouillés de leurs casques; leurs cheveux blonds ruisselaient sous l'eau, dans un cercle de boue. Pas un qui eût encore ses bottes : mal chaussés, nos troupiers s'en étaient emparés à l'envi. On avait beau vouloir détourner la vue, on les regardait malgré soi, on les plaignait, on les admirait même : car il n'y a rien de vulgaire dans ces cadavres foudroyés par la bataille; l'affreuse réalité de la mort s'y couvre, pour ainsi dire, d'idées qui l'ennoblissent. Était-ce une imagination de mes yeux? Ces soldats, couchés dans l'herbe de la route, semblaient d'une stature plus haute que pendant la vie. Comme ils étaient grands! Comme leurs corps, dans cette attitude et cette immobilité, paraissait s'étendre au delà des proportions ordinaires!..

Un mouvement extraordinaire anime Coulmiers, malgré le mauvais temps. On dirait que tout une armée fourmille dans ces masures et dans ces fermes. La route n'est qu'une mare de boue liquide où les blessés grelottent autour de nos voitures. Nous les aidons à s'y placer. Dieu sait avec quelle émotion nous recueillons ces débris humains de la victoire! Ceux que le spectacle des morts n'émouvait pas tout à l'heure s'attendrissaient à ces voix plaintives et devant ces pâles visages. La journée presque entière allait s'écouler dans ces soins, et nous devions éprouver que de toutes les douleurs dont on est assailli sur un champ de bataille, la plus pénétrante peut-être, c'est la pitié qu'inspirent les blessés.

Bientôt nous nous dirigeons, portant des civières, à travers la campagne, et gagnant les fermes où il y a encore des malheureux à panser ou à relever. Au sortir du village, commence à se déployer la scène où les deux armées ont lutté. Une grande plaine, parsemée d'épais bosquets ou de hameaux, s'allonge devant nous. Mais rien d'horrible sur ce champ de bataille où nous nous attendions à voir, dans leur sanglante confusion, des amas d'hommes, de chevaux et d'armes. Dans le bois qui entoure le château de Coulmiers et sous les murs du parc, les morts se pressent et se serrent, il est vrai : on trouve un cadavre presque au pied de chaque arbre; la plupart sont des Allemands, quelques-uns affreusement déchirés par la baïonnette; dans un fossé voisin reposent des morts nombreux, le visage couvert de leurs manteaux ou de leurs capotes, tandis qu'à côté nos soldats font la soupe et tranchent des quartiers de viande sur les chevaux abattus. Pauvres chevaux! Le soir, nous en retrouvions qui ne pouvaient pas mourir, et qui balayaient de leur tête le gravier du chemin, en le battant d'un mouvement triste et cadencé.

De Coulmiers au Grand-Lus, on suit sur les champs la marche des bataillons. Les blessés sont dans ces maisons d'où s'échappent des cris. Peu de morts. De loin en loin, des groupes où le rouge éclate sous la neige qui, depuis quelques heures, couvre le sol, à travers des rafales de pluie et de vent. Ce sont des soldats français qu'un obus a surpris : trois ou quatre ont péri ensemble ; compagnons au même rang et sous la même tente, ils sont tombés l'un sur l'autre par-dessus l'herbe des blés qu'ils foulaient. Le sol détrempé cède profondément sous le pied : il est de toutes parts percé par les obus bavarois qui l'ont creusé et qui s'y sont étouffés : nous en voyons divisés en cinq ou six fragments à l'endroit où ils ont éclaté et qui les a retenus ; dans le trou qu'ils ont formé en s'enfonçant ainsi, on aurait pu recomposer en entier plus d'un de ces projectiles. Les obus de l'ennemi ont donc dû causer moins de pertes à nos troupes qu'ils ne l'eussent fait sur un terrain résistant. Plus loin, au château de la Renardière, le combat a été meurtrier. On a livré l'assaut aux murs et aux hommes. Autour de Baccon, tout entier barricadé et crénelé, il y a des mêlées de cadavres le long de la pente où s'étage ce bourg tout ensanglanté. Çà et là, quelques monticules et quelques fermes où des batteries ont été postées : la mort y a grandement sévi. On nous raconte qu'en remontant au nord de Coulmiers, le feu des deux armées a produit des ravages effrayants à l'Ormeteau, devant Cheminiers et au hameau de Champs : les cadavres s'y sont amoncelés. L'ennemi a encore jonché des siens toute la campagne qui s'étend autour de Rosières, de Gémigny et de Saint-Sigismond, où nos boulets l'ont atteint et d'où ils l'ont poursuivi plus tard, quand il s'enfuyait. Livrée sur une telle étendue, la bataille, on le conçoit, a dispersé avec ses coups les marques qu'elle devait laisser : l'horreur en est moins manifeste. D'ailleurs, l'artillerie a plus tonné que les soldats n'ont frappé ; les deux armées n'ont pas eu une de ces collisions acharnées sur toute la ligne qu'on a vues sous les murs de Metz.

Entre Huisseau et Coulmiers, un bruit immense et confus s'élevait au milieu de la plaine : c'était la voix de plusieurs régiments qui campaient là en plein air, sous la pluie et la neige. Ils formaient une longue ligne qu'on semblait près de mettre en mouvement. Le sol, boueux et mou, ne pouvait plus les porter; pour s'y tenir, ils avaient dû étendre de la paille sous leurs pieds. En passant, nous semons la nouvelle qu'Orléans est délivré comme toute la contrée, et l'enthousiasme se répand avec la nouvelle. Autour de grands feux allumés, soldats et officiers causent amicalement. Chacun a son histoire, héroïque ou amusante. Un sergent, par exemple, raconte à son colonel que, sans le savoir, sa compagnie a dormi toute la nuit sur des Bavarois, au pied d'une meule où ceux-ci s'étaient réfugiés. Cachés dans la paille, ils y étaient restés tapis sans remuer ni souffler. Au réveil, quelqu'un s'en était aperçu, et la capture s'était faite gaîment. La confiance et la satisfaction brillent sur tous les fronts. Le général d'Aurelle, à entendre les plus intelligents, a vraiment mérité sa victoire. Les officiers parlent avec éloges de l'ordre de bataille et des manœuvres; les soldats vantent son calme, son froid courage et la vigueur de sa main. L'armée semble avoir retrouvé cette fierté de la France, hélas! perdue si vite et si tristement; mais c'est sans la folle exaltation de notre vieille vanité : nous le remarquions avec plaisir.

Après avoir passé de longues heures avec nos médecins (1) dans une ferme pleine de blessés bavarois (2) qui nous remercièrent de nos soins avec des

(1) Les docteurs Patay et Baille ont soigné les malheureux Bavarois avec un infatigable dévoûment.

(2) Quelques-uns de ces Bavarois, blessés au bas-ventre, avaient caché leurs sacs sous eux, pour les dérober aux regards. C'est que leur butin y était contenu : j'y vis des ciseaux et des dés en argent, beaucoup de menus objets pillés sur la route. Un caporal alsacien leur dit de notre part : « On ne vous prendra rien ; nous aurions le droit de vous voler de vos vols ; mais nous ne le ferons pas. » Pour calmer leur inquiétude, on mit ces sacs sous leur chevet, dans la grange où on les transporta sur des paillasses.

serrements de main et des larmes, nous reprîmes le chemin de Coulmiers. Les maisons y regorgeaient d'hommes, et tous étaient affamés, mouillés, harrassés. Des officiers du 39e nous permirent de nous asseoir près de leur feu, et, pendant que nous y séchions nos vêtements, chacun nous disait ce qu'il savait de la bataille : récits incomplets, mais qui faisaient comprendre qu'elle avait été vaillamment gagnée.

Le soir, nous suivîmes à pied une route couverte, sur plusieurs lieues, des troupes que le général d'Aurelle menait en avant d'Orléans et de la forêt. D'Huisseau à Ormes, les bivouacs luisaient déjà dans la nuit, épars entre les bois, ici éclairant tout un champ, là rougissant de leurs clartés les murs d'une ferme voisine. C'était à l'horizon une illumination capricieuse et changeante, où la lumière jaillissait de l'ombre tantôt sur un point, tantôt sur un autre. A certaine distance, on pensait apercevoir des globes de feu rangés en une sorte de cercle : en approchant, on reconnaissait les têtes des soldats qui recevaient au visage le reflet de la flamme autour de laquelle ils se chauffaient. Ailleurs, on voyait un phare qui, tour à tour, semblait s'éteindre et se rallumer. Au loin se dressaient sur des coteaux des tours flamboyantes. Parfois, on croyait contempler des incendies tout obscurs de fumée. De vives lumières s'élançaient en serpentant vers le ciel. De toutes parts des lueurs qui montaient et descendaient. L'imagination était ravie : on eût dit une féerie splendide. Point de plus belle fête, le lendemain d'une victoire.

Vendredi 11 novembre.

Orléans a repris son ancien aspect. Aujourd'hui, c'est une cité délivrée, une ville française; elle semble même plus bruyante et plus gaie qu'autrefois. On y respire enfin; on parle sans contrainte et en public; des groupes stationnent sur les trottoirs; les chevaux eux-mêmes, autrefois exilés ou prisonniers, reparaissent dans les rues. Sur les fronts comme dans les cœurs, on aperçoit la joie d'un patriotisme qui reprend ses espérances. Le deuil d'Orléans a cessé.

Je doute qu'en aucun pays de France on ait supporté l'invasion avec une tristesse plus grave et plus digne; je doute qu'en aucun endroit on ait opposé à l'ennemi des âmes plus vaillantes qu'on n'en a vu quelques-unes ici; je doute qu'ailleurs les magistrats et les citoyens aient fait plus fermement leur devoir dans une situation si pénible; je doute surtout qu'en aucune ville on ait été plus charitable pour les blessés, et qu'on ait plus généreusement compris et pratiqué la fraternité française et humaine. Je le dis en témoin impartial; et, bien informée, notre histoire le dira elle-même, pour l'honneur d'Orléans (1).

Déjà les étrangers arrivent; les fugitifs reviennent. Ils jugeront mieux que de loin combien était écrasant le joug qui pesait sur nous. Déjà aussi les services des administrations se rétablissent; bientôt l'ordre aura repris son cours dans notre ville désorganisée.

Les Prussiens avaient condamné la police au secret : elle est redevenue visible. Les commissaires continuaient, il est vrai, à siéger à l'hôtel-de-ville; mais ils n'exerçaient plus de là qu'une surveillance idéale sur le bourgeois qui contrevenait aux règlements de voirie et autres; les agents avaient dû renoncer à leur uniforme : leur principal rôle, c'était d'accompagner les réquisitions. Néanmoins, le commandant de place permettait qu'on veillât aux affaires criminelles (2); on avait le droit de protéger Orléans contre les malfaiteurs; les Prussiens en amenaient

---

(1) Le 7 novembre, le Préfet du Loiret et le Maire d'Orléans réfutèrent publiquement, dans une lettre adressée au *Moniteur universel,* les calomnies par lesquelles de misérables nouvellistes essayaient de déshonorer Orléans pendant sa captivité. (Voir cette lettre aux *Pièces justificatives,* n° 28.)

(2) Une jeune fille fut violée à Saint-Ay par un soldat prussien. L'enquête, faite par ordre de M. de Tann, constata le crime, et ce fut tout : pour expliquer l'impunité, l'autorité bavaroise se contenta de dire du coupable : « C'est un Prussien : cela ne nous regarde pas. »

même quelquefois et les livraient à la justice française. Chose notable et pourtant naturelle, on a constaté une réelle amélioration dans l'état moral de la ville : le nombre et la gravité des délits avaient beaucoup diminué.

A part le délai qu'on aura fait subir à la session des assises, la magistrature a vaqué sans trouble à ses fonctions ordinaires. Le premier jour de l'invasion, le Palais de justice fut occupé; les soldats l'évacuèrent le lendemain en volant du papier, des cachets, et les croix que portaient les robes de deux présidents de chambre. Seule, la salle des assises avait été réservée par l'ennemi pour une sorte de conseil de guerre qui s'y installa.

Les magasins se sont rouverts aussi. On s'approvisionne, et chacun dresse ses comptes. L'occupation aura coûté cher à la ville d'Orléans. On estime à plus de 2,800,000 fr. la somme dépensée par la municipalité pour satisfaire aux réquisitions. La dépense quotidienne s'est élevée jusqu'à 150,000 fr.; longtemps elle a varié de 80,000 à 100,000; elle n'a jamais été au-dessous de 30,000. Qu'on y ajoute les pertes qui résultent de la dévastation elle-même, qu'on essaie de calculer les dépenses que l'invasion de leurs maisons imposait aux particuliers, et c'est par millions qu'on devra supputer les dommages et les sacrifices dans le seul arrondissement d'Orléans.

Je viens de relever sur les comptes de la ville quelques-unes des notes où l'ennemi spécifiait ses réquisitions. Nul ne les lira sans se dire que jamais on ne poussa plus loin l'art de vivre aux dépens des vaincus. Ces réquisitions s'étendent à tous les objets imaginables, depuis le porte-plume et le crayon jusqu'au fil et à l'aiguille, depuis le torchon et le ruban jusqu'au cadenas et la lanterne. Tout ce qu'il faut au fantassin, au cavalier ou à son cheval, on le réclame et on l'exige. Le vainqueur, une fois établi à Orléans, semble s'être juré de ne pas tirer un sou de sa propre bourse. Le dernier valet de l'armée réquisitionne un mouchoir ou de la ficelle, comme le général une boite de plumes de fer et des paquets d'allumettes. La ville fournissait chaque jour une quantité énorme de denrées alimentaires. Ce n'était pas assez. Chaque jour aussi, on lui demandait mille ustensiles, mille meubles et choses diverses, dont on se servait soit pour contenter des goûts qui n'avaient rien de militaire, soit pour renouveler le matériel de l'armée bavaroise. Il fallait vêtir, chausser, raccommoder, parer même les soldats et les officiers; à celui-ci, du drap rouge ou bleu pour sa veste; à celui-là, des gants ou des boutons en os; à l'un, une selle anglaise et des harnais; à l'autre, une chemise fine ou une éponge pour se laver; à tel, un canif, une bouteille d'encre ou un cahier de notes; à tel, des manchettes de laine ou du savon. Quant au matériel de guerre, on le complète et on le restaure à nos dépens : nous livrons le fer et l'acier à l'artillerie; les clous et le marteau au maréchal-ferrant; les haches, les pioches et les bêches pour les travaux de fortifications; les éléments chimiques au télégraphe; le cuir, les sangles, la poix, le goudron et tout le reste aux selliers bavarois; tous les instruments enfin aux gens de métier qui accompagnent l'armée. Le drapeau lui-même a-t-il besoin d'être mieux caché dans l'étui qui l'enveloppe? on demande au Français un étui neuf; et du droit de l'épée, sanglante encore, qu'on porte au côté, on vous contraint à le donner sans retard ni murmure. Il y a des régiments qu'on entretient tout entiers par les réquisitions : on ne leur laisse pas même faire les frais d'un écheveau de soie. A Saint-Sigismond surtout, campait un escadron d'insatiables cuirassiers qui adressait à la mairie d'Orléans des listes interminables et presque quotidiennes où s'étalaient toutes les réclamations : il semblait prendre cette pauvre municipalité pour une ménagère, pour une bonne mère de famille qui devait pourvoir à tous ses besoins; et comme l'un des capitaines désirait quelques portefeuilles pour lui et ses officiers, on voit à ses demandes réitérées que ne les obtenant pas, il les rappelait sans cesse sur ses notes. Le conseil municipal résistait à bien des fantaisies; il refusa obstinément bien des objets singulièrement superflus. C'était une lutte continuelle, et les commandants de place, pour forcer le mauvais vouloir de nos conseillers, finissaient toujours par menacer du pillage. Un jour même, ils y conduisirent leurs soldats. On n'avait cru ni honorable ni possible de fournir le bois et les ferrures qu'il leur fallait pour construire leur pont de bateaux : ils allèrent les prendre par violence chez plusieurs quincailliers. Au reste, ils n'accordaient jamais que le plus court délai; on n'avait pas à temporiser. En gens d'affaires prudents et avisés, ils écrivaient à la fois en lettres et en chiffres les nombres qu'ils marquaient sur la réquisition : ils eussent été si désolés qu'il se commît une erreur!

La quantité de ces réquisitions est considérable. Je n'en ai copié qu'une très-faible partie; mais on y pourra voir suffisamment combien était exigeante, opiniâtre et minutieuse l'avidité de nos spoliateurs (1)!

Un jour, un officier prussien pénétra de force chez un gantier d'Orléans. « Je voudrais des gants de castor, dit-il. — Je n'en ai plus, répondit le marchand. — Il m'en faut. — Impossible; mon fabricant demeure à Paris. — Eh bien! faites-en venir. — Oui, vraiment! Allez-y vous même, si vous pou-

(1) Voir aux *Pièces justificatives,* n° 35.

vez. » — Heureuse notre municipalité, si elle avait pu elle-même ne donner que de pareilles réponses aux agents de M. de Tann! Mais quand elle résistait en alléguant son dénûment, nos Allemands savaient bien en triompher : ils découvraient ce qu'on cachait, ils volaient ce qu'on n'accordait pas.

Samedi 12 novembre.

La France pourra s'enorgueillir de sa victoire de Coulmiers : elle la doit, non seulement au courage de sa jeune armée de la Loire, mais à l'intelligence des chefs qui la commandaient. Or, dans nos derniers désastres, les généraux nous avaient fait défaut autant que la fortune : peut-être même nous avaient-ils manqué davantage. A Coulmiers, la science militaire a aidé la bravoure. C'est comme une nouveauté dans l'histoire de cette campagne; c'est aussi pour nous un motif de consolation et d'espérance.

Aux derniers jours d'octobre, il avait été décidé, dans un conseil de guerre à Tours, qu'on essaierait de reconquérir Orléans. On était convenu d'un plan dont le succès paraissait assuré, si les mouvements projetés pouvaient s'opérer dans les conditions de temps déterminées et prescrites. L'armée de la Loire avait l'ordre de passer le fleuve pour suivre sur la rive droite deux voies différentes : avec le 17e corps, le général Martin des Pallières devait, à l'est, se diriger sur Orléans par Gien et la forêt; avec le 15e et le 16e corps, le général d'Aurelle, qui les commandait en chef, s'avancerait vers l'ouest, pour occuper la route d'Orléans à Paris. On tournerait ainsi Orléans des deux côtés à la fois : c'était pour l'ennemi une double menace, et on la jugeait d'autant plus puissante qu'on pensait avoir au moins la supériorité du nombre. Qu'allait-il résulter, en effet, des manœuvres qu'on voulait exécuter ainsi, comme en traçant un cercle autour de M. de Tann? Ou les Bavarois, craignant qu'on ne coupât leurs communications avec Paris, évacueraient Orléans pour offrir le combat au général d'Aurelle entre la forêt de Marchenoir, Orléans et Patay; et alors Martin des Pallières arriverait au champ de bataille derrière eux : en pareil cas, la victoire était certaine. Ou les Bavarois s'enfermeraient dans Orléans; et les deux généraux français, combinant leurs efforts, pourraient réduire l'ennemi à un désastre. Quant au téméraire parti de courir tous ensemble à la rencontre de Martin des Pallières, les Bavarois ne s'y résoudraient point, puisque d'Aurelle les tenait déjà sous le feu de son armée; d'ailleurs, en s'éloignant ainsi de leur base d'opérations pour franchir la Loire et pénétrer dans le Giennois, les Bavarois eussent bravé la fortune avec une imprudence qu'on ne pouvait vraiment supposer. Fallût-il même admettre cette supposition, le 17ᵉ corps pouvait, avec ses seules forces, résister à l'armée de M. de Tann. Le plan du général d'Aurelle était donc bien conçu. Malheureusement, la capitulation de Metz, la négociation de l'armistice et quelques autres circonstances en retardèrent alors l'exécution.

Le 6 novembre, à l'aube, le signal fut donné : la grande opération commença. Campé dans la Sologne, le 17ᵉ corps se mit en mouvement le premier : il partit d'Argent : son itinéraire était tracé par Gien, Châteauneuf et la forêt d'Orléans. Le général d'Aurelle devait attendre jusqu'au 8 dans les cantonnements où ses troupes se trouvaient établies, c'est-à-dire en arrière et sur la droite de la forêt de Marchenoir : il laissait ainsi à Martin des Pallières le temps de parcourir sa longue route pour se placer derrière l'ennemi ; on calculait que la jonction pourrait se faire le 10 au soir ou le 11 au matin, et c'est à cette date qu'on forcerait M. de Tann à livrer bataille. Toutefois, l'inquiète vigilance du général bavarois trompa ces calculs : le 8, il apercevait déjà les périls de sa situation ; il offrit le combat le 9 ; le général d'Aurelles dut donc le vaincre, avant que Martin des Pallières n'arrivât pour la victoire.

Depuis la fatale journée de Sedan, l'armée de la

Loire était la première que la France eût pu lever ;
c'était aussi, selon toute vraisemblance, le dernier
espoir de la patrie. Des mobiles, hier sortis de leur
village, la plupart portant d'anciens fusils dans leurs
mains inhabiles encore, conduits ou plutôt accompagnés par des officiers presque tous inexpérimentés ;
des régiments de marche, bandes confuses de soldats
qu'unissait un lien à peine senti, que ne précédait
pas un drapeau bien connu d'eux tous, et que l'esprit
de corps n'animait point de sa fierté ; des conscrits,
presque des enfants, qui fléchissaient à chaque pas
sous le poids de la guerre, et à côté d'eux, d'anciens troupiers, qui rapportaient au camp les habitudes vicieuses de la vie et du métier où la loi les
avait repris : tels étaient les éléments principaux
dont le général d'Aurelle avait dû composer l'armée
de la Loire. Cette armée, les Prussiens la méprisaient à l'avance : ils disaient volontiers que, dans
les conditions nouvelles de la science et de la guerre,
on n'organise plus en un mois les moyens de vaincre ; ils s'imaginaient avoir pris à la France, sous
les murs de Sedan et de Metz, son courage, sa puissance militaire et son génie ; ils ne voulaient voir
derrière la Loire qu'une foule déréglée d'hommes en
armes, qui se disperseraient, comme la poussière, au
vent de la première bataille. Nos ennemis se trom-
paient-ils, pour l'honneur de la France ? On n'osait

guère le croire, tant, depuis des revers si étonnants et si soudains, la France avait désappris à espérer! Le nom du général d'Aurelle n'avait point cette célébrité qui rend une nation confiante, surtout une nation déçue comme la nôtre par son premier enthousiasme, et qui se voyait veuve presque de toutes ses gloires. On connaissait peu le général d'Aurelle ; il n'avait jamais commandé en chef, et on craignait qu'il n'y réussît pas mieux que tous ceux dont Orléans avait, hélas ! trop constaté les échecs. On savait pourtant que, par ses soins sévères, une discipline rigoureuse régnait parmi ses troupes : c'était une marque d'énergie et peut-être un présage de succès. On savait aussi qu'il les avait menées vigoureusement à l'ennemi au combat de Saint-Laurent-des-Bois ; elles y avaient eu l'avantage, et, depuis, dans l'âme du soldat était entrée la foi d'une prochaine victoire. La France et l'armée attendaient donc la bataille avec une patriotique inquiétude ; mais dans cette attente de tous les cœurs, c'était la crainte qui prévalait.

Le général d'Aurelle avait sous ses ordres le 16e et le 15e corps ; il commandait ce dernier corps en personne, depuis que Gambetta avait destitué de Lamotterouge. Vieux soldat d'Afrique, calme et vaillant général devant Sébastopol, il avait gagné le droit du repos par ses services et par son âge ; mis au cadre de réserve le 14 janvier 1870, on lui avait demandé, en octobre, de reprendre sa forte et brave épée, et, ses soixante-cinq ans ne l'empêchant point de la tenir avec vigueur, il avait apporté à l'armée mal organisée de la Loire toutes les qualités dont elle avait besoin dans son chef. Robuste encore, actif et simple, d'Aurelle laissait voir sur son visage froid et dans son regard tranquille toute la sévère dignité de son commandement. Les officiers connaissaient sa prudence toujours attentive, la sûreté de son jugement militaire, l'énergie de ses résolutions; on avait en lui un général studieux de son métier et capable d'une guerre savante. Quant aux troupes, elles n'ignoraient point la réputation d'inflexible justice qu'il s'était depuis longtemps acquise : soigneux de leurs intérêts, zélé pour leur bien-être, il exigeait l'obéissance absolue, ne pardonnant rien devant l'ennemi à la lâcheté et au désordre. Dans une proclamation, lui-même le leur avait dit, dès son arrivée : « Ce que je vous demande avant tout, c'est de la discipline et de la fermeté. Je suis parfaitement décidé à faire passer par les armes tout soldat qui hésiterait devant l'ennemi. Quant à moi, si je recule, fusillez-moi. » En trois semaines, d'Aurelle avait suffisamment rétabli l'empire du devoir dans son armée. Aidé de son habile chef d'état-major, le général Borel, il allait rétablir aussi l'honneur militaire de la France.

D'après le plan convenu, Martin des Pallières marchait depuis trois jours à la droite d'Orléans et devait approcher du but. Les Bavarois, voyant des deux côtés de l'horizon des troupes qui s'avançaient vers eux, avaient ramené leurs forces vers Coulmiers. Le 7, ils avaient poussé une reconnaissance vers la forêt de Marchenoir; ils avaient rencontré les Français à Saint-Laurent-des-Bois, et, battus, leur cri d'alarme avait appelé d'Orléans M. de Tann et ses derniers régiments. Dans la nuit du 8, le général bavarois rejoignait son corps d'armée à Coulmiers, évacuant Orléans et se dérobant à Martin des Pallières pour tenter la fortune sur le seul point où elle parût lui offrir encore une chance. Car, vaincu en cet endroit, il se ménageait au moins les moyens de se retirer vers Paris. S'il réussissait, au contraire, à vaincre devant Coulmiers cette armée de la Loire qu'il se croyait capable d'affronter, grâce à l'organisation supérieure de la sienne, M. de Tann pouvait espérer un égal triomphe en se retournant vers son second adversaire : d'Aurelle accablé, Martin des Pallières résisterait-il au vainqueur? M. de Tann prenait donc sagement le meilleur parti qui lui restât. Son seul tort, c'était de trop compter sur la valeur de ses troupes, c'était de supposer qu'il retrouverait à Coulmiers le facile bonheur qu'il avait eu au combat d'Artenay, un mois auparavant. Quoi qu'il en soit, décidé à la bataille, il profitait habilement de tous ses avantages : il occupait, devant l'armée de la Loire, des positions fortifiées avec un grand soin ; il devançait Martin des Pallières d'une journée. Pourquoi et comment eût-il tardé? Le 9, il livra la bataille. D'Aurelle s'était aperçu lui-même, aux dispositions de l'ennemi, qu'il ne pouvait plus attendre davantage ; et bien qu'il eût souhaité pour Martin des Pallières le délai de vingt-quatre heures nécessaire à la jonction projetée, il fallut attaquer les Bavarois. Ses soldats ayant mangé la soupe se portèrent en avant, à huit heures du matin. C'était la victoire de Coulmiers qui commençait (1).

M. de Tann avait rassemblé pour la lutte toutes les troupes du 1er corps d'armée bavarois, assisté de cavalerie et d'artillerie prussiennes (2). Il avait disposé ses

---

(1) Coulmiers est situé sur la rive droite de la Loire, dans cette partie du département du Loiret qui touche à l'Eure-et-Loir et au Loir-et-Cher. Placé presque à égale distance de Patay et de Meung, il est à 21 kilomètres d'Orléans. Sur son territoire se trouvent les châteaux de Coulmiers et de Lus.

Le nom de Coulmiers a déjà paru dans notre histoire. D'après Aymoin et selon la légende qui règne dans le pays, quand Clodomir, fils de Clovis, eut vaincu le roi de Bourgogne Sigismond, il l'amena prisonnier à Orléans, et c'est dans un puits de Coulmiers qu'il le fit jeter avec sa femme et ses enfants, malgré les prières et les reproches de l'abbé de Micy, saint Avit.

(2) Le général de Tann commandait à deux divisions d'infanterie, comprenant vingt-quatre bataillons et demi. Avec la division prussienne placée sous les ordres du comte de Stolberg, et

forces, alors moins considérables que les nôtres, sur une ligne moins longue, dont les principaux points étaient Baccon, la Renardière, Coulmiers, l'Ormeteau et Champs, tout en se fortifiant en arrière à Huisseau-sur-Mauves, à Rosières et à Gémigny. Son front de bataille était ainsi presque parallèle à cette longue suite de bois qui de Chaingy va jusqu'au delà de Bucy-Saint-Liphard. Partout il avait crénelé villages, hameaux, châteaux et fermes; et, depuis plusieurs semaines, ses soldats s'y tenaient prêts au combat (1). Partout il avait choisi le terrain pour l'avantage de ses batteries, et il pouvait espérer, par la quantité

celle qui faisait partie de son propre corps d'armée, M. de Tann avait neuf régiments de cavalerie, c'est-à-dire trente-six escadrons. Si ses pertes avaient été grandes au combat d'Orléans, il faut aussi tenir compte des renforts qu'il avait reçus à Orléans même. On peut donc évaluer ainsi les forces qu'il avait en ligne à la bataille de Coulmiers :

Infanterie.	24,000
Cavalerie.	6,200
Train, pionniers, artilleurs.	4,000
	34,200

Qu'on abaisse ce chiffre jusqu'à la dernière limite de la vraisemblance, il n'en sera pas moins légitime de prétendre que, le 9 novembre, il opposait au moins une trentaine de mille hommes à l'armée du général d'Aurelle.

(1) Le 19 octobre, dans une chambre que le comte de Stolberg habitait au château de la Source-du-Rolin, M. Maxime Genteur, son hôte, trouva épars à travers la cheminée des fragments

supérieure et le tir rapide de ses canons, compenser le nombre de nos fantassins.

Quant au général d'Aurelle, voici l'ordre de bataille où il avait rangé ses troupes. Sa droite, com-

de papier déchiré. Il les recueillit, et, grâce aux patients efforts des personnes qu'il vint consulter au lycée d'Orléans, grâce au professeur d'ang'ais, M. Beahan, qui l'aida de ses connaissances, il put reconstituer le texte de ce document mis en pièces par le comte de Stolberg. C'était la copie d'un ordre du jour indiquant les positions que la division de cavalerie commandée par le comte devait occuper de Coulmiers à Huisseau-sur-Mauves. Traduite par M. Beahan, cette pièce fut secrètement envoyée par M. Genteur au gouvernement de Tours, pour être transmise à nos généraux. On y trouvera la preuve que, dès le 17 octobre, M. de Tann avait établi ses troupes dans les cantonnements où les rencontrèrent les vainqueurs du 9 novembre. On y remarquera aussi les dispositions recommandées aux généraux qui présidaient à cette opération.

Voici la traduction de ce document :

Commandement de la division, 17 octobre 1870.
M. Q. Château la Source-du-Rolin.

1. — La division, renforcée par deux bataillons du 12e régiment d'infanterie royale bavaroise, occupera, demain 18 du mois, des cantonnements à l'ouest des bois de Montpipeau et de Bucy ; à savoir :

A. — De la brigade Baumbank, un régiment à Coulmiers ; l'autre régiment à Préau et à la Challerie.

B. — La brigade Collomb et les deux batteries, dans le Creux, le Ponceau, le Pater et les fermes situées autour de Huisseau-sur-Mauves.

C. — Les deux bataillons du 12e régiment d'infanterie bava-

mandée par le général Martineau, partait des environs de Messas et de Cravant pour prendre position entre le Bardon et le château de la Touanne, château qui se trouve presque à égale distance de Baccon et

roise à Saint-Ay. Ils donneront une compagnie pour couvrir la division Staber.

D. — Celle-ci prendra ses quartiers à Huisseau-sur-Mauves.

Je prie Messieurs les deux commandants de brigade de fixer aussi leurs quartiers à Huisseau-sur-Mauves, ou dans le voisinage le plus rapproché.

Les avant-postes doivent être placés à peu près sur la ligne de Carrières-les-Crottes, le Grand-Lus, la Renardière, Rondonneau, Aunay; ils doivent être fournis par les deux régiments de hussards, de manière que, tous les jours, deux escadrons de chaque régiment se rendent au bivouac et qu'ils soient relevés à la pointe du jour.

Depuis Aunay jusqu'à la Loire, je prie l'infanterie royale bavaroise de se charger de couvrir les lignes et de fouiller soigneusement les bois de Montpipeau et de Bucy.

Les régiments d'infanterie doivent explorer avec diligence le terrain en avant jusqu'à une distance d'un mille ou d'un mille et demi, par petites patrouilles. En outre, des reconnaissances très-étendues sont recommandées spécialement à la division.

Les deux troupes marcheront demain par les chemins les plus directs vers les quartiers qui leur sont assignés.

II. — Les avant-postes et les patrouilles, surtout les dernières, ne doivent laisser passer personne qui arrive des villages ou des bois, attendu que les francs-tireurs font leur métier dans ce pays de toutes les manières.

De plus grandes reconnaissances..... [*ici, le texte n'a pu être rétabli*].

Colonel Th. von Graevenitz,
Major von Gruter.

de Huisseau. Au centre, la division Peitavin s'avançait sur Baccon. Sur la gauche, se déployaient les régiments qui formaient le 16e corps, sous le commandement de Chanzy; à côté d'eux, toute la cavalerie conduite par le général Reyau, avec les francs-tireurs de Paris placés en éclaireurs à l'extrémité : ils avaient à gagner tour à tour Charsonville, Épieds et Gémigny, et, de là, se rabattre sur Coulmiers, où l'ennemi avait préparé sa plus vive résistance. Par ce mouvement tournant, Chanzy devait descendre sur Coulmiers au moment où Peitavin victorieux aborderait lui-même cette position. On le voit donc, l'armée de d'Aurelle se dirigeait sur une ligne qui s'étendait du Bardon aux alentours de Gémigny; elle se mettait face à face avec les Bavarois jusqu'à Coulmiers; mais elle allait essayer de les déborder sur leur droite pour enclore leur armée dans ce dernier village et les bois voisins : s'ils n'échappaient pas à temps dans la direction de Paris, s'ils se retiraient sur Orléans, Martin des Pallières, survenant derrière eux, les recevrait sur le feu de ses canons et de ses 28,000 hommes; on aurait détruit l'armée de M. de Tann.

Le pays où se rencontraient les deux armées est compris entre Meung, Orléans et Patay. Sur son sol plat s'élargissent de vastes plaines où de vieux manoirs et de grandes fermes se cachent dans les arbres. On n'y aperçoit pas de hauteurs; parfois, il est vrai, la terre se courbe un peu ; la contrée, limitée au nord par les petites collines du plateau d'Orléans, s'incline vers les bords de la Loire ; mais c'est par une longue ondulation, sur une pente presque insensible : les deux chefs d'armée n'y eussent point trouvé quelqu'un de ces accidents de terrain dont le courage des combattants fait un obstacle invincible. Pourtant les Bavarois, se tenant dans la partie du pays qui remonte et s'élève vers la Beauce, semblaient pouvoir dominer de leurs feux les troupes qui s'avançaient contre eux ; mais cet avantage ne leur servit guère : tout la journée, leurs canons tirèrent trop haut. A Baccon seulement, où les maisons s'étagent sur une sorte de mamelon, ils profitèrent grandement de la nature des lieux : l'assaut devait y être pénible et meurtrier. Comme c'est le blé qu'on sème sur ce terroir, point de ces vignobles, entrelacés l'un dans l'autre, qui, plus près d'Orléans, s'opposent à ce qu'une armée développe régulièrement ses lignes ; les champs offraient donc leur surface unie à l'action savante d'une bataille rangée ; à part quelques bouquets de bois dispersés çà et là, rien n'empêchait de voir la marche des régiments et de mesurer du regard les progrès du combat. Par malheur, il était difficile de hâter le pas dans ces immenses terres labourées ; mais, si le pied du soldat s'enfonçait dans ce sol gras que la pluie venait de détremper, à peine remué par la charrue, il faut considérer aussi que les obus à percussion des Bavarois s'y engloutissaient sans éclater au loin : le lendemain on les trouvait, divisés sans doute, mais comme enserrés dans les trous qu'ils avaient creusés, ce qui explique le peu de mal que l'artillerie bavaroise causa dans les rangs de l'armée française.

Le général Martineau, avec l'une des deux divisions du 15ᵉ corps, avait effectué son mouvement sur la droite, en arrivant sans résistance jusqu'en face du vieux château de la Touanne, qu'on croyait occupé par les Bavarois. Une de nos batteries a bientôt pris position devant le château, dont les murs, immobiles et silencieux, semblent cacher mystérieusement l'ennemi. On va le bombarder, quand on apprend d'un paysan qu'il est évacué. On entre, en effet, sans qu'un coup de feu retentisse ; et les premiers tirailleurs, qui ont dépassé la Touanne, aperçoivent au loin les Bavarois, à demi-dissimulés derrière les arbres ou dans la brume, qui massent leurs forces entre Baccon et Huisseau-sur-Mauves ; M. de Tann déclinait ainsi la lutte sur sa gauche : il concentrait ses troupes pour attirer tout l'effort de la bataille sur la ligne irrégulière que formaient Baccon, le château de la Renardière, le village de Coulmiers et le hameau de l'Ormeteau, ligne redoutable où ses batteries étaient bien postées et où ses soldats s'appuyaient soit à des murs crénelés, soit derrière des retranchements en terre.

Pendant ce temps, le général Peitavin commençait au centre le succès de la journée.

La moitié de sa division, celle qui touchait aux troupes du général Martineau, s'était portée d'un pas égal vers Baccon. Bâti sur un monticule, près d'un ruisseau ou *mauve*, Baccon était devenu comme une forteresse. A travers mille meurtrières, les Bavarois y faisaient descendre leurs feux des maisons où ils s'abritaient. Des barricades fermaient les rues, et de nombreux canons protégeaient le village sur ses côtés. Pour un si laborieux assaut, ne fallait-il pas des soldats aguerris? Ceux du valeureux général Peitavin y réussirent néanmoins. « En avant! en avant! » crièrent-ils tous avec leurs officiers. En avant! cri vraiment français, appel puissant qui ne laissait pas entendre la voix de la mort dans les glorieuses batailles de nos pères, simple mot qui fut tant de fois leur seul chant de guerre et de victoire. On s'élance sur Baccon avec une impétuosité que chacun sent nécessaire dans une si périlleuse attaque. Les Bavarois, tranquilles et sûrs d'eux-mêmes, tirent à bout portant. Mais, à se battre de près, les Français ont retrouvé le génie militaire de leur race. Les barricades sont franchies; les baïonnettes reluisent aux fenêtres et devant les créneaux des maisons; on les force une à une ; les batteries bavaroises s'enfuient ; l'ennemi cède, et nos soldats, quittant derrière lui le village ensanglanté, reforment leurs rangs et marchent droit à la seconde position que le général en chef a prescrit d'emporter, c'est-à-dire au château de la Renardière. La joie d'avoir vaincu les anime. Les généraux pourtant les contiennent et les mènent dociles à travers la plaine qui s'étend de Baccon à Huisseau et à Coulmiers. « C'était beau comme une manœuvre ! » disaient le lendemain les officiers qui voyaient alors toutes les troupes du 15e corps se déployer, à droite et à gauche, sous l'œil vigilant de d'Aurelle, dans un ordre où tout était précision et calme. On raconte même que le soir un colonel bavarois, blessé et laissé à Gémigny, exprimait ainsi l'étonnement qu'éprouvèrent à cette vue les généraux ennemis : « En regardant votre armée aux premiers moments de la bataille, je ne pus m'empêcher de m'écrier qu'il y avait dans ce spectacle un changement inattendu pour nous. Un peu plus tard, quand elle eut manœuvré devant nous et que nous eûmes considéré les mouvements de son artillerie, les officiers qui m'entouraient se montrèrent fort troublés ; je serrai la main à un général, mon ami, qui se trouvait près de moi, et nous nous dîmes : C'est une affaire perdue. » Conduites avec cette vigueur tranquille, les troupes du général Peitavin arrivèrent devant le château de la Renardière, pour livrer un assaut semblable à celui de Baccon. Le château est entouré d'un parc et de chaumières qui forment un hameau, entre Baccon et Huisseau-sur-Mauves. L'ennemi s'y était solidement retranché et fortifié. Là aussi il fallut assiéger les maisons l'une après l'autre. Le général Peitavin entra, l'épée à la main, au premier rang parmi ses tirailleurs; et bien que nos canons n'eussent pu secourir les assaillants engagés dans la mêlée et au milieu du hameau, bien que l'ennemi se défendît intrépidement, malgré les flammes des maisons qu'il incendiait à l'aide de fagots pour nous arrêter, les trois bataillons qu'on y lança chassèrent les Bavarois; c'étaient le 6e bataillon de chasseurs de marche, un bataillon du 16e de ligne et un du 33e de marche.

Quant à l'autre moitié de la division Peitavin, celle qui touchait à l'aile gauche de l'armée, elle avait continué sa marche en avant; après avoir occupé sans résistance le château du Grand-Lus, qui s'élève entre Coulmiers et la Renardière, elle avait pris position à quelque distance de Coulmiers.

Il était alors un peu plus de deux heures. Déjà on avait obtenu d'importants avantages. Sur la droite, on n'avait plus aucun obstacle redoutable à craindre : le général Martineau se trouvait maître du terrain. Au centre, on s'était victorieusement battu près de cinq heures : on avait rompu sur plusieurs points la ligne où M. de Tann avait ordonné ses forces ; on avait emporté d'assaut Baccon et la Renardière. L'ennemi s'acculait à Coulmiers : que l'effort suprême y réussisse, et la journée sera un triomphe pour la France.

Au moment où, à son extrémité gauche, la division Peitavin envoyait ses premiers tirailleurs vers Coulmiers, le général d'Aurelle voyait en approcher, selon son plan, les troupes qui étaient à la base du mouvement tournant effectué par Chanzy. Voisines, dans l'ordre de bataille, de la division Peitavin, ces troupes appartenaient à la 2e division d'infanterie du 16e corps; le général Barry les commandait. Parties le matin des environs de Coudray-le-Château, elles avaient rencontré d'abord des cavaliers bavarois qui venaient reconnaître l'armée française, et avec qui les hussards du 1er régiment de marche échangèrent quelques balles (1). Le général Barry conduisait ses sol-

(1) On a beaucoup parlé, pendant la guerre, de la hardiesse des cavaliers ennemis. Voici ce qu'un de mes amis, hussard au 1er régiment de marche, me racontait à ce propos, quelques jours après la bataille de Coulmiers.

Comme la division Barry se mettait en marche le matin, des hulans vinrent observer ses mouvements. Devant eux se trouvaient des hussards français. Postés à la lisière d'un petit bois, ceux-ci avaient l'ordre de ne pas engager de combat dans ce moment, tout en reconnaissant la plaine. Ils étaient au repos, quand un

dats à Coulmiers par les deux hameaux du village de Charsonville, qu'on nomme Villorceau et Champdry. Vers neuf heures et demie, le canon tonna sur sa droite, à Baccon, et tout à coup les obus tombèrent sur ses propres régiments. C'était du château de Coulmiers que l'ennemi les lançait : de loin, on voyait l'artillerie bavaroise s'éclairer sous ses feux devant l'ombre que formaient à l'horizon les grands arbres sans feuilles du parc. Les hussards qui précédaient la division reviennent au galop se placer derrière nos batteries. Celles-ci s'établissent. Sur les côtés, les chasseurs à pied s'arrêtent, se couchent à terre et tirent sur le château et les Bavarois. Un duel terrible a commencé entre les canons de Coulmiers et ceux de la 2e division. Mais ceux des Français l'emporteront. Spectacle imposant! Dans cette calme campagne, jus-

---

hulan, qui leur parut peut-être un officier, se détacha de son peloton et poussa son cheval vers eux. A portée de fusil il s'arrête, croise les bras et regarde les hussards. Ils avaient bien l'envie de lui envoyer une balle. Mais on l'avait défendu. Cependant le hulan immobile se met à chanter, comme en les provoquant. Le refrain de sa ballade arrive jusqu'à l'oreille de ses ennemis furieux. L'officier des hussards, que cette bravade irrite à son tour, saisit une carabine et vise. Comme le coup allait partir : « Feu! » crie en français et d'une voix vibrante l'audacieux hulan. Étonnement ou générosité, celui qui le visait laisse retomber son arme, et, tournant bride, le hulan s'en retourne près des siens, en poussant un grand rire et en faisant caracoler son cheval.

qu'alors familière aux seuls laboureurs, où rugissait
le tonnerre d'une bataille comme invisible, on n'apercevait debout sur la plaine, sous un ciel de toutes parts sillonné par le vol des noirs obus, que les généraux entourés de leurs officiers, les artilleurs et un escadron de hussards. Presque à chaque demi-heure, nos canonniers cessaient un instant leur feu : les rapides batteries avançaient, toujours se rapprochant de Coulmiers; la plaine alors s'animait; les régiments suivaient peu à peu, et sur le terrain conquis se massaient les colonnes d'attaque et les réserves. Cette lutte des canons dura jusqu'à deux heures. Et tel était l'étrange et puissant intérêt qu'elle excitait dans sa solennité, que l'armée regardait les coups avec une curiosité où l'admiration donnait à chacun l'oubli de soi-même. Nos artilleurs étaient dignes de leurs adversaires; ils pointaient avec une précision extraordinaire. Leur habile et vaillant colonel, M. de Noue, se tenait sur un tertre, auprès d'une ferme abandonnée; sa lorgnette à la main, ses fourriers autour de lui, il envoyait partout ses ordres, commandant, suspendant, dirigeant le feu et pressant la marche en avant. Chacun faisait ainsi son devoir, et la fortune se rangeait de notre côté. Quand, vers deux heures et demie, les tirailleurs du général Barry purent se déployer au sud de Coulmiers, en rejoignant les tirailleurs du général Peitavin, il y

avait déjà chez eux un sentiment de confiance qui donnait lieu de croire à un succès définitif.

L'ordre a retenti de se précipiter en avant. Les officiers agitent leurs sabres, les soldats se lèvent en jetant un grand cri : Vive la France ! Voici que les troupes du général Barry s'élancent sur Coulmiers au pas de course : c'est le 7e bataillon de chasseurs de marche et le 31e d'infanterie de marche ; ce sont les mobiles de la Dordogne (22e régiment). Pauvres enfants du Midi, mal vêtus pour nos frimas, la plupart paysans robustes et petits, avec cet air naïf et un peu sauvage de leurs campagnes, les mobiles s'en vont, étonnés et braves, à l'assaut de ce village d'où partent mille feux à la fois ; ils s'en vont en chantant une chanson de leur lointain pays, dans leur patois vif et sonore. La fusillade est terrible. Les Bavarois occupent le parc et le petit bois qui avoisinent le château de Coulmiers ; là sont placés leurs tireurs les mieux armés ; à chaque arbre, un fusil ; ils se sont retranchés derrière un talus qui borde un fossé, et ils visent de là, un genou en terre. Ailleurs, ils se sont abrités dans les maisons, derrière les haies ou dans les jardins. L'ennemi se défend avec fureur ; M. de Tann, qui comprend déjà sa défaite, veut résister à Coulmiers jusqu'à la dernière heure ; car, tandis que sur sa droite il voit Chanzy qui arrive, tandis qu'au centre on va emporter d'assaut la dernière de ses positions, son aile gauche est dans le plus grand danger : le général Martineau la presse et la poursuit ; Peitavin et Barry, en prenant Coulmiers, vont la couper ; il faut donc, pour protéger la retraite de ces troupes compromises, qu'on arrête les Français à Coulmiers. Un instant, en effet, le général Barry dut interrompre sa marche. Le colonel du 31e, M. de Foulonge, était tombé, et de nombreux soldats auprès de lui. Nos pertes se multipliaient, les Bavarois ayant disposé en face du bois une batterie dont le feu dévorait devant elle nos régiments. Le général d'Aurelle appelle alors les bataillons de réserve que commande le général Dariès ; l'artillerie de réserve est amenée à la hauteur du château du Grand-Lus. Nos pièces forcent bientôt les artilleurs bavarois à leur répondre. Mais l'ennemi ne peut les atteindre : un officier hardi fait sans cesse changer nos canons de place et de direction ; la batterie bavaroise, gênée par les arbres qui l'encadrent, ne réussit pas, dans ses mouvements pénibles, à trouver le point fixe qu'elle cherche comme objectif ; elle est démontée. L'attaque du bois recommence alors, mais les Français ne tirent plus ; ils accourent cette fois la baïonnette au bout du fusil. L'intrépide général Barry est descendu de cheval, et, la canne à la main, l'air calme et la voix presque paisible : « Allons, mes enfants ! venez donc avec moi, » crie-t-il aux mobiles de la Dordogne, qu'il guide lui-même à l'assaut de ces retranchements. Le capitaine d'état-major de Gravillon tombe près de son général. On lutte d'homme à homme. Le jeune régiment de la Dordogne se bat avec la furie française, excité par l'héroïque exemple du général Barry, par celui du commandant de Chadoix et de tous ses officiers. Entrés dans le bois, les mobiles en chassent l'ennemi d'arbre en arbre. De leur côté, les chasseurs et le 31e de marche franchissent le mur du parc, pénètrent dans le château, emportent Coulmiers, et, tous ensemble, poursuivent l'ennemi jusqu'à une grande ferme, voisine du village, où les Bavarois tentent un dernier et noble effort. La bataille était gagnée ; on n'avait pas eu besoin des troupes de réserve.

La bataille était gagnée, répétons-le, car Chanzy, au prix de labeurs non moins meurtriers et non moins glorieux, assurait en ce même moment la victoire sur la gauche.

Le général Chanzy est à peine âgé de quarante-neuf ans. Fils d'un officier du premier Empire, né dans la belliqueuse Lorraine, il avait grandi dans la haine de l'ennemi qu'il voyait à la frontière. A l'heure même où il rencontrait les Prussiens, sur la gauche de Coulmiers, il pouvait se rappeler qu'au mois d'août, l'invasion avait ravagé son village de Nouart, dans les Ardennes ; il pouvait savoir que les Allemands s'étaient mis en embuscade derrière la maison de son père. Sorti l'un des premiers de Saint-Cyr, il avait parcouru rapidement sa carrière. Pélissier l'avait distingué en Algérie. A Solférino, on le citait à l'ordre du jour. En Syrie, on remarquait son savoir. Revenu en Afrique, il prenait part, comme général de brigade, à la dernière expédition du sud. En octobre, on l'avait appelé en France. Nommé tout de suite général de division, il était maintenant le chef du 16e corps dans l'armée de la Loire. Peu d'hommes y savaient mieux commander et plaire. Un front large, une physionomie ouverte, des traits agréables, un regard vif et clair où l'intelligence luit d'un singulier éclat; une bouche fine, des cheveux blonds, une taille haute, la tournure d'un soldat qui est aussi un homme du monde, des manières séduisantes, l'habitude d'une politesse où se mêle le charme, l'accent net et rapide d'une voix qui sait donner des ordres, tout en lui imposait l'autorité ou invitait à la sympathie. Il avait depuis l'école une devise où se marquent le patriotisme et l'amour de la discipline : « Bien servir. » C'était un officier instruit, capable aussi d'une énergie invincible. Le général d'Aurelle trouvait donc en lui un compagnon d'armes digne de seconder sa victoire.

Parti des campements qu'il occupait la veille entre le château de Coudray et Ouzouer-le-Marché, le

16e corps marchait sous les ordres de Chanzy dans une double direction : tandis que la deuxième division s'avançait par Champdry et Villorceau vers le village de Coulmiers, la première formait l'aile gauche avec la cavalerie du général Reyau, qu'éclairaient les francs-tireurs de la Seine. Or, c'est avec elle que Chanzy, gagnant le nord-est et cheminant par Charsonville, Épieds et Gémigny, décrivait un mouvement tournant qui l'amenait sur la droite des Bavarois. Réussirait-il à les déborder? Allait-il, selon ses intentions, les refouler sur Coulmiers en se plaçant entre Paris et eux? M. de Tann aperçut ce danger : aussi opposa-t-il de ce côté une résistance acharnée; et jusqu'à quatre heures, jusqu'au moment où les Français eurent forcé à Coulmiers le centre de l'armée bavaroise, l'ennemi arrêta le mouvement de notre aile gauche.

Après une marche longue et pénible, le contre-amiral Jauréguiberry (1), traversant Charsonville et

---

(1) Le contre-amiral Jauréguiberry avait déjà rendu d'honorables services à son pays. Il était capitaine de frégate en Crimée. Dans l'expédition de Chine, il commandait l'infanterie de marine à l'assaut des forts de Takou. C'est lui qui arriva le premier devant Pékin. Choisi plus tard comme gouverneur du Sénégal, il y réprima les abus d'une main énergique. Quand il reprit la mer, il fut nommé contre-amiral, et c'est en cette qualité que, le 7 novembre, il vint prendre le commandement de la 1re division du

Épieds, conduisit la première division devant le hameau de Cheminiers. Ce hameau, situé entre Épieds, Rosières et Gémigny, se trouvait comme dans un demi-cercle de batteries dont l'ennemi couronnait l'horizon, de Saint-Sigismond à Coulmiers. Toutes tirèrent à la fois sur les troupes de Jauréguiberry, quand celles-ci parurent à Cheminiers. Les francs-tireurs du commandant Liénard, le 37e de marche et les mobiles de la Sarthe (33e de mobiles) se déploient au premier rang, sous la pluie d'obus qui tombe là tout entière. Point d'infanterie qui se montre devant eux; de toutes parts de lointains canons et la mort. Cependant, sous ce feu terrible, nos batteries prennent position; nos tirailleurs se dispersent dans la plaine. On veut avancer. Un instant, les rangs s'éclaircissent parmi les mobiles de la Sarthe (1); un instant, leur jeune bravoure s'étonne des coups implacables et multipliés dont les frappe l'artillerie bavaroise. « Eh bien! les Manceaux! est-ce que nous

---

16e corps. On vantait beaucoup, dans la marine, son caractère chevaleresque, sa loyauté, sa bravoure calme, son grand savoir et sa vie austère.

(1) A la bataille de Coulmiers, les mobiles de la Sarthe eurent 218 hommes hors de combat. Un de leurs officiers, M. de La Mandé, fut tué; huit autres furent blessés : c'étaient MM. de Montesson, commandant; le capitaine de Juigné, et les lieutenants de Bastar, de Batine, Boulard, Desreau, Robert et Rousseau.

allons reculer? » crie parmi eux d'une voix gaillarde un conscrit moins ému du danger que de l'honneur de sa province. Le mot passe, courageux et gai, dans tout le bataillon. Les Manceaux ne reculeront pas. Le colonel de la Touanne les excite noblement au devoir, et leurs officiers les aident par leur exemple à tenir bon sous les obus. L'un d'eux, volontaire de dix-huit ans et fils d'une race illustre, Paul de Chevreuse, tombe blessé à la jambe. Ses hommes veulent l'emporter. « Non, non, dit l'héroïque jeune homme; marchez à l'ennemi; en avant, mes camarades! » Et, pour s'écarter de la route, il se traîne vers un petit tertre où son frère, le duc de Luynes, vint le chercher sept heures plus tard. Bientôt chacun s'est aguerri, et c'est avec la contenance de vieux soldats que les Manceaux protégent, à la droite de Cheminiers, la batterie qui va, sous leur escorte, assaillir de ses obus le parc de Coulmiers.

L'objectif de la division, c'était Gémigny. En s'en emparant, on renfermait les Bavarois entre Coulmiers et les bois qui sont à l'est, les bois du Buisson et de Bucy; et dès lors, l'ennemi n'avait plus pour s'échapper que la route qui mène de Coulmiers à Ormes, c'est-à-dire celle d'Orléans. Il fallait donc se hâter d'atteindre Gémigny. Par malheur, on n'avait pas seulement à passer Cheminiers sous la grêle des bombes bavaroises. Dans ce pays où les habitations s'éparpillent en se groupant, loin des bourgs, il suffit d'une ferme et de cinq ou six chaumières pour faire un hameau. Or, à la gauche et à la droite de Cheminiers, deux de ces hameaux se dressent dans la plaine presque égale et nue qui l'entoure : ce sont celui de Champs, devant Saint-Sigismond, et celui de l'Ormeteau, formé de quelques masures en face de Rosières. On ne pouvait avancer sans les prendre; car la première division eût ainsi laissé sur ses flancs les Bavarois qui s'y étaient massés. Chanzy, voulant se débarrasser de ces deux obstacles, donna l'ordre d'attaquer Champs d'un côté, puis d'enlever l'Ormeteau de l'autre. On devait d'autant moins tarder que la position, alors occupée par nos troupes devant Cheminiers, ne serait pas tenable longtemps : des obus! toujours des obus! Il était impossible de rester davantage dans ce lieu de mort et d'effroi. Jauréguiberry lança ses deux brigades sur les hameaux.

Pendant ce temps-là, Chanzy recevait une nouvelle alarmante. Sur sa gauche, c'est-à-dire à la ligne extrême de l'armée, le général Reyau, qui avait sous ses ordres toute la cavalerie du 16e et du 15e corps, faisait savoir qu'il était obligé de reculer. D'Aurelle avait à dessein placé sa cavalerie entière dans cette direction. De Séronville et de Prénouvellon qu'elle quittait au point du jour, elle devait se porter sur la droite des Bavarois et la déborder. Le général Reyau, selon l'ordre exprès du commandant en chef, marcherait vers Saint-Péravy-la-Colombe. Là aucun de ces bois qui de Gémigny à Huisseau-sur-Mauves couvrent le pays derrière les villages alors attaqués; là commencent à s'étendre au large les grandes plaines de la Beauce; là passe la route qui, dans leur retraite, conduirait les Bavarois vers Patay et Paris. Que le général Reyau allât occuper Saint-Péravy-la-Colombe, et la victoire, gagnée à Coulmiers, devenait désastreuse aux Bavarois. D'abord on triomphait plus tôt : contraints de prolonger leur front de bataille jusqu'à Saint-Péravy, obligés de desserrer leurs lignes, effrayés enfin par cette menace, ils eussent moins longtemps résisté à Coulmiers et aux alentours, ou bien la division Jauréguiberry pénétrait à Gémigny en temps opportun. D'autre part, n'ayant plus à suivre pour leur retraite qu'une voie détournée et plus longue, les Bavarois n'eussent rétabli leurs communications avec Paris qu'au prix des sacrifices les plus coûteux : peut-être même leur défaite se fût-elle changée en une déroute épouvantable. Ce fut une faute pour le général Reyau que de n'avoir pas exécuté l'ordre donné; ce fut un malheur pour l'armée de la Loire dont la fortune restait ainsi incomplète, et dont la bravoure n'obtenait pas de l'événement toute la récompense méritée.

Mauvaise chance ou inhabileté, le général Reyau ne réussissait pas plus à la bataille de Coulmiers que, le 10 octobre, au combat d'Artenay. Une fausse manœuvre l'égara et le retint loin du but. Est-il vrai qu'il se dirigea vers Saint-Sigismond, croyant se diriger sur Saint-Péravy? Est-il vrai qu'il se trompa sur les forces qu'il avait devant lui, qu'il les reconnut mal et qu'il aperçut des ennemis où il n'y en avait pas? Est-il encore vrai, comme l'ont assuré les Allemands dans leurs récits, qu'il refusa l'occasion de combattre offerte à son courage par la cavalerie prussienne, et que, sans cause et sans excuse, il laissa ses escadrons se retirer en désordre? On ne saurait le dire exactement. Tout autres sont les assertions du général Reyau dans la dépêche qu'il envoyait alors à Chanzy. Ses batteries, racontait-il, avaient perdu bon nombre de leurs chevaux et de leurs artilleurs; il n'avait plus de munitions; il était dans l'obligation de se retirer. Quoi! avec ses trente escadrons, ne pouvait-il pas tenter, contre les trente-six escadrons de l'ennemi, un de ces grands efforts que conseille, dans l'obstination du devoir, un peu d'intelligence héroïque? La lutte était-elle si inégale, était-elle impossible quand on comptait dans ses rangs tant de vaillants officiers, survivants glorieux des charges de Reichsoffen? Quelles qu'aient été, au reste, les raisons écoutées alors par le général Reyau, il y a ici un fait indiscutable : c'est qu'il ne suivit pas la direction prescrite par l'état-major ; par erreur ou manque d'audace, il ne se porta point sur Saint-Péravy, selon l'ordre donné. On peut d'autant plus l'affirmer, qu'on répète, en l'affirmant, ce qui fut dit à ce sujet par les généraux réunis dans le conseil de guerre du 12 novembre (1).

Chanzy comprit la gravité du péril où, par sa retraite, le général Reyau mettait la gauche de l'armée : elle pouvait être entraînée dans ce mouvement de recul, obligée de céder le terrain jusqu'à Coulmiers, et mise en déroute peut-être ; peut-être même M. de Tann, poussant l'avantage plus loin, entreprendrait-il à son tour de déborder l'armée de la Loire. Chanzy n'hésita pas : pour contenir les Bavarois, pour laisser à d'Aurelle le temps de vaincre au centre, il risqua, par un effort hardi, toutes les ressources qui

---

(1) Un fonctionnaire qui assista comme témoin à ce conseil de guerre m'a rapporté qu'après des explications dont il résultait que le général Reyau, en exécutant mal ses ordres, avait fait manquer le résultat principal de la bataille, Gambetta s'écria : « Il le paiera demain ! » Le lendemain, en effet, le général Reyau fut remplacé dans son commandement.

Depuis, le général Reyau a publié dans la *Gironde* une lettre qui ne contient qu'une protestation sans preuves contre les reproches déjà publiés auxquels il était en butte. Cette lettre ne discute pas, à notre regret, le fait même qui intéresse le débat. (*Voir aux pièces justificatives, n° 31.*)

lui restaient, en conduisant sur Saint-Sigismond ses troupes et son artillerie de réserve. C'était montrer de la sagacité militaire. Car, en portant l'attaque au point extrême de la ligne allemande, on faisait craindre à M. de Tann de voir ses communications coupées sur la route de Paris; on attirait le plus possible dans cette direction la résistance de l'ennemi, résistance qui devait s'affaiblir en s'étendant; en un mot, Chanzy opérait avec son infanterie comme l'aurait dû Reyau avec sa cavalerie : il allait à Saint-Sigismond, parce que Reyau n'avait pas été à Saint-Péravy. Un tel mouvement était une manœuvre heureuse. A cette vue, en effet, le général Orff, qui commandait la droite des Bavarois, changea ses dispositions : la cavalerie du comte Stolberg s'arrêta; moins pressée, celle de Reyau reprit haleine; l'ennemi renonçait à l'idée de nous tourner lui-même; nos canons, enfin, ripostèrent vigoureusement aux siens : le mal était presque réparé.

Ce n'était pas assez, pourtant : il fallait vaincre devant Saint-Sigismond et devant Gémigny. Pour y réussir, l'amiral Jauréguiberry fit tout ce que pouvaient la bravoure et la ténacité. Il commandait par son exemple autant que par ses ordres. Monté sur un petit cheval, à la manière d'un cavalier plus habitué au roulis des vagues qu'à l'allure d'un coursier, on le voyait courir dans la plaine découverte, entre ses troupes et l'ennemi, au milieu des boulets, pour rectifier le tir d'une batterie ou donner lui-même un avis. Son visage placide, sa voix calme, son geste tranquille affermissaient les courages autour de lui. Les soldats regardaient avec étonnement ce marin qu'ils avaient pour général depuis deux jours. Comme il était héroïque avec un dédain de la mort qui surprenait les plus braves, on l'admirait, et ce sentiment devenant au cœur de ses régiments comme une sorte de discipline, ils eussent obéi par admiration à toutes les volontés de l'amiral. Sur un signe de ce vaillant homme, un bataillon du 37ᵉ de marche se précipite au hameau de Champs, en face de Saint-Sigismond : les Bavarois, déconcertés par la fougue de leurs ennemis, l'abandonnent à la hâte, comme si l'abri qui les couvre dans les maisons crénelées du hameau ne suffisait pas à les protéger. Toutefois, leur retraite aura peu duré. Le général Orff sait qu'il lui faut sauver sur ce point l'armée de M. de Tann, qui se replie déjà sur la gauche et va succomber au centre. Aussi le 37ᵉ est-il à peine entré dans Champs, qu'un flot d'assaillants arrive ; les Bavarois s'avancent par colonnes, soutenus par une artillerie supérieure. Les Français durent quitter la position qu'ils venaient de conquérir ; mais grâce à l'énergique amiral, on se retire lentement, tranquillement, en se battant avec vigueur ; le 37ᵉ s'honore par son intrépide attitude et par le nombre de ses morts. Le 33ᵉ de mobiles s'est déployé pour faire face à l'ennemi : une fusillade active pétille autour de Champs ; les jeunes soldats de la Sarthe, si novices pour de telles batailles, luttent bravement, et, jusqu'à quatre heures et demie, gardent leur place sous les boulets des Bavarois.

Ce drame de feu et de sang s'achevait. D'Aurelle se voyait victorieux devant Huisseau, Baccon, la Renardière et Coulmiers ; il ne se sentait pas moins heureux en apprenant que, sur la gauche, Chanzy avait résisté aux efforts redoublés de l'ennemi, et que le moindre secours nous donnerait l'avantage devant Gémigny et Saint-Sigismond. Il envoie donc une batterie de 12 à la division Jauréguiberry, avec la bonne nouvelle que Coulmiers vient d'être pris d'assaut. Nos artilleurs, pointant avec adresse les canons qu'ils amènent, réussissent, en une demi-heure, à faire taire ceux des Prussiens. Les Allemands entendent avec effroi la voix formidable des grandes pièces braquées sur eux ; leurs officiers savent bientôt qu'ils ne luttent plus que pour assurer la retraite. Déjà les soldats de Jauréguiberry se préparent à courir en avant. A cinq heures, l'amiral a formé ses colonnes d'attaque : l'une reprend, au pas de charge, la route de Champs et emporte ce hameau dans un élan irrésistible ; l'autre aborde, non moins rapide, non moins furieuse, les maisons crénelées de l'Ormeteau. Ici, le combat est sanglant : les Bavarois avaient savamment croisé les feux qu'ils lançaient des murs et des toits dont ils se couvraient. Il fallut prendre plusieurs de ces chaumières comme si c'eût été de vraies citadelles. On se battit corps à corps dans quelques-unes ; mais la baïonnette des Français fut invincible là comme au bois de Coulmiers. A six heures, tout était fini. A l'horizon de la bataille, il n'y avait plus un seul point où l'armée bavaroise ne fût en fuite.

De bonne heure, le général de Tann avait pressenti la fortune de la journée. Dès midi, il avait ramené vers le centre une partie de son aile gauche ; et peut-être eût-on hâté la victoire, si, avançant toujours sur Huisseau, l'aile droite des Français avait tenté de tourner Coulmiers. A une heure, M. de Tann faisait éloigner tout ce qui pouvait retarder la retraite. Vers trois heures, trois cents voitures de bagages, gardées par une quarantaine de hulans, se pressaient au village d'Ormes. Bientôt elles partaient au galop sur la route d'Artenay (1). Quand M. de Tann

---

(1) Le général d'Aurelle, inexactement informé de la force des Bavarois, croyait avoir affaire à un ennemi plus nombreux. Ses rapports lui donnaient lieu de craindre que M. de Tann n'essayât sur la droite, c'est-à-dire le long de la Loire, une diversion ou un mouvement tournant. C'est donc par prudence qu'on n'engagea pas plus avant la division Martineau.

vit la bataille tout à fait perdue, il assigna Toury à ses troupes débandées, comme lieu de ralliement. D'abord, il essaya de dissimuler sa déroute, et, reconnaissons-le avec justice, il fut habile comme ses troupes furent braves, jusqu'à la fin : derrière Saint-Sigismond et Gémigny, il étendit dans la campagne un long rideau de tirailleurs, formé des derniers régiments qu'il put rallier. Derrière ce rideau, tout le reste de son armée se sauvait précipitamment vers Artenay et Toury. A Gémigny, les quelques habitants qui se trouvaient encore dans le village eurent un spectacle qui les consola des misères subies pendant l'occupation : troupes dispersées et qui s'en vont éperdues, fuyards qu'emporte une course folle, cavaliers qui se fraient un chemin à travers les piétons qu'ils foulent, groupes de soldats qui errent à l'aventure, voitures qui se précipitent au hasard dans les champs et sur toutes les routes : voilà ce qu'ils aperçurent pendant quelques heures. A Patay, les Bavarois passèrent dans un désordre inexprimable, celui de la panique. Toute la nuit, ils marchèrent, haletants et découragés, dans la direction de Toury. Quand ils y arrivèrent, vers le matin, sans vivres, sans fourrages, et beaucoup d'entre eux sans munitions, accablés de faim et de fatigue, la plupart s'étendirent à l'endroit où ils s'arrêtèrent, et s'abandonnèrent à un sommeil lourd comme la mort. Il y avait

22.

là une douzaine de mille hommes dont l'énergie brisée n'était plus capable d'un effort : masse inerte dont le vainqueur eût facilement fait sa proie, s'il avait pu paraître à ce moment. On sait aujourd'hui que l'artillerie tout entière des Bavarois, retenue ou paresseusement traînée dans la boue des terres labourées où elle s'était engagée, eût pu être capturée par nos cavaliers, si on les avait hardiment lancés à la poursuite des vaincus.

Deux circonstances empêchèrent que, le soir même de la bataille, l'armée de la Loire ne complétât sa victoire au point de la rendre tout à fait fatale à l'ennemi. D'abord, la cavalerie, après les faux mouvements de la journée, ne se trouva point prête à se jeter sur les Bavarois quand leur retraite se dessina : le général Reyau avait perdu trop de temps et trop de terrain. On dut se contenter de les poursuivre à coups de canon tant que le permirent les dernières clartés du jour. Ensuite, Martin des Pallières n'arriva pas derrière l'armée bavaroise à l'heure opportune où on eût pu barrer le passage des Allemands, les enfermer dans un cercle de fer et de feu, et les réduire au sort qu'avaient eu les nôtres à Sedan. Martin des Pallières, cependant, n'avait rien négligé pour rendre prompte et précise sa marche sur Orléans. Parti le 6 d'Argent, il avait amené son corps d'armée à Châteauneuf dans la soirée du 8. Le 9, aux premières lueurs du matin, il était en route vers la forêt d'Orléans. Quand il entendit le canon qui grondait au loin, il devina que la lutte avait commencé. C'était plus tôt qu'on ne s'y attendait. Le général de Tann devançait les projets de ses adversaires; d'Aurelle avait lui-même calculé une attaque moins prompte et une résistance moins longue. Martin des Pallières, au bruit que la bataille lui envoyait, fit courir son corps d'armée au canon. Mais un pays couvert de vignes, des terres qui ondulent et que des bois embarrassent de toutes parts, des chemins peu nombreux et point directs, le mauvais temps et bien des entraves inattendues, furent cause qu'il n'atteignit pas à temps les environs d'Ormes et d'Artenay, pour y couper la retraite des Bavarois ou du moins détruire leur arrière-garde. A cinq heures, ses éclaireurs étaient entrés à Orléans. A la tombée du jour, ses premières colonnes avaient passé la forêt et débouchaient à Chevilly. Peu s'en fallait donc qu'il n'eût rejoint l'ennemi. Malheureusement, l'ombre couvrait déjà la campagne : il était trop tard; le 17e corps ne put faire que quelques centaines de prisonniers. L'histoire des guerres modernes le prouve par plus d'un exemple : il est vraiment rare qu'un mouvement tournant, quand il s'opère sur une grande étendue de terrain, s'accomplisse avec une exactitude mathématique. D'ailleurs, comme on l'a vu, c'était pour éviter l'effet même d'une opération si redoutable que M. de Tann, évacuant Orléans et fuyant Martin des Pallières, s'était dépêché de livrer bataille le 9, sûr qu'il échapperait au moins, par cette précipitation, à la double étreinte où on menaçait de le saisir, s'il eût perdu une journée de plus. La manœuvre habile qui avait conduit le 17e corps dans la direction où il se trouvait le soir du 9 avait eu, en définitive, la plus grande utilité : elle avait contribué à la délivrance d'Orléans et précipité la retraite de M. de Tann à la bataille de Coulmiers.

A six heures du soir, Orléans était encore inquiet. Que voulaient dire ces formidables détonations qui retentissaient au loin, de plus en plus lentes et faibles? On soupçonnait la glorieuse vérité, mais mille rumeurs contradictoires troublaient la certitude. Un peu plus tard, au milieu d'une joie qu'exaltaient la fierté française de cette patriotique cité et le bonheur d'une délivrance cette fois réelle, on apprit la victoire de Coulmiers. Vers dix heures, apparurent les volontaires de Cathelineau : depuis Cléry, ils avaient longé la rive gauche du fleuve pour pénétrer à Orléans. D'Aurelle les avait placés aux environs de Beaugency pour éclairer la contrée, chasser les hulans des villages ravagés, protéger l'armée de la Loire sur sa droite, et, le moment venu, menacer Orléans au sud-ouest, tandis que Martin des Pallières arrivait de l'autre côté (1). Cathelineau avait rempli sa mission avec bravoure et intelligence. Avec quelle émotion le reçut la malheureuse ville d'Orléans! Sa troupe, composée de Vendéens et d'un bataillon des mobiles de la Dordogne, passa, sous la pluie, à travers des rues peuplées d'une population étonnée de se retrouver libre : des larmes, des cris, des fleurs, tous les présents que le dénûment des habitants leur permettait encore, tel fut l'accueil qu'on leur fit ; avec eux, il semblait que la France rentrât aux murs d'Orléans. Le lendemain matin, presque au réveil, Cathelineau et ses soldats se rendaient à la cathédrale, apportant à Dieu le premier hommage de la victoire. Entouré de ses officiers, MM. de Puységur, d'Autichamp, de Lorges, de Fontenay, de Chabrol, de Baillivy, Cathelineau s'avança vers l'autel, et, levant son épée, il s'écria, la voix

(1) Pour mieux diviser l'attention et les forces de l'ennemi, le général d'Aurelle avait prescrit qu'un autre mouvement encore s'opérât au sud d'Orléans. Le général Faye devait partir de Salbris, où il était, avec 6 à 7,000 hommes, et « se porter en avant de manière à arriver le 10 au soir à La Ferté-Saint-Aubin. » Or, le 10 novembre, c'était, selon la parole du général d'Aurelle lui-même, la veille du jour où il comptait attaquer Orléans. Le général Faye avait l'ordre de marcher de La Ferté Saint-Aubin sur Olivet et Orléans, dans la journée du 11.

Ces calculs ayant été déjoués par l'habile précipitation de M. de Tann, le général Faye se trouva en retard d'un jour dans le mouvement qu'il avait à exécuter. La bataille de Coulmiers fut gagnée, avant qu'il eût pu achever cette opération.

tremblante d'un héroïque attendrissement : « Tout pour Dieu et pour la patrie! » Nobles mots dignes de tous les temps et de tous les cœurs...

Tout incomplets qu'ils fussent, la victoire de Coulmiers avait d'importants résultats. Le Loiret était évacué par l'ennemi ; la Loire redevenait française ; la forêt d'Orléans nous était rendue pour la défense du pays ; les Allemands reculaient de dix à quinze lieues vers Paris ; Orléans, avec ses lignes de chemin de fer, offrait de nouveau à l'armée de la Loire tous ces avantages d'un centre stratégique dont elle avait besoin pour opérer devant Paris. Dès lors, on verrait diminuer la sécurité des assiégeants et s'accroître l'espoir des assiégés. On pouvait se demander si, d'ailleurs, le plan des Allemands ne se modifierait pas, si toutes les opérations de la guerre ne se trouveraient pas changées tout à coup. Il y avait dans cette victoire plus qu'un retour de fortune pour la France : avec la virile satisfaction de l'honneur vengé, c'était peut-être le renouvellement de toutes nos forces morales. Toutes nos armées tressailliraient d'orgueil à cette nouvelle ; le soldat avait, à Coulmiers, regardé en face le canon prussien ; il savait maintenant que notre artillerie pouvait vaincre celle de l'ennemi ; le charme maudit était rompu. Qui sait si, avec la confiance, troupes et généraux n'allaient pas retrouver le secret de ces efforts prodigieux qui sauvent les nations désespérées? Orléans et bientôt la France entière se livraient à ces agréables pensées. Quant au général d'Aurelle, comptant les résultats et les effets immédiats qu'il constatait sur le champ de bataille même, il annonçait qu'on avait fait plus de 2,000 prisonniers; en outre, tous les blessés de l'ennemi restaient entre nos mains ; avec les morts et les soldats qui s'étaient laissé prendre à Orléans et dans les villages voisins, M. de Tann perdait plus de 5,000 hommes dans cette journée (1). Environ 1,500 Français avaient été mis hors de combat (2). Si l'on songe que la lutte avait duré dix heures et que trois corps d'armées s'y trouvaient aux prises, ces chiffres paraissent relativement faibles. C'est que la bataille n'a été acharnée qu'en deux ou trois endroits, et qu'elle n'a guère été qu'un grand combat d'artillerie dont les points extrêmes étaient souvent à une distance con-

---

(1) Les Bavarois ont soigneusement dissimulé leurs pertes. Les journaux prussiens leur en imputent d'assez considérables. Nous avons su à Orléans, par les aveux d'un officier bavarois, que l'armée de M. de Tann avait eu cinquante-trois officiers tués à la bataille de Coulmiers.

Le correspondant anonyme du *Times* estimait que les pertes du général de Tann avaient été d'environ 4,000 hommes.

(2) Le général Ressayre, qui commandait la division de cavalerie du 16e corps, fut blessé devant Saint-Sigismond par un éclat d'obus ; son cheval eut la jambe cassée du même coup et se renversa sur lui en le contusionnant.

sidérable l'un de l'autre. Ajoutons que les Bavarois tirèrent trop haut et que leurs obus s'embourbèrent, pour ainsi dire, dans les terres amollies par la pluie où ils tombèrent, n'éclatant qu'au trou qu'ils y creusaient.

L'armée victorieuse campa dans les champs et dans les villages qu'elle avait emportés d'assaut. Toute la nuit, la pluie et la neige se mêlèrent dans de violentes bourrasques; le sol en fut détrempé au point que dans les champs labourés les chevaux s'enfonçaient jusqu'aux genoux. La poursuite des vaincus devint presque impossible. Cependant, on fit une capture importante près de Saint-Péravy-la-Colombe. Le matin, le contre-amiral Jauréguiberry apprit qu'un convoi bavarois s'échappait à la hâte dans la direction de Patay. Sur son ordre, un énergique et intelligent officier, qui était son chef d'état-major, M. de Lambilly, part avec une cinquantaine de cavaliers, les uns dragons du 6e régiment, les autres hussards du 1er de marche. On surprend le convoi sur la route. Les Français se portent en avant pour le gagner de vitesse. Une charge furieuse a commencé. On cotoie les fourgons et les canons de l'ennemi dans les terres qui bordent le chemin. Jusqu'à Patay, on court et on sabre artilleurs, fantassins, voituriers. Enfin, le convoi s'arrête : cent cinquante hommes se rendent, avec cinq officiers, dont deux sont faits prisonniers par M. de Lambilly lui-même. Sept ou huit Bavarois restent gisants sur le lieu du combat, tandis qu'au prix léger de quelques blessures et de quelques chevaux, les cavaliers français ramènent triomphalement deux canons en acier et vingt-neuf voitures de munitions (1). Ce fut le dernier épisode de la bataille de Coulmiers. Bientôt toute l'armée du général d'Aurelle défilait en longues colonnes à travers la campagne, et, le soir, ses bivouacs brillaient devant la forêt d'Orléans, les villages de Bucy et d'Ormes et les environs.

Telle avait été, dans son ensemble, la bataille de Coulmiers. L'émoi fut grand à Versailles, quand on apprit la défaite de M. de Tann. On avait cru que l'armée de la Loire n'était qu'une ombre, et la voilà qui s'avançait, vivante, énergique et victorieuse, déployant près de 80,000 hommes sur les deux côtés d'Orléans. On avait jugé la France incapable de relever sa fortune et de réparer son honneur, et voilà qu'à l'heure où l'Europe la pensait en proie au découragement et au désordre, elle obtenait son premier triomphe dans cette guerre jusqu'alors désastreuse pour elle. La France allait-elle, d'élan en

(1) Dans cette expédition, MM. Cabrol, capitaine en second, et Petitfils, sous-lieutenant du 6e dragons ; MM. de la Chaize, lieutenant, et Hardouin, sous-lieutenant au 1er hussards, se distinguèrent à l'envi par leur bravoure.

élan, accourir à Paris avec la victoire et la vengeance? On l'avait vue déjà, dans son histoire, retrouver aussi soudainement sa force, sa confiance et son bonheur sur les rives mêmes de ce même fleuve. D'Aurelle s'apprêtait-il à marcher sur Versailles? Ne s'empresserait-il pas de lancer en avant, sur les routes de Paris, ces jeunes troupes enivrées de leur succès? Ces questions durent troubler M. de Moltke lui-même. Habitués, depuis la journée de Woerth, à se croire presque invincibles, les soldats allemands pouvaient ressentir l'inquiétude d'un doute et d'une crainte dès qu'ils sauraient la déroute de Coulmiers. Aussi, l'état-major prussien, sans nier la réalité, chercha-t-il à voiler la vérité le mieux qu'il put. Le 11, on envoyait du quartier général à Bruxelles la dépêche suivante :

« Comme l'armée de la Loire s'avançait sur la rive droite de la Loire par Beaugency, le général von der Tann prit, le 9, position en face de cette armée hors d'Orléans.

« Après avoir constaté la présence des forces ennemies, le général von der Tann dut se retirer en combattant sur Saint-Péravy-la-Colombe. Le général von der Tann annonce que, depuis qu'il a quitté Orléans, aucun mouvement en avant n'a eu lieu, le 10, de la part de l'ennemi. »

Le même jour, le roi informait la reine Augusta par la dépêche que voici :

« Le général von der Tann s'est retiré en combattant d'Orléans à Toury, les Français étant en nombre supérieur. A Toury, il s'est réuni hier avec Wittich et le prince Albert, venant de Chartres. Le duc de Mecklembourg les rejoint aujourd'hui. »

Dans ces textes, que l'ennemi compose avec autant de prudence que d'orgueil, on aperçoit à demi la vérité. Mais, le 12, une troisième dépêche est expédiée à Berlin, et, cette fois, le mensonge se mêle à l'aveu :

« Versailles, 12 novembre.

« Dans les combats du 9, livrés par le général von der Tann, toutes les attaques de l'ennemi ont été repoussées ; il lui a été infligé de grandes pertes. Ce n'est qu'alors que le général von der Tann s'est retiré. Le 10, une partie des munitions de réserve, avec deux canons de réserve également bavarois, sont tombés entre les mains de l'ennemi. Le 12, aucun mouvement de l'armée de la Loire n'a été signalé. »

L'arrogance prussienne se montre tout entière dans ces quelques lignes. Prétendre que le général de Tann a repoussé toutes les attaques de l'ennemi avant de se retirer, c'est tromper grossièrement la foi publique; mais mentionner l'échec de ses alliés avec cette précision jalouse qui déclare bavarois tout ce qui est vaincu et pris, c'est attester le mépris qu'on a pour eux. Quel dédain dans cette précaution de langage! Quand les Bavarois ont un avantage militaire, les Prussiens les trouvent Allemands comme eux-mêmes; quand ils sont battus, ce ne sont plus que des Bavarois.

Quant au général d'Aurelle, modeste dans la victoire, il annonçait le bonheur de ses armes avec le scrupule d'un homme jaloux de ne rien exagérer et défiant de toute illusion. Cette simplicité respire dans l'ordre du jour que, le lendemain de la bataille, il faisait lire ainsi à ses troupes triomphantes et tout occupées de son éloge :

« Officiers, sous-officiers et soldats de l'armée de la Loire,

« La journée d'hier a été heureuse pour nos armes; toutes les positions attaquées ont été enlevées avec vigueur; l'ennemi est en retraite.

« Le gouvernement, informé par moi de votre conduite, me charge de vous adresser des remercîments; je le fais avec bonheur.

« Au milieu de nos malheurs, la France a les yeux

sur vous ; elle compte sur votre courage ; faisons tous nos efforts pour que cet espoir ne soit pas trompé.

« *Le général en chef de l'armée de la Loire,*
« D'AURELLE.

« Au quartier-général du Grand-Lus,
le 10 novembre 1870. »

Accouru de Tours pour féliciter les vainqueurs, Gambetta, de son côté, leur adressait la proclamation suivante, aux applaudissements de la France émue :

« SOLDATS DE L'ARMÉE DE LA LOIRE,

« Votre courage et vos efforts nous ont enfin ramené la victoire, depuis trois mois déshabituée de nos drapeaux. La France en deuil vous doit sa première consolation, son premier rayon d'espérance.

« Je suis heureux de vous apporter, avec l'expression de la reconnaissance publique, les éloges et les récompenses que le gouvernement décerne à vos succès.

« Sous la main de chefs vigilants, fidèles, dignes de vous, vous avez retrouvé la discipline et la force. Vous nous avez rendu Orléans, enlevé avec l'entrain de vieilles troupes depuis longtemps accoutumées à vaincre.

« A la dernière et cruelle injure de la mauvaise fortune, vous avez montré que la France, loin d'être abattue par tant de revers inouïs jusqu'à présent dans l'histoire, entendait répondre par une générale et vigoureuse offensive.

« Avant-garde du pays tout entier, vous êtes aujourd'hui sur le chemin de Paris. N'oublions jamais que Paris nous attend, et qu'il y va de notre honneur de l'arracher aux étreintes des barbares qui le menacent du pillage et de l'incendie. Redoublez donc de constance et d'ardeur. Vous connaissez maintenant nos ennemis. Jusqu'ici, leur supériorité n'a tenu qu'au nombre de leurs canons. Comme soldats, ils ne vous égalent ni en courage ni en dévoûment. Retrouvez cet élan, cette furie française qui ont fait notre gloire dans le monde, et qui doivent aujourd'hui nous aider à sauver la patrie.

« Avec des soldats tels que vous, la République sortira triomphante des épreuves qu'elle traverse ; car, après avoir organisé la défense, elle est en mesure, à présent, d'assurer la revanche nationale.

« Vive la France ! Vive la République une et indivisible !

« *Le membre du gouvernement de la défense nationale, ministre de l'intérieur et de la guerre,*

« Léon GAMBETTA.

« Quartier général de l'armée de la Loire,
ce 12 novembre 1870. »

La victoire de Coulmiers aura dans notre histoire

ce glorieux caractère d'avoir paru incontestable aux vaincus. On ne disputera pas de ce succès : rien n'y fut indécis. Toutefois, pour expliquer leur défaite, les Allemands se sont montrés ingénieux. Les Prussiens ont prétendu qu'il n'y avait à Coulmiers que des Bavarois : mot orgueilleux qu'on ne saurait prendre pour une excuse légitime, puisque M. de Tann avait avec lui la division de cavalerie prussienne que commandait le comte Stolberg, c'est-à-dire cinq régiments accompagnés de deux batteries. Quant aux Bavarois, ils prétextent une infériorité qu'ils exagèrent avec une puérile complaisance. A en croire la *Gazette d'Augsbourg*, M. de Tann n'avait que « 16 à 18,000 hommes, y compris la division Stolberg, » en face de « 30 à 35,000 Français. » Mais voici que la *Gazette de Cologne* compte, du côté des Bavarois, trois brigades fortes d'environ 17 à 18,000 hommes; elle oublie deux divisions de cavalerie (1), les régiments

---

(1) Les réquisitions faites à l'hôtel-de-ville au profit des troupes cantonnées à Orléans ou aux environs portent les noms des régiments suivants, pour la cavalerie et l'artillerie bavaroises : 1er et 2e de cuirassiers; 3e et 4e de chevau-légers; 2e, 3e et 7e d'artillerie.

Les quatre régiments dont nous citons les numéros ne formaient pas à eux seuls toute la division de cavalerie bavaroise qui accompagnait le 1er corps d'armée de M. de Tann : comme on le sait par ce qui se passait à Dry, dans les derniers jours d'octobre, des hussards bavarois tenaient aussi la campagne.

d'artillerie, les pionniers et le train (1). Le *Times* affirme de son côté qu'avec ses 120 canons, l'armée bavaroise se composait de 50,000 hommes. C'est outrepasser la vérité. Quand il entrait à Orléans, le 11 octobre, le général de Tann avait deux divisions d'infanterie bavaroise, et, selon l'aveu de l'ennemi lui-même, 150 canons. Qu'on y joigne la division Stolberg, et l'on verra que les Allemands étaient au moins 28 à 30,000 combattants à Coulmiers. Quand même il serait vrai que d'Aurelle mit en ligne, d'après la *Gazette de Cologne,* « neuf brigades d'infanterie, sept régiments de cavalerie, avec 120 pièces de canon, » il ne s'en suivrait pas qu'il eût déployé, comme le déclare l'ennemi, 70 à 80,000 hommes. Les 15e et 16e corps, formés de huit brigades (2), comprenaient à peine 50,000 soldats; et cette armée,

(1) Avec plus de franchise, la *Chronique illustrée* compte, dans l'armée que M. de Tann commandait à Coulmiers, deux divisions de cavalerie et deux divisions d'infanterie. C'est le chiffre qu'on a pu constater à Orléans, après le combat du 11 octobre. A cette époque, la division d'infanterie de von Wittich et la cavalerie du prince Albert étaient attachées au premier corps d'armée bavarois : elles s'en étaient séparées pour l'expédition de Châteaudun et l'occupation de Chartres.

On verra aux *Pièces justificatives* (nos 30, 32 et 33) les récits des journaux allemands dont nous parlons. Il ne sera pas difficile au lecteur d'y constater les demi-vérités, les réticences, les erreurs et les mensonges.

(2) Le général d'Aurelle indique lui-même le chiffre de ses

composée de tant de mobiles et de conscrits, ne pouvait se comparer à celle de M. de Tann, ni pour l'organisation, ni pour la discipline, ni pour l'expérience. Ce n'était pas seulement par ces qualités militaires que l'armée de la Loire avait un certain désavantage. Les trente escadrons du général Reyau ne pouvaient que difficilement soutenir le choc des trente-six escadrons allemands. Notre artillerie, ad-

forces, dans la lettre confidentielle que, le 7 novembre, il écrivait en ces termes à Cathelineau.

(*Confidentielle.*)

Dizier, 7 novembre 1870.

« Mon cher commandant,

« Je prépare un mouvement qui nécessite la concentration de toutes mes forces. En conséquence, je donne l'ordre à la brigade Rebilliard, que j'avais envoyée sur la rive gauche, de repasser sur la rive droite.

« Vous allez donc être réduit à vos moyens, c'est-à-dire vos volontaires vendéens et le bataillon de mobiles. Basez vos opérations là-dessus.

« Contrairement au renseignement que vous m'avez donné ce matin, on me dit qu'Orléans est évacué et que l'ennemi concentre toutes ses forces entre Baccon, Huisseau, Coulmiers, Gémigny, pour parer à un mouvement de l'armée de la Loire dont il se croit menacé. Il y a certainement beaucoup de monde de ce côté : y aurait-il aussi un grand nombre de troupes à Orléans, comme vous semblez le croire? Tâchez de vous renseigner à cet égard, et faites-moi connaître, sans retard, le résultat de vos investigations.

« Je crois devoir vous faire connaître, en effet, que nous allons faire un mouvement sur Orléans, de ce côté-ci, avec quatre

mirablement servie par nos marins et nos canonniers, ne le cédait pas sans doute à celle de l'ennemi, si l'on ne considère que la bravoure et l'habileté des pointeurs. Mais si nos pièces de douze étaient d'un calibre plus fort qu'aucune des pièces bavaroises, celles-ci se chargeaient par la culasse, et, par conséquent, se chargeaient plus vite et portaient plus loin que la plupart des pièces françaises; au reste, avec les deux batteries du comte Stolberg, l'ennemi avait encore plus de canons que le général d'Aurelle (1). La supé-

divisions des 15e et 16e corps, et du côté de Gien avec une trentaine de mille hommes.

« L'ennemi, prévenu peut-être de ce double mouvement, ou, dans tous les cas, se sentant doublement menacé, aurait évacué Orléans où il s'exposait à se voir enveloppé.

« Pour concourir à ce mouvement, je donne l'ordre au général Faye, qui est à Salbris avec 6 à 7,000 hommes, de se porter en avant, de manière à arriver le 10 au soir à La Ferté-Saint-Aubin (c'est la veille du jour où nous espérons pouvoir arriver à Orléans), afin que, le 11, il continue son mouvement sur Olivet et Orléans. J'ai recommandé à M. le général Faye de se mettre en relation avec vous, dès qu'il sera à hauteur de La Ferté.

« Il importe que vous gardiez pour vous seul le secret de cette opération.

« Recevez, etc.

« *Le général commandant en chef les 15e et 16e corps,*
Signé : « D'AURELLE. »

(1) M. de Tann avait au moins 120 canons bavarois; le comte de Stolberg, 12 prussiens : 132 au total. Le général d'Aurelle n'en avait pas 100 pour ses deux corps d'armée.

riorité numérique de notre infanterie était donc compensée par celle de la cavalerie et de l'artillerie allemandes, autant que par les mérites militaires que les troupes de M. de Tann devaient à la pratique de la guerre et à la composition de leurs cadres. Ajoutons que les Allemands, exaltés par leurs victoires, avaient cet ascendant que donne la fortune, le souvenir de la gloire récente et le mépris de l'adversaire : habitués à considérer l'armée de la Loire comme un amas désordonné de fuyards et d'indisciplinés, ils se disaient sûrs de la battre. S'il n'avait cru lui-même à cette supériorité morale, M. de Tann eût-il risqué le combat? Confiant dans son bonheur passé, confiant dans ses soldats et ses canons, il dédaigna trop son ennemi; mais si ce dédain le trompa, ce fut aussi une première force pour lui. Il en avait une non moins avantageuse dans les positions qu'il occupait : à Baccon, à la Renardière, à Coulmiers, à Champs, à l'Ormeteau, il forçait les Français à s'avancer en pleine campagne contre des murs crenelés où l'avantage du nombre ne leur servait de rien; invisible et presque inexpugnable derrière ses fortifications, l'armée bavaroise bravait la nôtre avec peu de péril. Bien commandée, elle était bien postée; de telles conditions n'étaient-elles pas pour elle de sérieux éléments de succès? A bien peser les choses, il n'y avait donc aucune disproportion réelle entre les deux armées. L'honneur de la victoire, pour le temps où nous étions alors, reste aussi grand pour la France que si le nombre des fantassins eût été égal des deux côtés. Et, d'ailleurs, est-ce bien à la Prusse d'alléguer de telles excuses? Dans la guerre moderne, ont dit plus d'une fois ses généraux, c'est une marque d'habileté que de concentrer les masses tout à coup et sur un point. Si une telle raison est bonne pour les vainqueurs de Spickeren, de Wœrth et de Sedan, dans ces batailles où de véritables multitudes accablèrent la France, pourquoi ne conviendrait-elle pas aussi au vainqueur de M. de Tann (1)?

Oui, ce fut une journée glorieuse que celle de Coulmiers; notre patrie pourra la rappeler avec une juste fierté. Après les désastres de Sedan et de Metz, on croyait, en Europe comme en Prusse, que la France avait tout perdu. Deux armées, les seules qu'elle eût pour sa défense, tombées tout entières au gouffre d'une capitulation; plus de chefs, à peine quelques régiments; ses dernières ressources renfermées dans Paris assiégé; des arsenaux vides comme son trésor; presque sans gouvernement : tel était

---

(1) Voir aux *Pièces justificatives* (n° 34) le rapport officiel où l'état-major bavarois a rendu compte de la bataille de Coulmiers. La vérité y est atténuée jusqu'au ridicule. C'est, sur plusieurs points, l'un des documents les moins sincères qu'on ait publiés pendant la guerre.

l'état de désespoir et de trouble d'où la France sortait, le 9 novembre, au bruit inattendu d'une victoire. Ses généraux, il avait fallu les prendre, les uns sur les vaisseaux et dans les ports, les autres dans le repos d'une vieillesse déjà déshabituée des armes; ou bien on les avait investis du commandement avant l'âge et l'expérience. Ses officiers, elle les avait choisis, ceux-ci dans ces grades éloignés qu'ils montaient maintenant d'un pas hâtif, ceux-là au seuil même des écoles où ils allaient entrer, d'autres dans une oisiveté tout à fait ignorante de la guerre, presque tous n'ayant que leur bonne volonté pour science et leur bravoure pour vertu, à l'heure sinistre du combat. Ses soldats, elle les avait assemblés à la hâte, dans la confusion du danger : on avait appelé quiconque était jeune; on leur avait montré un drapeau et donné un fusil; et, mal armés, mal exercés, mal vêtus, surpris et chancelants sous le fardeau dont la nécessité les chargeait si lourdement, on les avait poussés vers l'ennemi. Et pourtant, grâce à son vif génie, grâce aux souples et rapides ressorts dont son âme est pourvue, comme la France se relevait vite de l'abattement et de la défaite! En un mois, elle s'était créé une armée nouvelle : les officiers avaient appris à commander, les soldats à marcher et à mourir, les généraux à vaincre. Qui de nous n'en était étonné dans l'orgueil même de son patriotisme? Un général cachait, derrière les bois de la Sologne et la forêt de Marchenoir, des troupes auxquelles il enseignait, en quelques semaines, la confiance et la discipline ; elles s'avançaient soudain, et l'ennemi, qui les soupçonnait à peine dans le secret où elles grandissaient, ne les apercevait que pour être battu : avec ces régiments à peine organisés, d'Aurelle gagnait une bataille savante ; avec ces soldats, qui connaissaient à peine le feu d'un bivouac, les officiers arrivaient, l'épée haute, obéis et suivis, sur les murs crénelés, les retranchements et les barricades de Baccon, de la Renardière, de Coulmiers et de l'Ormeteau ; et partout ces jeunes gens, conscrits de tous les grades, renouvelaient les miracles de la vieille bravoure française. Certes, quand on a vu tant d'efforts parmi tant de difficultés, tant de courage après tant de malheurs, tant de vigueur après tant de faiblesse, on a le droit de dire que notre pauvre patrie a mérité les louanges et les consolations du monde ; on a le droit de dire à la Prusse elle-même : « Quoi qu'il arrive, respectez la gloire comme l'infortune de nos armes ; la France s'est honorée dans ses revers plus que vous ne l'avez fait vous-même, en un temps non moins sombre pour vous. Souvenez-vous des coups foudroyants sous lesquels nos pères vous abattaient à leurs pieds, en 1806 : eh bien ! après vos grandes défaites d'Iéna et d'Awerstaedt, après vos capitulations de Magdebourg et de Lubeck, vous n'avez pas même sauvé votre honneur; dans l'ombre alors bien ténébreuse de votre histoire, pas un éclair de victoire qui éclaire, même une heure, votre drapeau obscurci et toujours fuyant; vous n'avez su, dans ces calamités, ni former une armée de la Loire ni trouver un Coulmiers. Après cette guerre, nous aurons donc toujours une fierté de plus que vous. »

Mercredi 16 novembre.

L'armée de la Loire est tout entière rangée devant la forêt d'Orléans. Qu'elle y reste, attendant l'ennemi, ou qu'elle marche en avant, nous sommes vraiment délivrés : laissons là ces pages empreintes de tant de douleurs; nous revenons à une autre vie.

L'occupation d'Orléans a duré vingt-neuf jours. C'était un siècle pour nos souffrances. L'histoire ne les comptera pas sans doute; mais elle dira que sous les murs d'Orléans, il y eut, le 11 octobre, un combat héroïque où la résistance fut belle comme une victoire, et, le 9 novembre, une bataille où la France a pu se croire presque vengée, presque sauvée. Deux grandes journées commencent et achèvent notre captivité, et toutes deux ont l'éclat de la gloire, toutes deux sont les souvenirs de la France comme les nôtres. Nous n'aurons donc pas été malheureux sans avoir eu sous nos regards attristés la compensation de l'honneur.

Quoi qu'il arrive demain ou plus tard, nous nous fions à l'avenir, c'est-à-dire à Dieu et à la France. Dans toutes les calamités que cette guerre peut encore produire ici ou ailleurs, nous réserverons nos espérances. Nous les garderons, parce que la France, comme elle l'a souvent prouvé dans son variable et long passé, a la force qui relève de l'abîme au ciel, comme la faiblesse qui précipite du ciel à l'abîme. Nous les garderons encore, parce que nous trouvons salutaire et douce cette foi du vaincu qui inspirait à Dante ces paroles consolatrices : « Dieu a un ange qui fait passer de temps en temps les biens frivoles de peuple à peuple et de race à race, malgré les efforts de la prévoyance humaine. C'est ainsi qu'une nation commande et qu'une autre languit, suivant le jugement de cette puissance qui reste invisible comme le serpent sous l'herbe (1). » Oui, l'heure de la vengeance et de la réparation est dans les destinées de la France !

(1) DANTE, *Divine comédie,* ch. VII de *l'Enfer.*

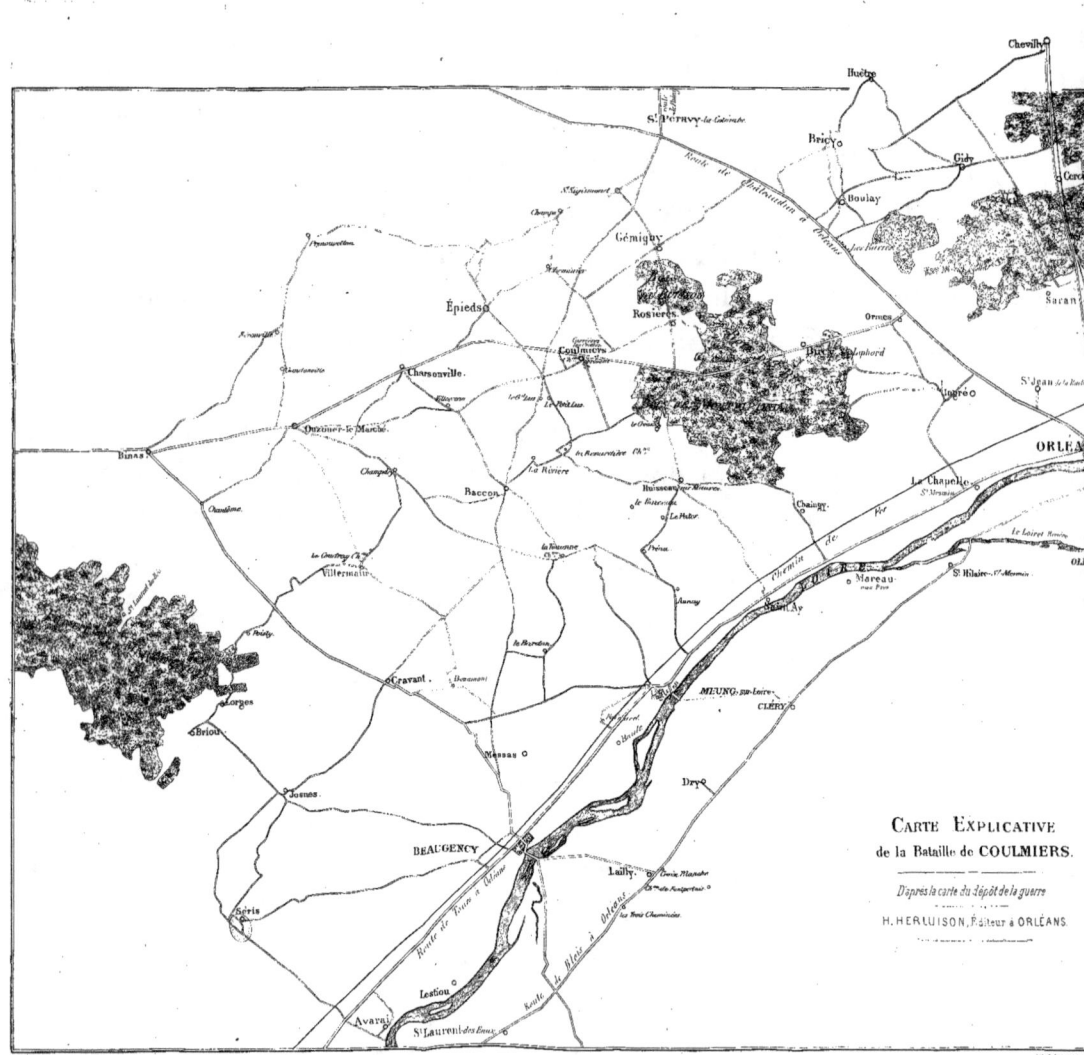

PIÈCES JUSTIFICATIVES.

N° 1.

AVIS.

Le général commandant de Place avertit les habitants d'Orléans que, dans l'intérêt de la sûreté de la ville, ils doivent, d'ici à quatre heures de l'après-midi, déposer sur la place du Martroi toutes les armes de guerre et de chasse, ainsi que toutes les munitions de guerre ou autres.

Les habitants chez lesquels des armes ou des munitions seraient trouvées après l'heure indiquée seraient traités selon les lois de la guerre.

Orléans, 12 octobre 1870.

Signé : DIET, général.

Pour copie conforme :
Le maire d'Orléans,
CRESPIN.

N° 2.

Conseil municipal d'Orléans.

Extrait du procès-verbal de la séance du 12.

PREMIÈRE NOTE ENVOYÉE AU MAIRE PAR LE GÉNÉRAL DE TANN.

La ville d'Orléans délivrera à l'armée allemande :

> 600 bestiaux ;
> 50,000 kilos de pain ;
> 200,000 kilos d'avoine ;
> 100,000 kilos de foin ;
> 200,000 litres de vin ;
> 20,000 kilos de tabac ;
> 300,000 cigares ;
> 4,000 kilos de sucre ;
> 4,000 kilos de café ;
> 4,000 kilos de sel.

Elle mettra à la disposition de l'armée le nombre nécessaire de charriots pour le transport de ces aliments.

Elle paiera une contribution d'un million de francs dans le délet (*sic*) de vingt-quatre heures.

L'armée occupera la ville jusqu'à ce que celle-ci ait répondu à cette réquisition.

Quartier-général, le 11 octobre 1870.

Le général en chef,
Baron de TANN, *général de l'infanterie.*

N° 3.

AVIS.

Une contribution de guerre considérable est frappée sur la ville d'Orléans et doit être payée *immédiatement;* le Maire et le Conseil municipal préviennent leurs concitoyens qu'elle leur sera réclamée dans la journée par voie d'emprunt forcé.

Orléans, 13 octobre 1870.

Le maire d'Orléans,
CRESPIN.

N° 4.

AVIS.

Le Maire de la ville d'Orléans prévient ses concitoyens que le Conseil municipal, pour acquitter les taxes de guerre considérables imposées à la ville, a tout à la fois voté un emprunt forcé et ouvert des souscriptions volontaires.

Les cotisations seront reçues à la Mairie toute la journée du jeudi 14 octobre, de huit heures du matin à six heures du soir.

Le Maire ne doute pas que les personnes atteintes par l'emprunt forcé, ainsi que celles qui peuvent fournir des cotisations volontaires, ne s'empressent toutes de se rendre à l'appel pressant qui leur est adressé d'urgence.

Orléans, 13 octobre 1870.

Le maire d'Orléans,
CRESPIN.

N° 5.

Mairie d'Orléans.

AVIS.

Le Maire de la ville d'Orléans invite expressément ses concitoyens à déclarer *immédiatement*, au secrétariat de la Mairie, les quantités de paille, foin, avoine et autres fourrages qui seraient en leur possession, à l'effet de faciliter les réquisitions régulières et éviter les saisies.

En l'Hôtel-de-Ville, le 14 octobre 1857.

Le maire d'Orléans,
CRESPIN.

N° 6.

Citoyens français !

Comme je voudrais autant qu'il est en mon pouvoir alléger le sort de la population atteinte par les maux de la guerre, je m'adresse à son bon sens, dans l'espoir que la sincérité de mes paroles ne manquera pas de lui ouvrir les yeux sur l'état des choses, et de le déterminer à se ranger du côté du parti raisonnable et désireux de faire la paix.

Votre Gouvernement destitué a déclaré la guerre à l'Allemagne.

Jamais déclaration de guerre n'a été plus frivole.

Les armées allemandes ne purent faire autre chose que d'y répondre en passant la frontière.

Elles remportèrent une victoire après l'autre, et votre armée, victime d'un système de mensonges et de démoralisation, fut presque anéantie complètement.

Un autre Gouvernement succéda. On espérait qu'il rétablirait la paix.

Il n'en fit rien.

Et pourquoi ?

Il craignait de se rendre impossible et préféra, sous prétexte que les conditions proposées par l'armée allemande n'étaient pas acceptables, continuer une guerre qui ne peut mener qu'à la ruine de la France.

Et quelles sont ces conditions de l'armée victorieuse que l'on n'a pas cru pouvoir accepter ?

« La restitution des provinces qui ont appartenu à l'Allemagne et où la langue allemande est encore aujourd'hui celle qui domine dans les villes ainsi qu'à la campagne ; proprement dit : l'Alsace et la Lorraine allemande. »

Cette prétention est-elle exagérée ?

Quelles conditions la France victorieuse aurait-elle faites ?

On vous a dit : Que le but des actions des armées allemandes était celui d'abaisser la France. C'est simplement un mensonge, inventé pour exciter les passions de la grande masse.

C'est au contraire votre Gouvernement qui, par sa manière d'agir, attire de force les armées allemandes dans le cœur de la France, y amène la ruine et parviendra, s'il insiste, à abaisser de fait la belle France, qui pourrait être la meilleure amie de la même nation qu'elle a forcée de la combattre.

Orléans, le 13 octobre 1870.

Le général d'infanterie,
Baron de TANN.

N° 7.

Soldaten!

Ich danke Euch für die Tapferkeit und heldenmüthige Ausdauer wæhrend der jüngstverflossenen Mærsche und Gefechte, die ich dem allergnædigsten Kœnig und Kriegsherrn rühmend berichten konnte.

Haltet wackeraus und erkampft unserm theuern Vaterlande einen ruhmreichen Frieden!

TANN,
General der Infanterie.

(Affiché à Orléans, le 14 octobre 1870.)

Traduction :

Soldats!

Je vous remercie de la bravoure et de l'héroïque persévérance que vous avez montrées dans les marches et dans les combats des derniers jours. J'ai pu en faire part à notre très-gracieux roi et généralissime.

Tenez ferme jusqu'au bout, et combattez pour assurer une paix glorieuse à notre chère patrie.

TANN,
Général de l'Infanterie.

N° 8.

MAIRIE D'ORLÉANS.

Fournitures sur réquisitions.

Le Maire de la ville d'Orléans invite les personnes qui ont

fait des fournitures de toute nature sur bons réguliers de réquisitions à produire *immédiatement* à l'Administration municipale leurs mémoires détaillés.

Orléans, 18 octobre 1870.

Le maire d'Orléans,
CRESPIN.

N° 9.

AVIS.

Die Einwohner von Orleans werden hierdurch benachrictigt, dass an folgen den Orten Gendarmerie - Posten stehen welche den Befehl haben jeden Soldaten zuverhaften, welcher sich Auschreitungen oder unerlaubter Forderungen gegen Bürger schuldig macht :

1. Vorstadt Bannier, n° 8,
2. Vorstadt Bourgogne, n° 7,
3. Vorstadt St-Jean, n° 28.

Orleans, den 16 october 1870.

Der Stadt-Commandant,
Von HEUDUCK.

Les habitants d'Orléans sont prévenus qu'indépendamment des divers postes existant déjà dans la ville, il a été établi des postes spéciaux de gendarmerie, savoir :

1° Faubourg Bannier, n° 8,
2° Faubourg Bourgogne, n° 7,
3° Faubourg Saint-Jean, n° 28 (École normale).

Tout habitant qui aurait à se plaindre d'excès ou violences peut s'adresser à ces divers postes ; il y trouvera secours et protection.

De HEUDUCK,
Commandant de la Place.

Le Maire,
CRESPIN.

Orléans, le 16 octobre 1870.

N° 10.

Mairie d'Orléans.

AVIS.

Les habitants d'Orléans qui, à partir du 13 octobre, auraient été victimes de déprédations ou pillage, ou auprès desquels auraient été faites des réquisitions non autorisées par l'Administration municipale, sont invités à remettre immédiatement au secrétariat de la Mairie l'état estimatif détaillé de leurs pertes.

Orléans, 16 octobre 1870.

Le maire d'Orléans,
CRESPIN.

N° 11.

PROCLAMATION.

Les lignes télégraphiques instituées par les autorités militaires prussiennes ne doivent pas être endommagées.

Tout individu qui endommagera ces institutions sera puni de la peine de mort, d'après les lois militaires.

Les communes auxquelles les coupables appartiendront, ainsi que celles dont le territoire aura servi à l'action in-

Die von den preussichen Militairbehœrden angelegten Telegraphen-Leitungen dürfen nicht beschædigt werden.

Personen, welche Telegraphen-Einrichtungen zerstœren, werden nach dem Militairgesetz mit dem Tode bestraft.

Diejenigen Gemeinden, denen die Schuldigen angehœren oder auf deren Territorium eine solche Zerstœrung geschieht, wird den Umstænden nach eine Geldstrafe in der Hœhe ihres jæhrlichen Steuersatzes auferlegt werden.

Die Gemeinde - Vorsteher werden hiernach aufgefordert, um ihren Gemeinden die genannten schweren Strafen zu ersparen, selber Wachen zur Beschützung der Telegraphen-Einrichtungen aufzustellen.

Von Seiten des Ober-Commandos der III" armee,

Der Ober-Quartiermeister,

Gez : von GOTTBERG,
Oberst.

(Affiché le 21 octobre).

criminée, seront passibles, dans chaque cas, d'une amende égale au montant annuel de leur impôt foncier.

MM. les Maires sont engagés à établir des gardes pour conserver les lignes sur leur territoire, afin d'épargner ces peines sévères à leurs communes.

Le commandant de la troisième armée,

Par ordre :

Von GOTTBERG,
Colonel.

N° 12.

NACHRICHT.	AVIS.
Der Werth des deutschen Geldes wird, wie nachstehend, festgesetzt :	La circulation de la monnaie allemande ayant donné lieu à des doutes, le cours en a été fixé, savoir :
GOLD.	OR.
Ein Friedrichs d'or, oder anderes gleich werthes Goldstück... 21 fr. 25	Le Frédéric d'or, ou autre pièce de la même valeur......... 21 fr. 25
Ein Doppelfriedrichs d'or............ 42 fr. 50	Le double Frédéric. 42 fr. 50

ARGENT.		SILBER.	
Le Thaler........	3 fr. 75	1 Thaler..........	3 fr. 75
Le Florin autrichien	2 fr. 50	1 Œsterreichischer Gulden.........	2 fr. 50
La Pièce de dix gros.	1 fr. 25	1 Zehngroschenstück	1 fr. 25
La Pièce de cinq gr.	0 fr. 60	1 Fünfgroschenstück	0 fr. 60
La Pièce de deux gros et demi.....	0 fr. 30	1 Zweieinhalbgros-chenstück......	0 fr. 30
Le Florin.........	2 fr. 15	1 Gulden..........	2 fr. 15
Le Demi-Florin....	1 fr. 05	1/2 Gulden........	1 fr. 05
La Pièce de six Kreuzers............	0 fr. 20	1 Sechskreuzerstück	0 fr. 20
La Pièce de trois Kreuzers........	0 fr. 10	1 Dreikreuzerstück.	0 fr. 10
BILLETS.		PAPIERGELD.	
Les Billets allemands ont le cours de la monnaie équivalente.		Wird zum vollen Werthe angenommen.	

Le commandant de place,
    De Graevenitz,
    Lieutenant-Colonel.

    Le maire,
        Crespin.

Orléans, le 25 octobre 1870.

Kœniglich - Preussiche Commandantur,
    Von Graevenitz,
    Oberst - Lieutenant.

Orléans, den 25 october 1870.

N° 13.

La Ferté, 12 octobre 1870.

15ᵉ CORPS. — 2ᵉ DIVISION. — 1ʳᵉ BRIGADE.

Mon général,

J'ai l'honneur de vous rendre compte du combat livré hier dans le faubourg Bannier, à Orléans.

Les troupes engagées sous mes ordres se composaient des corps suivants de la brigade : le 5ᵉ bataillon de marche (chasseurs à pied), commandant, M. de Boissieux, capitaine ; — le 39ᵉ de ligne, 3ᵉ bataillon, sous les ordres du capitaine Eissen ; le 5ᵉ bataillon du régiment étranger, commandant Arago.

A midi, les troupes se sont portées en toute hâte dans ce faubourg. Le 39ᵉ, qui formait tête de colonne, a été divisé par ordre du général Borel. Il a été le premier engagé dans la rue principale, sur la ligne du chemin de fer à droite, et dans les vignes à gauche. Toutes les positions dominantes et les maisons du faubourg étaient fortement occupées par l'ennemi ; la légion a soutenu et continué l'attaque du centre.

Le régiment des mobiles de la Nièvre a contribué énergiquement à la défense du chemin de fer à droite, et le 5ᵉ bataillon de marche, chasseurs à pied, a occupé tous les jardins et toutes les vignes qui se trouvaient à gauche.

L'élan des troupes a été des plus brillants. Pas un militaire n'a fait de défaillance. La lutte, qui semblait avoir pour objet d'éloigner de la ville l'ennemi, a été acharnée des deux côtés et a duré jusqu'à la nuit. Ce n'est qu'en apprenant par hasard que l'armée passait sur la rive gauche de la Loire que j'ai fait battre en retraite en ramenant le plus de monde possible.

De grandes pertes ont été faites; j'ai l'honneur de vous transmettre les premiers renseignements que j'ai recueillis.

DE JOUFFROY.

N° 14.

COMBAT D'ORLÉANS (11 octobre 1870).

Récit d'un aumônier bavarois.

Depuis le 22 septembre jusqu'au 6 octobre, nous étions à Balainvilliers, Lonjumeau et Palaiseau, dans le voisinage de Paris. Tout à coup, le 8 octobre, le premier corps d'armée reçut l'ordre de marcher vers le Midi, dans la direction d'Orléans, pour arrêter l'armée française qui se réunissait sur la Loire et marchait sur Paris. Déjà, à Angerville, notre cavalerie, le 9 et le 10 octobre, avait rencontré l'ennemi et avait pris 40 ou 50 hommes de la mobile, pendant que huit ou dix d'entre eux tombaient sous les coups de sabre de nos chevau-légers. Le 10 octobre, quand nous nous mîmes en marche à sept heures du matin, nous entendîmes des coups de canon, et quand nous arrivâmes dans le voisinage d'Artenay, nous vîmes que notre 1re division était déjà sérieusement engagée. Ce jour-là, notre division n'était pas engagée, si ce n'est notre artillerie qui, avec la division d'artillerie de réserve et les batteries de la 1re division, se fit de nouveau distinguer. Notre infanterie, c'est-à-dire le 1er et le 7e bataillon de chasseurs, de même que les 3e, 12e 10e et 13e régiments, prirent position de bataille pendant que la 1re division emportait d'assaut le village d'Artenay et forçait l'ennemi à quitter le château d'Auvilliers, où dans la matinée plusieurs batteries françaises s'étaient établies, et le chassait jusque derrière Chevilly. Ici, la 1re division, surtout la 8e compagnie du Leib-Régiment, fit des pertes considérables.

Lorsque nous partîmes, le 11 octobre, d'Artenay, à peine sortis de Cercottes, la bataille recommença de nouveau, mais cette fois beaucoup plus sérieuse que la veille. Cette fois-ci notre division se trouvait en avant, tandis que la 1re était en réserve. Entre Cercottes, Chanteau et Saran, la bataille prit un grand développement. A notre extrême droite se trouvait une brigade prussienne avec de l'artillerie prussienne, soutenues par la cavalerie prussienne et bavaroise. Notre 4e brigade formait le centre, pendant que notre 3e brigade se trouvait à gauche, de sorte que le 12e régiment formait l'extrême gauche. La bataille commença par l'artillerie, et notre nombreuse artillerie entière y fut employée. Mais bientôt, notre infanterie avança, et on pouvait entendre les cris de hurrah que poussaient les soldats du 13e régiment en chassant l'ennemi à travers bois entre Cercottes et Saran, vers Orléans. Ici, le 12e régiment fut aussitôt appuyé par le 1er bataillon de chasseurs et le 3e régiment d'infanterie. Jusque-là nos soldats n'avaient pas eu à supporter de pertes considérables, lorsque le feu à droite dans le voisinage de Saran devint de plus en plus vif, et je me rendis près de la 4e brigade, parce que mon collègue se trouvait près de la 3e. Lorsque j'y arrivai, nos gens avaient déjà pris le village de Saran, et toute l'artillerie de ce côté reçut l'ordre d'avancer jusqu'à une hauteur d'où on pouvait voir la ville d'Orléans dans toute son étendue.

Ici, l'artillerie était exposée fortement au feu de l'infanterie ennemie; en peu de temps deux artilleurs furent tués, un lieutenant et plusieurs soldats blessés. Pendant que j'enterrais un artilleur, un autre à quelques pas fut blessé mortellement, et nous ne devons qu'à une chance particulière que les pertes de notre artillerie ne soient pas beaucoup plus considérables, car les balles pleuvaient en masse comme la grêle. Cependant le moment le plus sanglant de cette journée eut lieu dans l'après-midi. A deux heures environ, les Français étaient repoussés de tous côtés sur Orléans. Au nord se réunit à Orléans un long faubourg appelé faubourg des Aydes. Dans ce faubourg, les Français s'arrêtèrent pour la dernière fois et firent une résistance désespérée. De deux heures à sept heures du soir, on se battit autour de ce faubourg, et cette bataille ne peut se comparer qu'à la prise d'assaut de Bazeilles. Là le 3e régiment du prince Charles a horriblement souffert. Le lieutenant en 1er Diemling, du 10e régiment, fut le premier qui se hâta de venir à l'appui de ce régiment avec la 5e compagnie ; mais bientôt toutes les autres troupes de la 4e brigade le suivirent. Ici, comme à Bazeilles, on tira sur nos troupes de toutes les maisons, du clocher de l'église et des toits ; aussi mit-on, pour cette raison, le feu à plusieurs maisons.

Le feu ne cessa que le soir vers sept heures, quoique depuis deux heures déjà nous eussions la certitude d'une victoire éclatante. Nous avions pris plusieurs milliers de prisonniers et plusieurs pièces de canon. Parmi les prisonniers, chasseurs, turcos et soldats de la ligne, se trouvaient beaucoup d'Alsaciens allemands et aussi de Suisses allemands.

Des prisonniers qui étaient dans l'église de Saran, j'ai appris que l'ennemi avait reçu des renforts de troupes toute la journée par des trains du chemin de fer. Les Français ont fait des pertes affreuses en morts et blessés. Quand je suis entré hier dans une ambulance de Saint-Jean-de-la-Ruelle, j'ai rencontré deux Suisses, l'un de Zurich, l'autre de Saint-Gall. Je n'ai pu m'empêcher de leur dire que c'était bien fait qu'ils fussent blessés. A présent, nous sommes à Orléans, dans des quartiers magnifiques.

Nos pertes sont beaucoup plus grandes qu'elles n'ont été connues jusqu'à présent. Cinq officiers d'état-major ont été tués. La 4e brigade, sous le général de Tann, a gravement souffert. A cette brigade fut assigné l'ordre de prendre les hauteurs d'Orléans, et ce ne fut qu'appuyée par le 1er régiment d'infanterie qu'elle put réussir à prendre d'assaut ces hauteurs si dangereuses pour nos troupes. Ce fut l'action la plus sanglante et la plus décisive de cette fameuse journée, où, même dans les rues d'Orléans, beaucoup de nos braves compatriotes sont tombés frappés par les Français placés derrière les maisons.

Abbé Gross,
Aumônier de la 2ᵉ division du 1ᵉʳ corps de l'armée bavaroise.

(Traduit de la Gazette allemande, *du 14 octobre ; reproduit au* Journal du Loiret, *13 nov. 1870.)*

N° 15.

Lettre du général de Lamotterouge.

. . . .

Dans la lourde et difficile mission, non sollicitée par moi, mais acceptée comme un devoir patriotique dans les circonstances graves et douloureuses qui affligent mon pays, ma conduite a été, je crois, ce qu'elle devait être. Avec les troupes dont je disposais, troupes, pour la plupart, très-jeunes, inexpérimentées, connaissant à peine leurs chefs et voyant le feu pour la première fois, j'ai tenu tête à une armée supérieure en nombre, aguerrie, soutenue par une artillerie considérable ; j'ai défendu le terrain pied à pied, pendant plus de sept heures, conduisant moi-même mes réserves au combat, et ce n'est qu'après avoir reconnu qu'il m'était impossible de me maintenir dans Orléans que j'ai opéré ma retraite en bon ordre, restant à la tête du pont jusqu'à ce que les dernières colonnes fussent passées. J'ai donc fait, dans ces circonstances, ce qu'un chef d'armée devait faire, obligé de combattre sans qu'il ait eu le temps de réunir des troupes suffisantes pour pouvoir résister avec succès. C'est en agissant ainsi que j'ai pu remettre à mon successeur, le lendemain, le corps d'armée qui m'avait été confié, dans de bonnes dispositions de défense, à 30 kilomètres de l'ennemi, et dans un ordre compacte et satisfaisant, après deux journées de combat.

Dans la situation qui m'avait été faite à Orléans, avec mon quartier-major établi dans cette ville, depuis trois jours à peine, par ordre du ministre de la guerre, la majeure partie de mes troupes ne pouvant m'arriver, malgré les ordres donnés, je ne pouvais, je le répète, faire que ce que j'ai fait, lorsque j'ai eu à supporter le choc de 40,000 Prussiens ou Bavarois, sinon plus, appuyés de 120 ou 130 pièces de canon. L'opinion des hommes du métier, de ceux qui ont un peu de sens militaire, me donnera raison, et je le dirai, m'a déjà donné raison : que m'importent donc les déclamations et les calomnies de ces braillards de certaine presse, de ces insulteurs de tous les temps? Je les méprise; elles ne peuvent atteindre l'honneur d'un soldat, d'un chef qui a gagné le plus haut grade de la hiérarchie à la pointe de son épée, sur les champs de bataille, et qui a toujours su répondre, par ses actes et son exemple, à l'estime et à l'affection dont ses troupes disciplinées l'ont toujours honoré. Je regrette que nos bonnes gens des campagnes soient assez crédules pour accepter les mensonges qu'on leur a débités sur mon compte, et je les plains.

Général DE LAMOTTEROUGE.

(Reproduit de l'Union malouine par l'Union bretonne, du 6 décembre)

N° 16.

SOLDATS FRANÇAIS *tombés sur le territoire de la commune de Fleury, dans la journée du 11 octobre 1870, enterrés par les soins de l'administration municipale et ayant reçu la sépulture ecclésiastique.*

39e de ligne. — Grech, capitaine. — Tixier. — Amphoux (Jean-Adolphe), sergent-fourrier. — Dalbain (Joseph). — Boy. — Kieger. — Barbière (Alfred-Germain-Ferdinand-Alexandre), sergent-major. — François. — Nicolas. — Courlet. — Haettel (Pierre). — Granger (Jean-Louis). — Aubry (Laurent-Eugène). — Baylin (Louis). — Helmlinger (Joseph). — Girard. — Petitjean (Victor-Delphin). — Derubé. — Prévost (Arthur-Félix). — Supervielle. — Alattre. — Huyet. — Lorgueilleux, sergent-fourrier. — Riesz (Henri). — Doyelle (Théophile-Louis-Joseph). — Langevin. — François (Désiré). — Gambier (Émile-Théodore), caporal. — Boulade (Louis-Armand). — Hubert, caporal.

5e compagnie de fusiliers de discipline. — Jacquelin (Antoine).

Légion étrangère. — Castiglione. — Decock (Jean-Baptiste). — Juffray. — Groni, sergent. — Morgant (Armand). — Bissas (Frédéric-Louis). — Smets (Louis-Pierre). — Staub (Samuel). — Godefroy (Évariste), caporal, 8e compagnie.

4e chasseurs à pied. — Lapérouse (André). — Paty. — Viverot. — Mouton. — Cheruau. — Forest. — Baude. — Granotier. — Leysses. — Schneider. — Pauze (Baptiste). — Loria (Gustave-Louis), caporal. — Gallet (Jules). — Rauh. — Trouinard (Émile-Alexandre). — Chopin (François-Xavier). — Vernay (Jean-Marie).

16e chasseurs à pied. — Lecouble. — Coudray (Paulin). — Richard (Antoine). — Phélot (Auguste-Jean-Baptiste).

Garde mobile de la Nièvre. — Reuillon, sous-lieutenant (1).

Il a été enterré, en outre, 107 soldats bavarois.

Dressé et certifié par nous, maire de la commune de Fleury, le 19 novembre 1870.

Le Maire,
Ricouard.

Blessés recueillis dans les ambulances de la ville.

Dans les ambulances de la ville, il entra 491 blessés français, qui tous avaient combattu le 11 octobre. Ce chiffre est officiel : il nous a été fourni, au bureau central des ambulances, par le Comité départemental de secours. En voici le détail :

Légion étrangère............	150
5ᵉ de marche des chasseurs....	107
8ᵉ — —	55
39ᵉ de ligne.................	75
Mobiles de la Nièvre.........	60
33ᵉ et 34ᵉ régiments de marche.	44

Le 5ᵉ bataillon de la légion étrangère.

Un décret du mois d'août 1870 ordonna la formation d'un 5ᵉ bataillon dans la légion étrangère. Il fut organisé à Tours, en septembre : grâce à l'intelligente direction du commandant Arago, en un mois on put former, armer, équiper, habiller et instruire ces hommes de tous les pays. Des commissions, nommées parmi les officiers, surent tout créer ou tout trouver.

---

(1) 152 soldats français ont été enterrés en cet endroit; ceux qui ne sont pas portés sur cette liste sont restés inconnus.

Le 1er octobre, le bataillon quittait Tours pour se rendre à Bourges. Déjà, pour la manœuvre, il valait bien des bataillons d'anciens soldats.

Comme ils voyaient sans cesse leurs officiers s'occuper de leur bien être et de leur instruction, les hommes s'étaient attachés à eux, en joignant le sentiment de respect à celui de dévoûment. La confiance était naturelle et réciproque : chefs et soldats comptaient les uns sur les autres.

Arago était adoré de chacun. Son commandement était agréable, ses ordres précis et clairs; ses manières élégantes et affables rendaient les relations faciles avec lui. Si, comme il le disait, il était fier de son bataillon, le bataillon était, lui aussi, fier de son commandant.

(Note du lieutenant Jacob, de la 5e compagnie).

N° 17.

Orléans, le 26 octobre 1870.

La commune n'a pas suffi à fournir aux besoins du corps d'armée bavarois commandé par le général de Tann (1).

Le Commandant se trouve dans la nécessité d'évaluer en argent comptant à combien s'élève l'insuffisance des quantités fournies (2).

M. le Maire s'excuse avec l'impossibilité de pourvoir aux be-

(1) D'après l'état ci-joint (Baillage n° 1), la commune est en retard de livraison pour 82,918 kilog. de pain, 116,374 kilog. de viande, 972,829 kilog. d'avoine.

(2) La commune d'Orléans est d'abord requise de payer la note ci-jointe, s'élevant à 5,053 fr. 60, à la commune de Clery, pour fourrages que celle-ci a fournis. Voir la réquisition spéciale ci-jointe.

soins de l'armée, tant pour manque de fonds nécessaires que pour manque des effets en nature.

Ce n'est qu'à regret que M. le Commandant se voit obligé de rappeler à M. le Maire toutes les mesures dont la force armée peut se servir pour faire respecter ses ordres et réquisitions :

1º Occupation des magasins pour empêcher les habitants de diminuer les valeurs qui peuvent servir de caution ;

2º Recherches au domicile pour réunir les valeurs nécessaires ;

3º Emprisonnement des personnages les plus riches en otages.

Par ordre du commandant,
Baron de THIELMANN.

Nº 18.

Réquisition.

La commune d'Orléans est requise de payer immédiatement à la commune de Cléry 5,053 fr. 60 (cinq mille cinquante-trois francs soixante centimes), pour fourrages que la commune de Cléry a fournis aux troupes en garnison à Orléans.

Pour le commandant,
Baron de THIELMANN, aide-de-camp.

Nº 19.

1er CORPS DE L'ARMÉE BAVAROISE.

Réquisition.

Le soussigné réquit la mairie de la ville d'Orléans de vouloir changer successif les notes de banque françaises, reçues en or ou en argent — quoique de l'empreinte allemande — ou en notes allemandes et notifier le jour et l'heure d'échange.

Orléans, le 26 octobre 1870.

L'intendanture du 1er corps bavarois,
Nobel.

N° 20.

Monsieur le Commandant,

J'ai l'honneur de vous adresser le texte de la Convention de Genève, que j'ai le regret de n'avoir pu me procurer plus tôt.

Vous trouverez à l'art. 6 (pages 2 et 3) et à l'article additionnel 5 (page 5) les deux textes précis et formels qui établissent la thèse que j'ai eu l'honneur de soutenir hier devant vous.

C'est ici une simple question de bonne foi, et, par conséquent, une question d'honneur.

Pour moi, il n'y a pas ici de discussion possible. Les textes sont parfaitement clairs, péremptoires; et cela, dans une convention solennelle signée par tous les souverains de l'Europe, y compris Sa Majesté le Roi de Prusse.

Comme j'ai eu l'honneur de l'écrire à S. Exc. le général de Tann, l'art. 6 est ainsi conçu :

« Seront renvoyés dans leurs pays ceux qui, après guérison, « seront reconnus incapables de servir.

« Les autres pourront être également renvoyés, à la condi- « tion de ne pas reprendre les armes pendant la durée de la « guerre. »

Voilà ce qui me fait dire, Monsieur le Commandant : « C'est

ici une question de bonne foi, et, par conséquent, une question d'honneur, sur laquelle il n'y a pas de discussion possible. »

Voilà pourquoi, permettez-moi de l'ajouter, enlever les blessés français, plus ou moins guéris, des ambulances; les faire prisonniers, quand la convention déclare qu'ils sont libres et qu'on DOIT les renvoyer dans leur pays; et au lieu de cela, les faire partir pour la Prusse, c'est une violation, je ne dis pas seulement de l'humanité, mais de la foi jurée; c'est un abus de la force que je reprocherais, avec toute l'énergie dont je suis capable, aux yeux de l'Europe et du monde entier, si les Français s'en rendaient coupables envers les blessés prussiens.

Veuillez bien remarquer, Monsieur le Commandant, que ce n'est pas ici la question des officiers, pris sur le champ de bataille et relâchés sur parole : de ceux-ci la convention de Genève ne s'est occupée en rien. C'est la question des blessés dont la convention de Genève a réglé le sort, selon les lois de l'humanité et aux applaudissements de l'Europe.

Que tels ou tels aient manqué à leur parole, je l'ignore, et si cela était, je les blâmerais sévèrement. Ou l'on ne donne pas sa parole, ou, quand on l'a donnée, on y tient. Mais n'importe tels ou tels torts individuels; cela ne peut détruire un traité, une convention solennelle. Ce que j'affirme là est aussi clair que le jour.

Je demande donc deux choses : 1º que tout enlèvement des blessés français soit immédiatement arrêté;

2º Que tous nos blessés français guéris reçoivent les sauf-conduits nécessaires pour être transportés, à nos frais, là où ils pourront être dirigés vers leurs pays.

Et enfin si, malgré la clarté péremptoire de mes raisons, je n'obtiens pas la justice que je réclame, je demande que Sa Majesté le Roi de Prusse soit immédiatement informée, et j'irai moi-même au quartier-général, s'il le faut.

Il y a du reste, demain, je le crois, un départ pour Versailles dont il serait facile de profiter.

Veuillez agréer, Monsieur le Commandant, l'hommage de ma haute considération.

N° 21.

Le Maire de la ville d'Orléans, prévient ses concitoyens qu'il a reçu la lettre suivante :

« *Orléans, le 27 octobre 1870.*

« *Monsieur le Maire,*

« *J'ai à vous communiquer un ordre du général de Tann, qui devra être observé de la manière la plus rigoureuse.*

ORDRE.

« Il est expressément ordonné à tous ceux qui traverseront la ville, *du commencement du crépuscule jusqu'à l'aube,* de porter, dans les rues non suffisamment éclairées, une lanterne allumée et répandant une lumière suffisante pour reconnaître le porteur.

« Toute infraction à cette ordonnance sera jugée et punie d'après les lois de la guerre.

« Pour les mêmes heures, toutes les rues devront être éclairées d'une manière suffisante.

« Le Maire de la ville est chargé de donner, le plus vite possible, connaissance de la présente ordonnance aux habitants de la ville.

« *Le Commandant de place,*

« Von GRAEVENITZ, lieutenant-colonel,

« *Kœniglich Preussiche Commandantur Orleans.* »

Pour copie conforme :
Le maire, CRESPIN.

No 22.

Une dépêche officielle de Versailles donne les nouvelles suivantes :
Hier soir, Metz a capitulé :
3 maréchaux,
6,000 officiers,
173,000 hommes ont été faits prisonniers de guerre.
La forteresse s'est rendue.

Orléans, le 28 octobre 1870.

Le baron de TANN,
Général de l'infanterie.

No 23.

PROCLAMATION.

Les chemins de fer servant aux troupes allemandes ne doivent pas être endommagés.

Tout individu qui endommagera ces voies de communication sera puni de la peine de mort, d'après les lois militaires.

Les communes auxquelles les coupables appartiendront, ainsi que celles dont le territoire aura servi à l'action incriminée, seront passibles,

Die von den deutschen Truppen-Abtheilungen benützen Eisenbahn-Einrichtungen dürfen nicht beschædigt werden.

Personen, welche Eisenbahn-Einrichtungen zerstœren, werden nach dem Militairgesetz mit dem Tode bestraft.

Diejenigen Gemeinden, denen die Schuldigen angehœren oder auf deren Territorium eine solche Zerstœrung geschieht, wird den Umstænden nach eine Geldstrafe in der Hœhe ihres jæhrlichen Steuersatzes auferlegt werden.

Die Gemeinde - Vorsteher werden hiernach aufgefordert, um ihren Gemeinden die genannten schweren Strafen zu ersparen, selber Wachen zur Beschützung der Eisenbahn-Einrichtungen aufzustellen.

Der Commandirende General,
Gez : Freih. von der TANN,
General der infanterie.

dans chaque cas, d'une amende égale au montant annuel de leur impôt foncier.

MM. les Maires sont engagés à établir des gardes pour conserver les chemins de fer sur leur territoire, afin d'épargner ces peines sévères à leurs communes.

Le commandant en chef,
Baron de TANN,
Général de l'infanterie.

No 24.

Au moment où le Conseil municipal d'Orléans était vivement préoccupé de l'alimentation de la ville, le général de Tann communiqua à M. Crespin, maire, l'idée que le Conseil municipal pourrait profiter du prochain passage de la maréchale Bazaine, allant par Orléans de Tours à Versailles, pour lui confier un mémoire qu'elle remettrait au roi de Prusse et qui contiendrait l'exposé de notre situation.

M. le maire d'Orléans ayant, dans la séance du mercredi 26 octobre, fait part au Conseil municipal de cette proposition, elle fut immédiatement et unanimement écartée, pour ce qui regarde l'intermédiaire. On ignorait quels étaient les rapports du maréchal Bazaine, encore enfermé sous Metz, avec le quartier-général prussien ; on disait vaguement qu'un de ses aides-de-camp était à Versailles, porteur d'un projet de capitulation qui se rapportait à un essai de restauration bonapartiste. Le Conseil municipal devait donc s'abstenir de tout acte qui, même indirectement, pourrait paraître une adhésion aux négociations du maréchal Bazaine.

Mais, en même temps, le Conseil municipal se demanda s'il n'y avait pas lieu, sur l'ouverture du général de Tann, d'adresser directement au roi de Prusse un tableau des exigences sous lesquelles était accablée et succombait la ville d'Orléans. D'après les observations qui furent échangées, il pensa qu'un travail de ce genre pourrait avoir une double utilité : celle de faire connaître la vérité au monarque allemand sur un point où la responsabilité de ses agents était engagée ; celle aussi de faire connaître au besoin cette même vérité à l'opinion par la publication du mémoire, et d'agir par là même sur les résolutions du gouvernement prussien, sensible, comme tous les gouvernements même les plus absolus, aux jugements favorables ou sévères de l'opinion publique.

Ces considérations déterminèrent le Conseil municipal à nommer une commission qui fut composée de MM. Bernier, Baguenault de Puchesse, de Lacombe, de Massy et Petau. — Cette commission choisit pour rapporteur M. de Lacombe.

Mais le surlendemain même du jour où cette commission était nommée et nommait son rapporteur, le vendredi 28 octobre, M. Thiers arrivait à Orléans, se rendant à Paris et à Versailles, où il allait négocier un armistice. Il était évident que le travail de la commission et du rapporteur devait être ajourné jusqu'à la solution de cette importante question, dont l'heureuse issue l'eût rendu inutile. M. Thiers ne revint à Orléans que le lundi soir, 7 novembre ; on sut alors que ses efforts avaient échoué. M. de Lacombe avait, l'avant-veille, donné lecture de son rapport à la commission, qui avait différé sa délibération ; après le retour de M. Thiers, la commission allait, sur l'invitation de M. le maire, se réunir pour prendre une décision définitive et en saisir le Conseil, lorsque, le mercredi 9 novembre, les Français rentrèrent à Orléans.

Voici le rapport de M. de Lacombe; n'ayant été l'objet d'un vote ni de la commission ni du Conseil, il ne doit être considéré que comme un simple projet :

« Sire,

« Sur l'invitation de M. le général de Tann, nous venons soumettre à votre attention la situation de la ville d'Orléans, depuis qu'elle est occupée par l'armée allemande : situation pleine d'angoisses, de misères et de ruines, qui va s'aggravant tous les jours par le cours même du temps et l'enchaînement des circonstances, et qui menace de devenir, si quelque résolution équitable ne la corrige, profondément douloureuse pour tout le monde, pour la ville occupée comme pour l'armée occupante.

« Ce n'est pas une requête ordinaire que nous adressons à Votre Majesté. Une simple exposition des faits nous paraît plus digne d'Elle, plus digne aussi de nous-mêmes.

« Orléans, Sire, n'est pas une ville riche. Depuis un demi-siècle, le commerce et l'industrie qui, ailleurs, ont changé des villages en cités puissantes, sont restés à peu près stationnaires dans ses murs : ses habitants ont peut-être plus d'aisance générale ; ils ont certainement moins de vastes capitaux disponibles qu'en 1814. Grâce à beaucoup d'économie, les recettes municipales qui sont de 902,000 francs, dépassent les dépenses d'environ 280,000 francs, faible excédant, qui à coup sûr n'est pas la richesse pour une ville. Il y a quelques années, comptant sur le bienfait d'une longue paix, Orléans, pour exécuter quelques travaux d'utilité publique, se laissa endetter de 3 millions ; le remboursement de cette somme lui est une obligation si onéreuse qu'elle ne pourra être intégralement acquittée, par une série de paiements successifs, qu'en 1893.

« Cette situation de la ville d'Orléans, déjà embarrassée et difficile, se complique tout à fait sous l'empire des calamités exceptionnelles qui, cette année, ont éclaté au milieu de nous. Tout conspira pour l'aggraver : la sécheresse d'abord, une sécheresse extraordinaire par son intensité et sa persistance ; puis la guerre, les inquiétudes qu'elle sema, les perturbations qu'elle engendra, les désastres qu'elle amena. Il se trouvait, en effet, que la récolte en blé avait été insuffisante, celle en avoine et en fourrages à peu près nulle; que les cultivateurs avaient dû se défaire, en les exportant ou en les tuant, d'une partie de leurs bestiaux qu'ils ne pouvaient plus nourrir; que toutes ces matières nécessaires à l'alimentation publique étaient devenues fort rares, et, bientôt après, fort chères. Et en même temps, par la fatalité des événements, la ville d'Orléans allait être impérieusement obligée de se procurer ces matières de première nécessité, de se les procurer à tout prix, sur un marché de plus en plus restreint, en beaucoup plus grande quantité que d'habitude, pour satisfaire aux besoins de sa population accrue de moitié ou du tiers par le mouvement incessant des troupes qui passaient chez elle !

« Nous ne voulons pas insister sur les commencements de la crise que nous traversons ; il nous suffira de dire que dès le mois de septembre, alarmé des dangers que couraient les subsistances d'Orléans, le Conseil municipal engageait la garantie de la ville pour décider les boulangers à se munir d'une réserve de farine pour un mois d'avance.

« Tels étaient, Sire, nos graves sujets d'inquiétude, lorsque le 11 octobre, l'armée allemande prit possession d'Orléans.

« Nous nous garderons d'élever des plaintes contre les inévitables conséquences de l'état de guerre, quelque pesantes qu'elles puissent être.

« Nous ne nous arrêterons même pas à signaler les scènes regrettables de pillage qui ont marqué parmi nous les premiers jours de l'occupation. Nous les attribuons volontiers à l'exaltation de la lutte; heureux, après tout, de penser, au sein même de nos malheurs, que c'est la ferme attitude de notre ville devant le péril qui lui a valu le redoutable honneur d'être traitée comme une ville prise d'assaut !

« Cependant, il nous est impossible de ne pas faire observer à Votre Majesté que ces dévastations s'exerçant sur les magasins d'épicerie, sur le vin, sur les comestibles de tout genre, devaient singulièrement diminuer nos ressources et augmenter nos charges. De vastes approvisionnements qu'il n'est aujourd'hui aucun moyen de remplacer ont disparu en quelques instants ; ils représentaient une valeur considérable dont la ville devra tenir compte aux parties lésées.

« Tandis que se passaient ces violentes irrégularités, une série de réquisitions pressantes, venues d'autorités différentes, correspondant à mille besoins divers, tombait coup sur coup sur Orléans. Il fallait y satisfaire à l'instant, sans même que l'administration municipale eût la facilité et le loisir de débattre avec les fournisseurs les marchés nécessaires. Les premiers frais d'installation de l'armée allemande, durant les journées des 12, 13, 14, 15, 16 et 17 octobre, ont coûté à Orléans une somme dont le minimum peut être évalué à 700,000 francs : au moins 450,000 francs en denrées alimentaires, farine, pain, viande, café, sel, avoine et foin ; au moins 250,000 francs en vêtements, couvertures, chevaux, voitures, fers, cuirs, médicaments.

« Après cette confusion des premiers moments, l'administration municipale avait lieu de penser que dans l'intérêt commun de la ville et de l'armée, de pareils errements allaient cesser ; que les réquisitions ne se produiraient plus au hasard, sans cohésion et souvent même en contradiction les unes avec les autres ; que désormais une autorité unique et centrale présiderait à leur rédaction et à leur répartition.

« Ce fut, sans doute, pour obvier à ces inconvénients, ce fut pour fixer en un seul acte l'étendue des obligations dont serait frappé Orléans que, par une lettre du 13 octobre, l'intendance générale requit le maire de notre ville d'avoir à livrer tous les jours, entre deux et cinq heures de l'après midi, dans le magasin du chemin de fer :

« 18,000 kilogrammes de pain ; — 18,000 kilogrammes de viande ; — 2,000 kilogrammes de riz, d'orge, de pois ou de lentilles ; — 1,800 kilogrammes de café ; — 1,000 kilogrammes de sel ; — 500 kilogrammes de lard ; — 10 000 kilogrammes de farine ; — 3,000 litres de cognac ; — 6,000 litres de vin ; — 98,000 kilogrammes d'avoine ; — 10,000 kilogrammes de foin ; — tous les chevaux, voitures et ustensiles nécessaires pour recevoir et distribuer ces approvisionnements.

« Ces impositions étaient énormes ; d'après les calculs les mieux établis, elles entraînaient pour Orléans une dépense de 90,000 francs par jour.

« La ville n'était pas encore revenue de son émoi bien légitime, que par une autre missive émanant du quartier général, M. le général de Tann enjoignait à la municipalité de délivrer à l'armée allemande :

« 600 bestiaux ; — 50,000 kilos de pain ; — 200,000 kilos d'avoine ; — 100,000 kilos de foin ; — 20,000 kilos de tabac ; — 4,000 kilos de sucre ; — 4,000 kilos de café ; — 4,000 kilos de sel ; — 300,000 cigares ; — 200,000 litres de vin ; — tous les charriots et attelages dont besoin serait.

« De plus, par la même missive, M. le général de Tann frappait la ville d'Orléans d'une contribution d'UN MILLION de francs, payable dans les vingt-quatre heures : « L'armée, disait-il en terminant, occupera la ville jusqu'à ce que celle-ci ait répondu à cette réquisition. »

« La mesure de nos forces était manifestement dépassée par cet ensemble de conditions si excessives. Ce fut alors, Sire, que le grand Évêque dont notre ville s'honore, ému de pitié pour tant de souffrances, se décida à écrire à Votre Majesté ; habitant depuis vingt années au milieu de nous, mis par les devoirs mêmes de son ministère pastoral et par le zèle d'une charité ardente en communication intime avec une innombrable quantité de familles malheureuses, il était le meilleur témoin qui pût déposer en faveur de la justice de nos réclamations. Une réponse arriva de

Versailles : elle donnait à espérer qu'un soulagement notable serait apporté à notre situation.

« La vérité nous oblige à déclarer que, malgré de bienveillantes paroles, rien ou presque rien n'a été fait.

« Grâce à l'expédient rigoureux d'un emprunt forcé, grâce à une touchante émulation entre tous nos concitoyens, le million requis d'Orléans dans les vingt-quatre heures fut couvert; il était formé des dernières épargnes de la ville. Il semblait convenu que 600,000 fr. seraient immédiatement versés, 400,000 fr. devant provisoirement rester entre les mains de l'administration municipale, pour subvenir à toutes les dépenses qui lui sont journellement imposées. Cet espoir a encore été déçu : le million intégral a dû être remis, à l'exception de 100,000 francs laissés pour indemniser les habitants pillés.

« Quant aux réquisitions en nature qui accompagnaient cette réquisition en argent, nous reconnaissons qu'elles n'ont pas été maintenues complètement. Comment, du reste, aurait-il pu en être autrement? Ce n'est pas évidemment au dedans d'elle-même que la ville d'Orléans aurait trouvé les 600 bestiaux et toutes les denrées alimentaires qui lui étaient demandés. Où donc aurait-elle été les chercher? Privée de relations avec toute la région de la France que n'occupe pas l'armée allemande, elle ne pourrait s'approvisionner qu'en Beauce, que dans les pays situés entre la Loire et la Seine, en un mot que dans des contrées sur lesquelles se sont appesantis déjà le passage des troupes et les plus rudes exigences de la guerre.

« Mais si toutes les réquisitions en nature n'ont pas été exécutées, si même une remise partielle a été accordée par l'intendance générale sur celles qui avaient été antérieurement signifiées, il convient d'ajouter que les diminutions consenties ont été annulées, dans la pratique, par le nombre de contributions nouvelles de tout genre qui n'avaient été ni annoncées, ni prévues. Chevaux, voitures de toute sorte, objets d'équipement, draps, flanelle, drogues de malade, charbon, bois de chauffage ou de construction, pelles, pioches, outils, 200 kilos de bougie par jour, 10,000 couvertures, tout, à peu près tout, depuis les fers, depuis les peaux de vache ou de veau, depuis les paires de gants, jusqu'aux fournitures de papier et de cire à cacheter, tout a été exigé d'urgence.

« De plus, il semble même que cette remise partielle ou totale sur les réquisitions en nature, que nous constations tout à l'heure, ne soit pas définitive. S'il fallait en juger d'après des actes récents qui nous ont péniblement surpris, l'intendance générale se réserverait le droit de prélever elle-même dans les campagnes environnantes les matières que nous n'avons pas, puis de nous en réclamer le prix en argent : c'est ainsi que nous avons eu à payer une somme de 6,000 francs, à l'occasion d'avoine et de fourrages qui avaient été réquis à Cléry; même prétention vient encore de se manifester pour des réquisitions opérées dans la commune d'Artenay et dans d'autres communes de notre département.

« Voilà donc, Sire, dans quelle situation, fidèlement retracée, se trouve la ville d'Orléans ; voilà dans quelles inextricables difficultés chaque jour qui s'écoule l'enfonce plus avant !

« A une ville qui, dans les temps ordinaires, ne compte pas 50,000 habitants, il est imposé l'obligation, par les temps extraordinairement calamiteux où nous sommes, de suffire à l'alimentation d'une armée qui augmente dans une proportion considérable sa propre population.

« A une ville qui, lorsque la récolte en blé a été suffisante, consomme par jour cent sacs de farine, il est imposé l'obligation, dans une année où l'insuffisance de la récolte a été une catastrophe publique, de fournir une consommation quotidienne d'au moins deux cents sacs de farine.

« A une ville qui, en pleine paix, en pleine prospérité, peut difficilement réaliser sur ses recettes comparées à ses charges un excédant de 280,000 francs par an, il est imposé l'obligation, au milieu de l'une des crises politiques, économiques, militaires, nationales, les plus terribles dont l'histoire ait été témoin, d'ajouter à ses dépenses accoutumées une dépense quotidienne qui s'est élevée quelquefois à 150,000 francs, — qui s'est tenue longtemps entre 80,000 et 100,000 francs, — et qui n'est jamais descendue au-dessous de 30,000 francs.

« La ville d'Orléans s'est résignée à cette lutte contre la nature même des choses. Elle succombe à la peine. Depuis longtemps il ne lui reste ni avoine ni fourrages ; elle n'a de farine que pour un délai très-limité ; elle n'a plus de viande que pour un nombre de jours moindre encore. Sa pénurie financière a marché d'un pas égal : toutes les branches de ses revenus ont souffert ; ses octrois ont été suspendus, et la plupart de ses recettes sont encore paralysées par l'occupation allemande. La condition de ses habitants n'est pas meilleure : accablés sous les charges que la contribution de guerre, les réquisitions en nature, la nourriture, l'éclairage et le chauffage des officiers, le logement, non moins onéreux peut-être, des soldats, l'entretien des ambulances ont accumulées sur eux, ne pouvant toucher ni fermages, ni rentes, ni revenus d'aucune sorte, atteints dans leur commerce et dans leur industrie, il est évident que leurs ressources pécuniaires sont absolument taries ou épuisées.

« Nous n'entendons pas accuser de tous ces maux les hommes qui ont dirigé l'occupation de notre ville ; nous sommes tous prêts à reconnaître que M. le général de Tann en particulier s'est plu à tempérer par la courtoisie du langage et des procédés les rigueurs d'une situation plus forte, sans doute, que sa volonté.

« C'est pourquoi, Sire, nous nous sommes résolus à placer sous les yeux de Votre Majesté un état de choses qui, par l'excès même de sa gravité, sollicite un remède décisif et prompt.

« La ville d'Orléans ne réclame pas une faveur ; elle se contente de représenter que de sacrifices en sacrifices, elle est arrivée au point où, l'extrême limite des efforts et des forces étant atteinte, l'impossible commence. Un adage de notre pays disait autrefois : *Là où il n'y a rien, le roi perd ses droits.* Qu'est-ce qui pourrait encore être demandé à une ville dont tout a été exigé? Enfermée dans un cercle sans issue, elle touche à ce moment redoutable où tout ce qu'elle pourrait faire, ce serait de subir et peut-être de partager avec ses conquérants les horreurs de la famine.

« Mais, Sire, ce n'est pas seulement la nécessité qui s'oppose à la prolongation d'une crise aussi funeste; il est une puissance plus auguste qui doit nous protéger: c'est la justice. Oui, c'est à la justice que nous confions notre cause!

« Voilà trois semaines que la ville d'Orléans est occupée; après avoir fait noblement son devoir, elle s'est soumise avec douleur, mais avec loyauté, au sort que lui infligeait la fortune : toutes les obligations qu'amène l'état de guerre, elle les a remplies; même dans ses épreuves les plus pénibles, elle a scrupuleusement respecté le droit des gens. Sur cette ville courageuse, honnête et malheureuse, le droit de la guerre a été épuisé; Votre Majesté ne tolèrera pas qu'il soit dépassé! Lorsqu'une ville est dans le feu de la résistance et de l'action, les plus fermes volontés hésitent souvent à la réduire par la famine; mais affamer une ville prise et désarmée, qui donc le voudrait? Peu importerait que cette mesure fût le développement d'une combinaison préméditée, ou bien qu'elle ne fût que la conséquence fatale d'un système d'occupation hors de proportion avec les ressources de la région occupée; elle serait également désastreuse; elle n'entraînerait pas une moins pesante responsabilité.

« Dans des temps moins policés que les nôtres, un roi que l'Europe a envié à la France, saint Louis, disait en mourant à son fils : « Si c'est pour vous une nécessité de faire la guerre, faites en sorte qu'une infinité de pauvres innocents ne pâtisse point. » Cette touchante inspiration d'une âme pieuse a pénétré comme un rayon de lumière parmi les sombres lois de la guerre; elle est devenue ce principe de la civilisation moderne, d'après lequel les conflits armés doivent se passer, non plus de peuple à peuple, mais d'État à État, et sauvegarder dans leurs personnes et dans leurs biens les citoyens inoffensifs. Votre Majesté a rendu hommage à ces maximes de droit public lorsque, amenée par nos malheurs sur notre sol, elle déclarait qu'elle faisait la guerre à une armée et non à une nation : parole d'équité que, dans l'abîme où elle est plongée, la ville d'Orléans a le droit de rappeler !

« Veuillez agréer, Sire, l'expression de notre profond respect. »

N° 25.

AVIS.

Je fais savoir aux habitants du pays que toutes les personnes qui, n'étant pas militaires, seront saisies portant les armes contre les troupes allemandes, ou commettant d'autres actes d'hostilité ou de trahison, seront *irrévocablement mises à mort*.

On ne considérera comme militaires que ceux qui porteront l'uniforme ou qui seront reconnaissables à portée de fusil par des distinctions inséparables de leurs habits.

Le général en chef,
Von WITTICH.

Nota. — Cette pièce, imprimée chez Émile Puget et Cⁱᵉ, sur les ordres du général von Wittich, n'a pas été apposée aux murs d'Orléans. Elle date du 19 octobre.

N° 26.

Orléans, le 4 novembre 1870.

Monsieur le général,

Je suis vraiment confus d'adresser à Votre Excellence tant de lettres à la fois. Je vous avouerai même que j'avais songé, pour vous en épargner la sollicitude, à les adresser à M. de Parseval. Mais en me rappelant la bienveillance que j'ai toujours trouvée près de vous, j'ai pensé qu'il valait mieux les faire parvenir à vous-même, et vous prier de vouloir bien les faire examiner par un de ces Messieurs, vos aides-de-camp.

Je sais qu'il y a dans la guerre des malheurs inévitables ; mais ce n'en est pas moins un devoir pour moi de plaider la cause des malheureux. Et en vérité, parmi ceux dont je vous ai porté les doléances, il y en a dont le malheur passe la mesure.

J'ose donc demander que celui de ces Messieurs, que vous chargerez de cette affaire, y applique toute sa plus sérieuse attention, et que vous vouliez faire des ordres en conséquence, afin que tant de maux soient adoucis et prévenus autant que possible.

J'insiste en particulier pour qu'il soit absolument défendu aux soldats de rien faire qui empêche ces paysans de labourer et ensemencer leurs terres. Or, c'est les empêcher absolument que de leur enlever, soit l'animal qui est le dernier instrument de leur travail, soit leur provision de grains.

Veuillez agréer, Excellence, l'hommage de ma haute et respectueuse considération.

No 27.

Séance du 7 novembre.

Le Conseil municipal d'Orléans,

Considérant que les approvisionnements en farine et en viande de boucherie se présentent à ce jour dans des conditions d'insuffisance telle qu'il importe de prendre les plus promptes mesures à cet égard ;

Considérant que l'alimentation de la cité constitue pour l'administration et le corps municipal le plus impérieux devoir ;

Autorise M. le Maire à faire opérer pour le compte de la ville, partout où il sera possible et aux conditions qu'il jugera convenables, les achats de blé et, s'il y a lieu, de bestiaux.

M. le Maire fera convertir les blés en farines qu'il livrera aux boulangers, avec lesquels il en sera fait compte.

En ce qui concerne les bestiaux, l'administrateur décidera des moyens qui devront être employés pour mettre en pratique toute mesure vis-à-vis des bouchers.

No 28.

Le *Moniteur* reçut de M. le préfet du Loiret et de M. le maire d'Orléans la lettre suivante, avec invitation de la reproduire :

Orléans, le 7 novembre 1870.

« Monsieur le rédacteur en chef,

« Nous apprenons de diverses sources, — en dépit de l'ignorance presque absolue où l'occupation étrangère nous tient plongés, — que quelques journaux et une certaine fraction de l'opinion publique accusent vivement la conduite de la ville d'Orléans, et lui reprochent son attitude en présence de l'invasion. Nous croyons qu'il est de notre devoir, au nom des autorités départementale et municipale que nous avons l'honneur de représenter, de protester publiquement contre de pareilles allégations, et de retracer en quelques mots les tristes faits dont, depuis bientôt un mois, nous sommes les témoins.

« On sait qu'une armée française nombreuse était chargée de défendre les abords d'Orléans et l'importante ligne stratégique de la Loire : nous n'avons pas à apprécier l'habileté militaire des généraux qui la commandaient ; mais il est de notoriété publique que, le 11 octobre dans la journée, ils faisaient passer leurs troupes sur la rive gauche du fleuve, abandonnant la ville, et ne laissant pour protéger leur retraite que quelques héroïques bataillons. C'est à ce moment que commença le bombardement qui dura, presque sans intervalle, jusqu'à la nuit. Les obus pleuvaient jusqu'au centre de la ville; mais deux faubourgs eurent particulièrement à souffrir, et on peut voir aujourd'hui encore les maisons incendiées, les ruines amoncelées. La population supporta avec autant de calme que de résignation ces affreuses extrémités de la guerre; et pas un citoyen, pas un fonctionnaire public n'essaya même une démarche pour faire cesser le feu. De toutes parts, les maisons s'ouvraient pour recueillir les blessés et les mourants, et les habitants transportaient avec émotion les soldats tout sanglants qui, écrasés par le nombre, étaient enlevés du lieu du combat. On se battit dans les rues jusqu'au soir ; et quand, la nuit, les ennemis entrèrent en vainqueurs, un grand nombre de magasins et de maisons particulières durent subir un odieux pillage, que les généraux prussiens expliquèrent en disant bien haut que la ville d'Orléans devait être regardée comme prise d'assaut. C'est également pour cette raison qu'ils imposèrent à la ville une contribution de guerre d'un million de francs. Leurs pertes devant Orléans avaient été si sérieuses que plusieurs de leurs chirurgiens déclarèrent que le nombre des morts et des blessés avait été aussi considérable qu'à Sedan.

« Depuis le 11, la ville n'a cessé d'être écrasée de réquisitions imposées par la force. Elle n'a bientôt plus de vivres, et on n'y trouve plus d'argent. Les boutiques se sont fermées ; le commerce a complètement cessé. Les particuliers comme les autorités n'ont d'autres rapports avec les envahisseurs que ceux que nécessite l'invasion elle-même. Nos rues sont presque désertes ; et les femmes en deuil n'ont d'autre consolation que de soigner les malades et les blessés.

« Telle est, Monsieur le rédacteur, la douloureuse situation de la ville d'Orléans : le sort immérité qu'elle subit serait bien fait pour émouvoir la France entière, si tous, dans ce moment, oubliant nos maux particuliers, nous pouvions penser à autre chose qu'aux infortunes de notre commune patrie. Nous ne prétendons pas célébrer ici l'héroïsme de la cité de Jeanne d'Arc ; mais nous devions à notre bonne population ce témoignage, qu'en face de toutes les rigueurs de l'invasion, elle s'est montrée digne et fière, et qu'elle a supporté sans se plaindre les humiliations, les épreuves, les privations que les vainqueurs n'épargnent à personne, pas plus aux grands qu'aux petits.

« Vous comprendrez, Monsieur le rédacteur, le sentiment qui a dicté cette lettre. Plus que jamais nous sommes tous unis à Orléans dans une même pensée, celle de supporter pour notre malheureux pays tous les sacrifices que la nécessité nous impose, celle aussi de nous associer jusqu'au bout aux misères de pauvres concitoyens que, depuis longtemps, nous sommes habitués à considérer comme des frères et des amis.

« Veuillez, Monsieur le rédacteur, agréer, avec tous nos remercîments pour l'insertion de cette lettre, la vive expression de nos plus respectueux sentiments.

« *Le préfet du Loiret,* « *Le maire d'Orléans,*
« A. Pereira.   « Crespin. »

N° 29.

Rapport officiel du général d'Aurelle de Paladines sur la bataille de Coulmiers.

Monsieur le Ministre,

J'ai l'honneur de vous adresser le rapport sur la bataille de Coulmiers, livrée dans la journée du 9 novembre.

Dès la fin du mois dernier, il avait été décidé, à la suite d'un conseil de guerre tenu à Tours, qu'on tenterait une opération combinée pour occuper Orléans, qu'on devait attaquer, du côté de l'ouest, par les troupes directement placées sous mes ordres, et, du côté de l'est, par les troupes du général des Pallières, le tout agissant sur la rive droite de la Loire.

Diverses circonstances, survenues au moment même de l'exécution du mouvement de concentration, ne permirent pas de donner immédiatement suite à ce projet.

Le 5 au soir, il fut décidé, d'après les instructions reçues du ministre de la guerre, que l'on reprendrait cette opération, et le général des Pallières, établi à Argent et à Aubigny-Ville, reçut l'ordre de partir le lendemain 6, pour se diriger par Gien et la forêt d'Orléans sur cette dernière ville, en lui laissant toute liberté de mouvement, de manière à arriver le 10 au soir ou le 11 au matin, suivant les événements.

Le reste de mes troupes, qui était établi sur la droite et en arrière de la forêt de Marchenoir, depuis Mer jusqu'à Viévy-le-Rayé, ne devait se porter en avant que le 8, afin de donner au général des Pallières le temps de faire son mouvement.

Dans la matinée du 8, l'armée vint occuper les positions suivantes : les généraux Martineau et Peitavin s'établirent entre Messas et le château du Coudray ; le général de Chanzy entre le

Coudray et Ouzouer-le-Marché ; le général Reyau, avec la cavalerie, à Prénouvellon et Séronville ; le quartier général à Poisly.

L'ordre de marche pour la journée du lendemain portait qu'une partie des troupes du général Martineau irait prendre position entre le Bardon, à droite, et le château de la Touanne, à gauche ; que le général Peitavin s'emparerait successivement de Baccon, de la Renardière et du Grand-Lus, pour donner ensuite la main à la droite du général de Chanzy, en vue d'attaquer le village de Coulmiers, où, d'après nos renseignements, l'ennemi s'était fortement retranché.

Ma réserve d'artillerie et le général Daries, avec ses bataillons de réserve, devaient soutenir ce mouvement.

Le général de Chanzy devait exécuter par Charsonville, Epieds et Gémigny, un mouvement tournant, appuyé sur la gauche par la cavalerie du général Reyau, lequel avait pour instructions de chercher à tourner, autant que possible, l'ennemi par sa droite. Les francs-tireurs de Paris, sous les ordres du lieutenant-colonel Lipowski, avaient l'ordre d'appuyer, sur la gauche, le mouvement de la cavalerie.

Le 9, dès huit heures du matin, toutes les troupes se mirent en mouvement, après avoir mangé la soupe.

La portion des troupes du général Martineau, désignée pour agir sur la droite, effectua son mouvement sans rencontrer l'ennemi.

Une moitié des forces commandées par le général Peitavin, soutenue elle-même par la réserve d'artillerie, enleva d'abord le village de Baccon et se dirigea ensuite sur le village de la Rivière et le château de la Renardière, où l'ennemi était fortement établi, dans toutes les maisons du village et dans le parc. Cette position vivement attaquée par trois bataillons, le 6e bataillon de chasseurs de marche, un bataillon du 16e de ligne et un du 33e de marche, fut enlevée, malgré tous les efforts de l'ennemi pour s'y maintenir. Dans cette attaque dirigée par le général Peitavin en personne, qui ne pouvait être soutenue que très-difficilement par l'artillerie, parce que nos tirailleurs occupaient une partie du village, les troupes déployèrent une vigueur remarquable.

La seconde moitié des troupes du général Peitavin se portait en avant tandis que la position de la Renardière était enlevée, occupait le château du Grand-Lus sans trouver de résistance, et faisait appuyer sa gauche vers le village de Coulmiers.

Sur la gauche, les troupes du général Barry marchaient par Champdry et Villorceau, qui était le centre de la ligne ennemie et qui était très-fortement occupé. Arrêtées dans leur marche par l'artillerie prussienne, elles ne purent arriver que vers deux heures et demie à Coulmiers, devant lequel se trouvaient déjà les tirailleurs du général Peitavin.

Ces tirailleurs, auxquels se joignent les tirailleurs du général Barry, se jetèrent au pas de course, aux cris de : « Vive la France ! » dans les jardins et le bois qui sont au sud de Coulmiers, y pénétrèrent, malgré la résistance furieuse de l'ennemi, mais ne purent se rendre maîtres du village. L'ennemi qui s'y était retranché, et qui avait accumulé sur ce point une grande partie de ses forces et de son artillerie, faisait les plus grands efforts pour s'y maintenir afin de protéger la retraite des troupes de sa gauche, qui se trouvaient d'autant plus compromises que notre mouvement en avant s'accentuait davantage. Pour faire cesser cette résistance, le général en chef appela le général Daries et la réserve d'artillerie. Cette dernière s'établit en batterie à hauteur du Grand-Lus, et, après un feu des plus violents de plus d'une demi-heure, finit par réduire au silence les batteries de l'ennemi. En ce moment les tirailleurs, soutenus par quelques bataillons du général Barry, conduits par le général en personne, reprirent leur marche en avant, et pénétrèrent dans le village, d'où ils chassèrent l'ennemi vers quatre heures du soir.

Dans cette attaque, les troupes du général Barry, 7e bataillon de chasseurs de marche, 31e régiment d'infanterie de marche et le 22e régiment de mobiles (Dordogne), montrèrent beaucoup de vigueur et d'entrain.

A gauche du général Barry, une partie des troupes du contre-amiral Jaurréguiberry, éclairées sur leur gauche par les francs-tireurs du commandant Liénard, traversèrent Charsonville et Epieds et arrivèrent devant Cheminiers, où elles furent assaillies par une grêle d'obus. Elles déployèrent leurs tirailleurs, mirent leurs batteries en position et continuèrent leur marche en ouvrant un feu de mousqueterie. La lutte que soutinrent ces troupes fut d'autant plus sérieuse qu'elles furent longtemps exposées, non seulement aux feux partant de Saint-Sigismond et de Gémigny qui étaient devant elles, mais encore à ceux de Coulmiers et de Rosières, qui n'attiraient pas encore l'attention du général Barry. Il était à peu près deux heures et demie. A ce moment, le général Reyau fit prévenir le général de Chanzy que sa cavalerie avait éprouvé une résistance sérieuse, que son artillerie avait fait de grandes pertes en hommes et en chevaux, qu'elle n'avait plus de munitions et qu'il était dans l'obligation de se retirer. Pour éviter un mouvement tournant que l'ennemi aurait pu tenter par suite de cette retraite, le général de Chanzy qui, dans cette journée, a montré du coup d'œil et de la résolution, porta sa réserve en avant dans la direction de Saint-Sigismond, en la faisant soutenir par le reste de son artillerie de réserve.

Le contre-amiral Jaurréguiberry était parvenu à faire occuper le village de Champs par un bataillon du 37e ; mais, à peine arrivé, attaqué par de l'artillerie et des colonnes d'infanterie qui entraient en ligne, ce bataillon dut abandonner le village. L'énergique volonté de l'amiral parvint cependant à nous maintenir dans nos positions jusqu'à quatre heures et demie, où l'arrivée d'une batterie de 12 réussit à maîtriser l'artillerie ennemie.

Pendant ce laps de temps, le 37e de marche et le 33e de mobiles ont été grandement éprouvés.

A cinq heures, toutes les troupes de l'amiral Jaurréguiberry se portèrent à la fois en avant et s'emparèrent, au pas de charge, des villages de Champs et d'Ormeteau.

Après la prise de ces villages, dont le dernier avait été soigneusement crénelé et admirablement disposé pour la défense, l'ennemi, en pleine retraite, fut poursuivi, tant qu'il fit clair, par le feu de notre artillerie.

En résumé, dans la journée du 9, nous avons enlevé toutes les positions de l'ennemi, qui, d'après l'aveu d'officiers bavarois faits prisonniers, doit avoir subi des pertes considérables. Nous avons eu à lutter contre le premier corps d'armée bavarois assisté de cavalerie et d'artillerie prussiennes.

Cette journée eut pour résultat d'obliger l'ennemi à évacuer non seulement toutes les positions retranchées qu'il occupait derrière la Mauve et dans les environs d'Orléans, mais encore d'abandonner en toute hâte cette ville, pour battre en retraite sur Artenay par Saint-Péravy et Patay, en laissant entre nos mains plus de 2,000 prisonniers, sans compter tous les blessés.

La pluie et la neige qui étaient tombées toute la nuit et dans la journée du lendemain, et qui avaient détrempé les terres, rendirent impossible une poursuite qui eût pu nous donner de plus grands résultats. Malgré ces difficultés, une reconnaissance poussée jusqu'à Saint-Péravy s'empara de deux pièces d'artillerie, d'un convoi de munitions et d'une centaine de prisonniers, dont cinq officiers.

Le général des Pallières, dont la marche sur Orléans avait été calculée sur une plus longue résistance de l'ennemi, marcha pendant quatorze heures, dans la journée du 9, dans la direction du canon, et, malgré tous ses efforts, ses têtes de colonnes ne purent arriver qu'à la nuit à Chevilly.

Nos troupes d'infanterie de ligne et nos mobiles, qui voyaient le feu pour la première fois, ont été admirables d'entrain et de solidité.

L'artillerie mérite de grands éloges, car, malgré des pertes sensibles, elle a dirigé son feu et manœuvré, sous une grêle de projectiles, avec une précision et une intrépidité remarquables.

Nos pertes, dans cette journée, ont été d'environ 1,500 hommes tués ou blessés.

Le colonel de Foulonge, du 31ᵉ de marche, a été tué.

Le général de division Ressayre, commandant la cavalerie du 16ᵉ corps, a été blessé par un éclat d'obus.

Je ne saurais trop vous dire, Monsieur le Ministre, combien j'ai eu à me louer de la vigueur que l'armée tout entière a montrée dans cette journée. Il serait trop long de citer tous les actes de courage et de dévoûment qui me sont signalés. J'ai l'honneur de recommander à toute votre sollicitude les demandes de récompenses que je vous adresse, et qui sont toutes justifiées par des faits d'armes accomplis dans cette circonstance.

Le général en chef de l'armée de la Loire,
D'AURELLE.

N° 30.

Bataille de Coulmiers.

D'après la CHRONIQUE ILLUSTRÉE de Leipsick.

Le général von der Tann ne disposait que des deux divisions bavaroises dont il avait envoyé une en Sologne. Quant à la cavalerie, il n'avait sous ses ordres que la 2ᵉ division, qui lui rendit de grands services en lui faisant voir que les Français menaçaient son aile droite. Il se résolut à quitter Orléans le soir du 8 novembre, en laissant un seul régiment pour défendre les blessés.

Il prit position sur la route de Châteaudun, entre Saint-Péravy et Ormes; les avant-postes s'étendirent à l'ouest jusqu'à Coulmiers et Huisseau. Sur cette ligne de bataille, surtout près de Coulmiers, s'engagea le 9 novembre un vif combat. Le chef français se servit surtout de la supériorité de ses canons, sous la protection desquels son infanterie put tenir sans danger.

Deux divisions combattant contre plus de deux corps, c'était une résistance trop inégale. Le général de Tann, à la tombée de la nuit, se retira sur la route d'Artenay et se réunit dans la nuit du 10 au 11 octobre à Toury, avec la 22e division qu'il avait rapidement rappelée.

C'était le premier succès français dans cette guerre, et la jubilation triomphale de Gambetta fut immense. Il se vanta en public de sa part de responsabilité dans cet événement, et en profita pour ranimer le courage et l'enthousiasme du peuple et des troupes; et, d'ailleurs, on peut le voir par ses proclamations fanfaronnes. Il aurait mieux fait de ne pas surexciter les espérances, car, dans de telles dispositions, un revers ne tarderait pas à venir, s'il ne remportait pas victoires sur victoires.

A Versailles, les nouvelles des événements qui se passaient sur la Loire firent une pénible impression.

N° 31.

Protestation du général Reyau.

On lit dans le *Mémorial des Pyrénées* :

« Monsieur,

« J'ai l'honneur de vous transmettre la protestation ci-jointe que j'adresse à la *Gironde,* en vous priant de vouloir bien l'insérer dans votre plus prochain numéro.

« Recevez, etc.

« Général REYAU. »

Pau, le 23 novembre 1870.

« Monsieur le rédacteur en chef,

« On me communique, à la campagne où je viens d'arriver, un

numéro de votre journal dans lequel je lis, avec indignation, les lignes suivantes :

« Le général Reyau, dont une fausse manœuvre à la bataille « de Baccon a fait manquer la capture de quatre à cinq mille « Prussiens, a été révoqué sur le champ de bataille même. »

« Je crois devoir, Monsieur, protester énergiquement contre une assertion aussi calomnieuse que mensongère, et donner à son auteur le plus formel démenti.

« Il me serait facile d'établir, par des documents officiels, la vérité sur la part que j'ai prise à la bataille d'Orléans, en combattant toute la journée du 9 à la tête de mes divisions.

« Mais afin de ne pas entrer dans de trop longs développements, je me bornerai à dire que je suis revenu le 9 au soir à Séronville, d'où je suis parti le 10, à la tête de mes troupes, pour me rendre à Tournoisis, et de là à Coulmelle, où j'ai séjourné, avec ma cavalerie et l'artillerie, les journées du 11, 12, 13 et 14.

« A cette dernière date, j'ai reçu de M. le général en chef la lettre suivante :

Villeneuve-d'Ingré, 14 novembre.

« Mon cher général,

« J'ai le regret de vous confirmer ce que je vous ai annoncé « de vive voix : c'est que, comme tous les officiers généraux rap-« pelés du cadre de réserve à l'activité, vous allez rentrer dans « la position que vous aviez avant la guerre, et que vous allez « être remplacé dans votre commandement.

« Une lettre que je reçois du ministre de la guerre m'an-« nonce que M. le général de Longuerue vient d'être désigné « pour prendre le commandement de la division de cavalerie « sous vos ordres.

« Cet officier général m'annonce qu'il va arriver prochaine-« ment ; je vous prie de lui remettre le commandement de la « division dès qu'il sera arrivé.

« Recevez, mon cher général, l'assurance de mes sentiments
« les plus affectueux.

> « *Le général commandant en chef des*
> « *15e et 16e corps d'armée,*
>
> « D'Aurelle. »

« Avant de quitter mon commandement, j'ai adressé à mes troupes l'ordre du jour ci-après :

15e corps d'armée. — Division de cavalerie.

ORDRE.

« D'après un décret du Gouvernement de la défense nationale,
« les officiers généraux, rappelés momentanément du cadre de
« réserve à l'activité, rentrent dans la position qu'ils avaient
« avant la guerre.

« Par suite de cette disposition, le général de division de Lon-
« guerue a été désigné pour me remplacer.

« Cet officier général étant arrivé à Coulmelle, prendra immé-
« diatement le commandement de la division de cavalerie du
« 15e corps.

« Ce n'est pas sans regret que je m'éloigne de cette belle divi-
« sion qui, depuis trois mois, n'a cessé de me donner toute es-
« pèce de satisfaction, principalement au combat de Toury,
« d'Artenay, et dernièrement à la bataille de Saint-Sigismond.
« Le calme, l'aplomb, la bravoure qu'ont montrés dans ces com-
« bats les officiers, sous-officiers et cavaliers, sont un sûr garant
« de leurs futurs succès, que je suivrai de loin et auxquels je
« m'associerai toujours.

« *Coulmelle, le 16 novembre 1870.*

> « *Le général commandant de la division de*
> « *cavalerie du 15e corps,*
>
> « Reyau. »

« Ces documents suffiront, je n'en doute pas, pour réduire à néant les odieuses imputations dont on se sert, afin de porter atteinte à mon honneur.

« Je compte, Monsieur le rédacteur en chef, sur votre loyauté pour vouloir insérer cette protestation dans votre plus prochain numéro.

« *Pau, le 23 novembre 1870.*

« G. REYAU. »

N° 32.

La victoire de Coulmiers d'après la Gazette de Cologne.

Versailles, le 14 novembre.

Pour compléter mes précédents récits, je vous adresse divers renseignements sur le combat livré par von der Tann à l'armée de la Loire. Von der Tann quitta Orléans le 8 au soir, avec trois brigades fortes d'environ 17 à 18,000 hommes; quelques colonnes d'approvisionnement et de munitions restaient dans la ville, sous la protection de deux bataillons d'infanterie. Ils avaient l'ordre de sortir le lendemain à midi. L'ordre fut ponctuellement exécuté. Il advint pourtant que, par malheur, quelques-uns des traînards, chose inévitable en pareil cas, qui étaient arrivés trop tard au lieu de réunion ou s'étaient égarés, furent massacrés par la populace d'Orléans. Pour ce méfait, la ville doit naturellement s'attendre aux plus dures représailles.

Cependant, von der Tann, avec sa petite bande, s'avançait résolument à la rencontre de l'armée française. Il la trouva à Coulmiers; elle était commandée par un jeune officier, le général Paladines. Elle se composait de neuf brigades d'infanterie de ligne, d'un grand nombre de mobiles, de sept régiments de cavalerie, avec cent vingt pièces de campagne, en tout 70 à 80,000 hommes.

On reconnut bientôt que ces troupes étaient conduites avec plus d'habileté et de circonspection qu'aucun corps français ne l'avait été dans cette guerre.

Le général Paladines s'était approprié notre tactique : il répandit des éclaireurs sur les flancs et disposa sur ses côtés des colonnes destinées à le protéger de toute attaque. L'aile gauche des Bavarois, sous le général Orff, l'un des officiers les plus distingués de l'armée bavaroise, mit la gauche des Français dans le plus grand désordre et la rejeta sur leur centre. La cavalerie française avait été placée sur cette aile gauche ; au premier choc de la cavalerie bavaroise, elle fit demi-tour à gauche et se retira, dans une fuite désordonnée, en arrière des positions du centre des Français. Sur l'autre côté, cela n'alla pas si bien.

Les Bavarois, malgré l'énorme infériorité de leur nombre, soutinrent sept fois dans leurs positions les attaques des Français et les repoussèrent. La bataille dura de la sorte de sept heures du matin jusqu'à une heure du soir. Alors von der Tann fit tout simplement faire une conversion à ses régiments et opéra ainsi sa retraite sur Toury, sans être le moins du monde inquiété par l'ennemi.

N° 33.

Bataille de Coulmiers.

Toury, 13 novembre.

Le devoir du premier corps d'armée bavarois, qui consistait à tenir solidement Orléans après son occupation, à attaquer l'ennemi pour interrompre sa marche sur Paris et ses tentatives de délivrance sur cette ville, ou au moins pour l'empêcher d'inquiéter les derrières de l'armée de siége, ce devoir a été rempli de la manière la plus brillante, la plus belle pour la gloire des armées bavaroises. Le temps qui s'écoulait depuis le combat d'Orléans était utilisé par l'ennemi pour l'accroissement de ses forces et surtout pour la formation d'une artillerie considérable (car c'est du manque d'artillerie qu'il souffrait toujours).

L'exploitation sans danger de sa fabrique de canons de Bourges, qui était à sa portée, lui donnait tous les moyens de réparer cette pénurie. Aussi l'armée de la Loire n'était pas encore constituée assez fortement, l'état moral de ses divisions isolées n'était pas encore assez relevé, que numériquement elle était plus que suffisante pour entreprendre une surprise contre le corps d'armée bavarois, plus faible, qui se trouvait à Orléans. Déjà, dans les jours précédents, plusieurs divisions ennemies inquiétaient nos avant-postes; les Bavarois se portèrent le 9 à leur rencontre, et le choc général eut lieu à Coulmiers.

Les Français paraissent avoir été mieux commandés cette fois-là; ils avaient pris une position favorable sur une chaîne de collines, d'où l'on dominait nos positions et d'où l'on pouvait tirer dessus en toute sûreté. Le centre et l'aile gauche gravissaient ces collines, tandis que leur aile droite s'adossait à une ferme et à des localités situées devant Coulmiers. Cette position entourait les forces concentrées des Bavarois et favorisait le développement et l'action de leur artillerie dont le calibre était supérieur à celui de l'artillerie bavaroise; ce furent surtout des pièces de douze et de huit qui furent mises en action. Pour entourer et occuper en troupes serrées cette position, les Français devaient être au nombre d'au moins 30 ou 35,000 hommes, tandis que les Bavarois, en comprenant la division de cavalerie (Stolberg) et les détachements requis, s'élevaient au plus à 16 ou 18,000 hommes. L'aile droite des Bavarois (la brigade Orff) gagna d'abord un terrain considérable, tandis que la gauche était quelque peu repoussée. Le nombre des canons engagés de chaque côté était très-considérable, et le combat d'artillerie fut longtemps balancé, tandis que l'infanterie attaquait sur tous les points avec sa bravoure merveilleuse, jusqu'à ce que la nuit tombante vint mettre fin au combat.

A un moment, on vit que la cavalerie française voulait rompre l'aile droite bavaroise, et en un clin d'œil les régiments de cavalerie prussienne s'avancèrent pour se mesurer avec elle. Il est fâcheux que la cavalerie française leur ait refusé, par sa fuite, l'occasion de combattre qu'ils désiraient si ardemment. Les deux armées passèrent la nuit sur le champ de bataille, à une lieue l'une de l'autre. Le lendemain matin, les Bavarois battirent en retraite pour aller au-devant des troupes prussiennes qui se trouvaient déjà là. L'ennemi ébranlé ne troubla pas la retraite des Bavarois, qui s'opéra en bon ordre, et comme s'ils s'attendaient à un combat. Malheureusement l'armée bavaroise a à déplorer la perte de deux canons, d'autant plus qu'ils n'ont pas été pris dans le milieu du combat, mais le lendemain, à dix heures du matin. Ils avaient été joints à une colonne de munitions qui s'était égarée dans la retraite.

(*Gazette du Soir* d'Augsbourg, n° 326.)

N° 34.

Nouvelles militaires officielles.

Quartier général de Versailles, le 13 novembre 1870.

Au général lieutenant en chef d'état-major suppléant,
M. von Hanenfeldt.

J'adresse à Votre Excellence ce rapport sur le combat livré par le 1ᵉʳ corps bavarois auprès de Coulmiers.

Le général von der Tann avait appris, dès les premiers jours de novembre, que l'ennemi avait occupé fortement avec des gardes mobiles et des francs-tireurs la contrée de Mer à Moret et la forêt de Marchenoir, et qu'une brigade d'avant-garde s'était avancée sur les deux bords de la Loire jusqu'à Mer. Les reconnaissances poussées par la 2e division de cavalerie pour les poursuivre et les rapports des espions s'accordent à dire que l'armée de la Loire ennemie était prête à dépasser Coulmiers. Aussi le général von der Tann partit le 8 au soir dans la direction ouest, laissant à Orléans un régiment d'infanterie, et concentra son corps dans les positions entre Coulmiers et Huisseau.

Les divisions de cavalerie, poussées en avant de ces positions, heurtèrent l'ennemi le 9 novembre, à sept heures du matin, au-delà de Coulmiers : il venait, selon les rapports de prisonniers, de Vendôme et de Moret. C'étaient les têtes de l'armée de la Loire, sous le général Polhès, qui comptait, selon des journaux lus auparavant, 60,000 hommes au Mans, et qui furent tous mis en mouvement.

L'ennemi attaqua les positions du corps bavarois avec six bataillons d'infanterie de six compagnies, suivis de colonnes fortes et nombreuses, dans la matinée ; sept régiments de cavalerie française protégeaient les ailes de l'attaque, et cent vingt canons français furent mis les uns après les autres en activité contre la position bavaroise. Cependant, grâce à l'excellente tenue des bataillons bavarois, on mit un terme à la marche des troupes françaises, malgré leur supériorité numérique considérable. Quatre attaques, que l'ennemi tenta contre notre aile droite, furent repoussées l'une après l'autre avec une grande valeur et avec des pertes considérables pour l'infanterie française, au point que le général von der Tann réussit à se maintenir jusqu'au soir dans ses positions. A la tombée de la nuit, lorsque les colonnes ennemies qui avaient attaqué se furent repliées, le général von der Tann résolut de se rapprocher des renforts qu'on lui envoyait de Chartres et de Versailles. La retraite sur Saint-Péravy s'effectua avec une tenue excellente et avec fierté, parce que les soldats avaient conscience que, malgré leur infériorité numérique, ils avaient rompu réellement l'attaque de l'ennemi, et que ce n'était qu'une libre résolution de leur général qui les obligeait à ce mouvement rétrograde.

L'ennemi ne poursuivit pas le 1er corps bavarois, mais il occupa le soir Orléans, où l'on dut malheureusement laisser à peu près mille malades non transportables dans les ambulances. Le 10, on poussa cette marche jusqu'à Toury, où le 1er corps d'armée bavarois se réunit aux troupes prussiennes envoyées pour le renforcer. Le commandement en chef de cette armée nouvellement formée fut pris par S. A. R. le grand duc de Meklembourg-Schwerin.

Les pertes du 1er corps bavarois, le 9 novembre, se montent à quarante-deux officiers et six cent cinquante hommes tués et blessés. Une colonne de munitions qui s'était égarée tomba, le 10, entre les mains de l'ennemi, avec l'employé et quatre-vingts hommes.

Un rapport français, saisi par nous, porte les pertes de l'ennemi en morts et blessés à deux mille hommes. Il est certain que l'ennemi n'a pu avancer au centre et a essuyé un véritable échec sur l'aile gauche. On se plaint ensuite du peu de nourriture et de soins accordés aux blessés. Si le rapport français parle de mille prisonniers, il ne peut en compter autant qu'avec les malades laissés dans les ambulances d'Orléans.

KARNATZ,
Capitaine d'état-major général.

(Extrait du *Militair-Wochenblatt,* n° 159. — 19 novembre 1870.)

N° 35.

13 *octobre.* — 200 paires de chaussons de laine; — 100 ceintures de laine; — 50 paires chaussettes de laine.

14 *octobre.* — 6 harnais complets; — 100 kilos de fer; — 1,000 clous pour ferrer les chevaux; — 10 kilos de cire à cacheter (grosse); — 715 couvertures.

15 *octobre*. — 500 peaux de veau; — 1,529 couvertures; — 3,200 mètres de flanelle; — 3,600 kilos de fer à maréchallerie; — 40,000 clous à ferrer

16 *octobre*. — 100 peaux de mouton; — 50 mètres licous en grosse tresse.

17 *octobre*. — 1,050 pioches; — 1,000 haches; — 500 pelles de bois; — 2,000 bêches; — 3,070 mètres de cordeau; — 1,000 pattes; — 300 scies; — 500 bâtons d'un mètre; — 200 paires des pantalons (*sic*); — 100 paires des bottes, id.; — 150 pièces des chemises, id.; — 60,000 des clous en bottes, id.; — 600 paires des fers pour ferrer les bottes, id.; — 5,000 pièces des clous (plus long), id.; — 40 meter de la corde jaune, id.; — 20 meter du drap rouge, id.; — 60 meter du linge pour fourrer, id.

18 *octobre*. — 160 tables de nuit pour l'ambulance allemande de la gare; — 12 tables à écrire ou pour usages divers; — 6 chaises percées.

19 *octobre*. — 1 petite bouteille garnie de paille pour ambulance; — 40 pantalons; — 40 gilets.

20 *octobre*. — 2 selles anglaises.

21 *octobre*. — 10, dix, chaises de commodité (*sic*); — 10 chaises percées; — 1 kilo pétrole; — 4 blouses ordinaires; — 3 pantalons bleus; — 8 paires de bas de laine; — 8 chemises, dont une fine; — 5 kilos chandelles; — 2 boîtes de plumes demandées par le baron Unterrichter.

22 *octobre*. — Ambulance n° X, rue du Colombier. — Il faut *tout de suite* arranger des latrines dans la cour de l'hôpital. — Pour les chambres de malades, 24 selles. — 100 paires de souliers de feutre.

TÉLÉGRAPHE BAVAROIS. — *Réquisition*.

10 (dix) livres de poudre blanche (mercure. $Hg_2O.SO_3$) pour

remplir les bils électriques. — Ils sont à faire préparer par le pharmacien.

Orléans, le 22 octobre 1870.

F. chev. DE RENAULD, lieut.,
Commandant du télégraphe.

TÉLÉGRAPHE BAVAROIS. — *Réquisition.*

72 (soixante-douze) chemises de flanelle dont a besoin le télégraphe bavarois.

Orléans, le 22 octobre 1870.

F. chev. DE RENAULD, lieut.,
Commandant du télégraphe.

22 *octobre.* — 5 grandes couvertures pour chevaux; — 5 sangles pour les attacher; — 3 bridons.

23 *octobre.* — 4 paires de bottes d'égouttier; — 1 scie de charpentier; — 143 couvertures; — 212 id.; — 65 id.; — 87 id.; — 1 scie à bûche; — cuir pour 2 paires de bottes.

24 *octobre.* — 100 kilos de poix; — 200 kilos de goudron; — 80 torchons; — 50 kilos cire commune à cacheter; — 6 boîtes de sardines; — peau pour 2 paires bottes; — raccommodage d'une calèche; — 60 mètres de sangle; — 1,000 clous à souliers; — 12 kilos 500 grammes de bougies; — 7 kilos 500 gr. de cirage; — 5 kilos de ficelle; — 1/2 peau de vache (cuir noir); — 100 pièces de peaux de brebis; — 50 mètres de drap bleu foncé; — 15 boîtes de vieux oing pour roues et voitures; — 1 kilo de ligneau.

25 *octobre.* — 2 barres de fer, pour une batterie d'artillerie; — torchons pour la caserne; — rubans pour le 1er régiment cuirassiers; — 10 kilos bougies, id.; — 33 paires chaussettes de laine, id.; — 2 kilos de ficelle, id.; — 50 kilos de riz, id.; — 1 peau de bœuf pour la sellerie, id.; — 600 feuilles de papier

blanc in-folio pour la commandature; — 150 enveloppes grandes, id.; — 1/2 kilo de cire d'Espagne en bâtons, id.; — 8 kilos de bougies, id.; — 10 paquets (à 1,000) d'allumettes, id.; — 12 douzaines de plumes métalliques, id.; — 250 feuilles de papiers blanc in-folio, pour la 2e brigade d'infanterie; — 250 enveloppes grandes, id.; — 16 chemises de flanelle, pour le régiment de cuirassiers campé à Saint-Sigismond; — 47 caleçons, id.; — 12 paires de bottes ou souliers, id.; — 6 semelles à souliers, id.; — 50 mètres drap bleu, id.; — 6 étrilles, id.; — 6 brosses à cheval, id.; — 4 mètres drap rouge, id.; — 4 mètres drap noir, id.; — 15 visières de casquettes, id.; — 15 gourmettes avec boutons, id ; — 50 boutons blancs, id.; — 3 éponges pour se laver, id.; — 1 portefeuille, id.; — 1 boîte de pains à cacheter, id.; — 2 douzaines de crayons, id.; — 400 boutons blancs en os, id.; — 350 lacets blancs, id.; — 200 pelotes de gros fil blanc, id.; — 100 pelotes de gros fil noir, id.; — 6 mètres de toile blanche, id.; — 6 dés à coudre, id.; — 100 aiguilles, id.; — 1 ciseau pour tailler, id.; — 4 pelotes de fil rouge, id.; — 6 écheveaux de soie, id.; — 10 mètres de toile noircie, id.

26 *octobre*. — 3 lanternes; — 10 paquets d'allumettes; — 1 brosse pour panser les chevaux; — 210 chemises de flanelle; — aiguilles pour sellier, pour le 3e chevau-légers; — 1 alène droite, id.; — corselets, id.; — 1 pince à trouer, id.; — 2 peaux de vaches noires, id.; — 20 boucles noires, id.; — 10 kilos de sucre, pour le 2e régiment d'infanterie; — 2 douzaines de crayons, id.; — 2 livres de cire à cacheter, id.; — 1 boîte de plumes, id.; — 6 boîtes d'allumettes, id.

27 *octobre*. — 20 (vingt) kilo de bougis (*sic*), pour le bureau du premier corps d'armée bavaroise; — 10 (dix) kilo de ficelle, id.; — 20 livres du papier (gros pour emballer), id.; — 100 pièces de papier lithographié, id.; — 20 livres du papier (avec le titre indiqué), id.; — 1,000 (mille) enveloppes; — 15 kilogs de cuir pour pantalons de cavaliers.

28 *octobre*. — 15 mètres de toile pour dessus de voiture; —

litres de vernis; — 8 kilos de corde (6 millim. de diamètre); — 300 chemises de laine, pour le 3e régiment d'artillerie; — 300 paires de gants de laine, id.; — 300 paires de bas de laine, id.

29 octobre. — 1 paire de tiges de bottes hautes; — cuir nécessaire pour faire une paire de bottes; — 140 paires de gants; — 25 mètres de toile à sacs; — un étui pour le drapeau, 180/22 de diamètre, pour le 3e bataillon d'un régiment d'infanterie, campé à Ormes.

— Sur une liste très-longue d'objets requis pour les cuirassiers campés à Saint-Sigismond, je relève :

4 tranchets; — 1 pince de cordonnier; — 1 tricoire; — 1 marteau; — 150 alènes; — 100 alènes; — 50 alènes; — 400 aiguilles; — 150 kilos de charbon de terre; — 5,000 allumettes; — 4 grands portefeuilles; — 184 cache-nez; — 184 paires de gants; — 20 paires de gants d'hiver pour officiers; — 4 canifs; — 3 cahiers de notes; — peau pour 12 douzaines de culottes; — peau pour 4 pantalons.

30 octobre. — 4 encriers; — 1 bouteille d'encre; — 2 porte-plumes; — 3 cadenas; — 50 kilos blanc d'Espagne; — 1/2 livre poil de porc pour cordonniers; — 10 livres de petits clous; — 1/2 peau blanche pour selles.

Commandatur der stadt Orléans.

Orléans, le 30 octobre 1870.

La commune d'Orléans est requise de fournir, *le plus vite possible, 80* (quatre-vingt) *sacs vides,* pouvant contenir chacun *175 kilos d'avoine.* Ils doivent être livrés au porteur de la présente.

Pour le commandant,
Baron de THIELMANN.

31 octobre. — 600 feuilles papier blanc; — 600 feuilles, id.;

— 200 enveloppes; — 1 peau de cuir noirci pour brides; — 1 peau pour faire des semelles; — 1 peau de mouton blanche; — 2 livres de cire à cacheter; — 4 morceaux de cuir de veau pour garniture de pantalons; — 100 kilos de fer pour chevaux; — 200 clous; — 1 livre de térébenthine; — 50 kilos de sucre; — 4,000 clous pour fers de chevaux; — 10 paquets de bougies; — 25 boucles; — 6 anneaux.

1er *novembre*. — 15 kilos de crin: — 1 emporte-pièce de sellier; — 20 alènes [entre nombreux objets requis].

2 *novembre*. — 100 mètres de fil blanc, pour le 13e régiment d'infanterie; — 100 mètres de fil de soie blanche, id.; — 100 mètres de fil de soie bleue, id.

3 *novembre*. — 75 kilos d'acier.

4 *novembre*. — Sur une longue liste d'objets requis pour le régiment de cuirassiers, campé à Saint-Sigismond, je relève :

10 mètres de doublure grise; — 10 mètres de doublure noire; — 2 mètres de drap noir; — 10 mètres de flanelle noire; — 5 écheveaux de soie noire; — 10 kilos de chandelles; — — 5 kilos de bougies; — 5 kilos de savon; — 200 boîtes de cirage; — 50 litres de vin; — 1 portefeuille.

5 *novembre*. — 90 chemises de laine; — 75 kilos d'acier; — 55 caleçons; — 76 gants; — 150 chaussettes.

6 *novembre*. — 130 gants; — 32 paires de gants fourrés; — 32 chemises de toile.

7 *novembre*. — 150 cravates de laine; — 150 manchettes de laine.

8 *novembre*. — 30 mètres de drap bleu; — 21 mètres de drap noir; — 100 paires de chaussettes; — 100 paires de pantoufles.

N° 36.

VILLE D'ORLÉANS.

Blessés et prisonniers allemands.

Avis. — Le maire de la ville d'Orléans fait appel aux sentiments généreux de la population : il est certain que les blessés et prisonniers allemands seront traités par ses concitoyens d'une manière conforme aux lois de l'humanité.

Orléans, le 10 novembre 1870.

Le maire,
CRESPIN.

N° 37.

VILLE D'ORLÉANS.

AVIS.

Le maire de la ville d'Orléans avertit ses concitoyens détenteurs d'armes et de munitions provenant du désarmement des soldats allemands qu'ils doivent en faire immédiatement le dépôt à l'Hôtel-de-Ville. Ces armes appartiennent à l'État, et leurs détenteurs seraient poursuivis conformément à la loi.

Orléans, le 10 novembre 1870.

Le maire,
CRESPIN.

N° 38.

VILLE D'ORLÉANS.

AVIS.

Par ordre du général commandant supérieur à Orléans, les habitants de la commune qui ont chez eux des Allemands, blessés ou non blessés, sont tenus d'en faire, sans exception, la déclaration *immédiate* à la Mairie.

Faute de cette déclaration *dans les 24 heures*, ceux des habitants chez lesquels on trouvera des individus, quel que soit leur emploi et leur position, appartenant à l'armée allemande, seront poursuivis comme aidant ceux-ci à se soustraire aux recherches de l'autorité.

Orléans, le 12 novembre 1870.   *Le maire,*
                                              CRESPIN.

N° 39.

LE MAIRE D'ORLÉANS AU COMMANDANT DE LA PLACE.

Orléans, le......... 1870.

Le Maire d'Orléans prie le commandant de la place d'accorder un laisser-passer à M.... pour se rendre à..... pour..... avec.....

PASSIRSCHEIN.

Vorzeiger dieses darf nach passiren..... dieser schein ist jedoch ungültig, wenn er nicht den stempel der Commandantur tragt.

Orleans, den............1870.
                                KÖNIGLICH PREUSSISCHE,
                                          Commandantur.

TABLE ANALYTIQUE.

Affiches de l'ennemi, p. 85.
Albert de Prusse (Prince) : Sa lettre au commandant du 3ᵉ corps, p. 10.
Alertes des Bavarois pendant l'occupation, p. 262 et 312.
Appétit et intempérance de l'ennemi, p. 260 et 261.
Aurore boréale à Orléans : Impressions de l'ennemi, p. 211.

Bateaux détruits sur la Loire par l'ennemi, p. 222.
Baule : Excès que l'ennemi y commet, p. 99.
Bavarois et Prussiens se jugeant les uns les autres, p. 153.
Bazaine, p. 76, 261, 294 et 325.
Billets et lettres de l'ennemi chez ses hôtes, p. 117 et suiv.
Bombardement d'Orléans, p. 22 et suiv.
Bricy dépeuplé de ses habitants mâles par l'ennemi, p. 252 et suiv.

Campagne et paysans pendant la guerre, p. 139.
Châteaudun : Sa résistance ; sa prise et ses incendies, p. 131 et suiv.
    — Ses prisonniers à Orléans, p. 122.
Combat du moulin de Lorges, p. 271 et suiv.
Combat d'Orléans : Premiers détails, p. 26, 41 et 42.
    —   — Épisode du couvent de la Visitation, p. 78 et suiv.
    —   — État du champ de bataille, 106 et suiv.
    —   — Récit de la journée du 11 octobre, p. 152 et suiv.
    —   — Nos soldats après le combat, p. 216 et suiv.
Comptes et dépenses de la ville, réquisitions, p. 350 et suiv.
Convention (La) de Genève et les Prussiens : Affaire des blessés ; l'ennemi à l'Hôtel-Dieu ; nos médecins ; traitements injustes de l'ennemi, p. 74, 112, 124, 127, 204, 205 et suiv.
Conversation avec un officier bavarois, p. 63 et suiv.

Coulmiers : Visite le lendemain de la bataille, p. 338 et suiv.
— Récit de la bataille, p. 338 et suiv.

Discipline de l'ennemi, p. 137.
Disette à Orléans, p. 264 et suiv., 286 et 287.
Dry : Ses embuscades, p. 270.
Dupanloup (Mgr), p. 60, 61, 87, 112 et suiv., 115, 124, 149, 239, 241 et suiv., 269 et 311.

Effets moraux de l'invasion, p. 45.
Emprunt (L') à Orléans, p. 43, 58, 59, 60, 100, 101, 123 et 141.
Enterrement bavarois, p. 75.
État d'une ville isolée par l'ennemi, p. 97.
Espions à Orléans, trahisons, p. 104 et 140.
Excès et méfaits divers de l'ennemi, p. 298.

Gentilshommes de race française dans l'armée allemande, p. 77 et suiv.

Incendie de Lailly par les Bavarois, p. 144 et suiv.
— de Vienne-en-Val par les Bavarois, p. 289.
Ingré : Meurtre qu'y commet l'ennemi, p. 297.

Justice et police pendant l'occupation, p. 104, 349 et 350.

Lanternes (Affaires des), p. 233 et suiv. et 245.

Manifestation patriotique aux enterrements de soldats français, p. 92 et suiv.
Mensonges des Bavarois, p. 257 et 264.
Méthode des Prussiens dans l'oppression des vaincus, p. 279 et suiv.
Mouvements et opérations des troupes ennemies pendant l'occupation, p. 77, 89, 102, 103, 110, 111, 141, 214, 215, 223, 227, 288 et 296.

Nouvelles de la capitulation de Metz, p. 234.
— fausses, p. 142, 212, 213 et 278.
— militaires, p. 105.
— de Paris, p. 98.
Nouvellistes pendant l'occupation, p. 292.

Orléans, le jour du combat d'Artenay, p. 11 et suiv.
— le jour du combat d'Orléans, p. 17 et suiv.
— lors de l'entrée des Bavarois, p. 22 et suiv.

Orléans, le premier jour de l'occupation, p. 24 et suiv.
— pendant l'occupation, son deuil, p. 61 et 62.
— pillé par l'ennemi, p. 300 et suiv.
— calomnié en France, p. 225 et suiv.
— le jour de la bataille de Coulmiers, p. 327 et suiv.
— délivré, p. 348 et suiv.
Ormes : Meurtres et vols qu'y commet l'ennemi, p. 121.

Perquisitions à la Préfecture, p. 290.
Persécutions subies par les citoyens arrêtés, p. 51 et suiv.
Pillage, réquisitions, occupations des maisons. p. 25, 33, 39, 43, 44, 46, 47, 50, 57 et suiv., 63, 90, 100, 138, 224 et suiv.
Premières vexations subies à Orléans, p. 37 et suiv.
Prisonniers français à Orléans, p. 48 et suiv.
Proclamation de M. de Tann aux habitants, p. 55.
—   — à ses soldats, p. 56.
— du commandant d'Olivet, p. 86.
Proclamations populaires, p. 233.

Soldats bavarois et soldats français, p. 91 et 92.

Tann (De) : Ses sentiments au sujet de la France et de la paix, p. 238.
Thiers à son premier passage à Orléans ; sa conversation à l'Évêché ; adresse du Conseil municipal, p. 237 et suiv.
— Son second passage à Orléans ; ses révélations au sujet de l'armistice et de son séjour à Versailles, p. 312 et suiv.
Travaux des Bavarois à Orléans, p. 245, 259 et 268.

Vengeances, p. 201 et 220.
Village (Un) en armes devant l'ennemi, p. 241 et suiv.
Von Heuduck (Le colonel): Ses sommations à l'Hôtel-de-Ville d'Orléans, p. 35.